SUBCONSCIOUSNESS AND SURVIVAL

潜意识与生存

荣格自传

[瑞士] 卡尔·古斯塔夫·荣格 著

王虹霓 译

陕西师范大学出版总社

图书代号　SK22N0615

图书在版编目（CIP）数据

潜意识与生存：荣格自传 /（瑞士）卡尔・古斯塔夫・荣格著；王虹霓译．—西安：陕西师范大学出版总社有限公司，2022.12（2024.1 重印）

ISBN 978-7-5695-2085-9

Ⅰ.①潜…　Ⅱ.①卡…　②王…　Ⅲ.①荣格（Jung, Carl Gustav 1875-1961）—自传　Ⅳ.①K835.226.2

中国版本图书馆 CIP 数据核字（2021）第 024674 号

潜意识与生存：荣格自传

QIANYISHI YU SHENGCUN: RONGGE ZIZHUAN

［瑞士］卡尔・古斯塔夫・荣格　著　王虹霓　译

出 版 人	刘东风
特约编辑	杨安婷
责任编辑	王西莹
责任校对	高　歌
封面设计	王　鑫
出版发行	陕西师范大学出版总社 （西安市长安南路 199 号　邮编 710062）
网　　址	http://www.snupg.com
印　　刷	天津旭丰源印刷有限公司
开　　本	787 mm×1092 mm　1/16
印　　张	20
字　　数	289 千
版　　次	2022 年 12 月第 1 版
印　　次	2024 年 1 月第 2 次印刷
书　　号	ISBN 978-7-5695-2085-9
定　　价	88.00 元

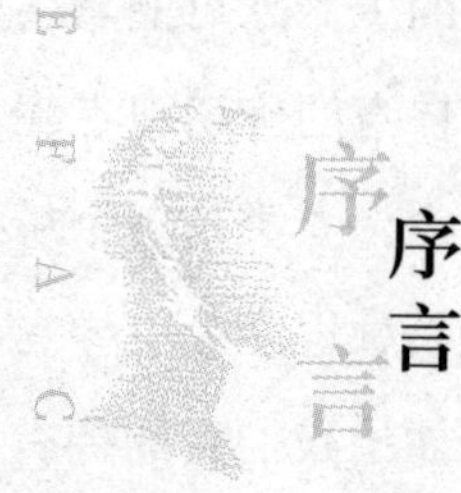

序言

我的一生是关于潜意识自我认知的一生。潜意识当中，一切事物都在寻求外在的表现形式，而人格也渴望不断演进、逐渐脱离潜意识状态，并作为一个整体体验自身。我做不到运用科学语言去追溯自身的成长历程，因为我无法将自己看作一个科学问题来进行自我研究。

从内在的角度来看，我们是怎样的？从永恒的角度来看，我们又是怎样的？诸如此类的问题，我们只能通过神话的形式加以解答。与科学不同，神话更注重个体，能够更确切地描绘生活。科学运用的是“平均”的概念。这一概念过于笼统，因而无法公正地判定个体生活的多样性。

因此，我目前所致力的事业就是：在我八十三岁高龄之际，讲述我自己的神话。我只做直接的陈述，只“讲故事”。故事是否“真实”无关紧要，所讲的是否是“我”的预言、是否是“我”自己的真实生活，才是唯一重要的事情。

写自传相当不易，因为没有可供参考的标准，没有自我评判的客观基础，也的确没有进行比较的适当基准。我知道自己在许多事情上都是特立独行的，却不清楚自己究竟是怎样一个人。我不是猴子，不是牛，也不是树。我是一个人。但人是怎么一回事呢？像其他生命一样，我是无限神性中的微小组分，无法将自己同任何动物、植物或石头做比较。只有神话性的生命才可能具备比人类更加广阔的活动范围。那人类如何才能形成关于自身的确切观点呢？

人类是一个精神性超自然的心理过程，我们无法控制它，至多只能在某种程度上引导它。因此，我们无法对自己和自己的生活做出最终的判断。如果我们真的拥有那种能力，便可无所不知了——然而，这充其量只是个借口罢了。实际上，我们从不知道这一超自然的心理过程到底是如何发生的。生命的故事始于某处，在这个特定的节点，我们才恰巧对它产生了记忆，而此时，生命甚至已经演化得相当纷繁复杂了。我们无从知晓生命将如何演变，因此，有关生命的故事没有起点，而对终点也只能模糊地加以暗示。

人的一生是一场令人怀疑的实验，它只有在数字形式上才是一种宏伟的现象。就我个人而言，生命是如此转瞬即逝，存在的时间如此不充裕，然而任何事物都得以生存和发展，这不得不说是一种奇迹。很久以前，当我还是一名年轻的医科学生时，上述事实就给我留下了深刻的印象。生命是如此神奇，使我有幸没有被过早地彻底击败。

我总是觉得，生命像一株依赖根茎生长的植物。它真正的生命是隐形的，深深埋藏在根茎之中，而露出地表的部分只能延续一个夏天。随后，它便枯萎殆尽——犹如昙花一现。当我们谈及生命和文明的无限发展和衰退时，“绝对虚无”这种印象便不可避免地浮现在脑海。然而我从未丧失一种意识，即永恒的流动中蕴含着某种不朽的东西。我们看到的花朵终会凋谢，而根茎将一直存在下去。

最后，我生命中唯一值得讲述的事件，是我如何通过这个稍纵即逝的世界认识这个永垂不朽的世界。因此，我在书中主要叙述的内容是内心的经历，在这些经历当中，我概括了自己的梦和幻觉。这些东西，构成了我科学研究的主要素材。它们是火红的岩浆，将需要加工的石头淬炼成型。

相较这些内在的事件，其他所有的回忆，诸如旅行、相识的人和周围的环境都变得黯然失色。许多人都参与到我们这个时代的故事中来，并描述了这个故事。读者可以通过阅读或听他人的讲述了解这个故事。我对生命中外在性的事件的记忆大多模糊或消失了，但是，我所邂逅的“另一种”现实，我与潜意识的较量却在我的记忆中烙下了难以磨灭的印记。在那个王国里，总是充满了丰富的宝藏。相比之下，其他任何事情都显得无关紧要了。

类似的是，有些人，他们的名字从一开始便进入我命运的画卷，与我的命运建立了密不可分的联系。因此，只要想起他们，我就能回想起许多与其相关的事情。

内心体验同样在我经历的外在性的事件上留下了印记，并对我的青年时代乃至余生都产生了重要的影响。我很早便洞察到：如果无法从内心找到方法，解决生命中复杂的情况和棘手的问题，那么它们终究是微不足道的。外部环境无法替代内心体验。因此，就外部事件而言，我的一生始终异常贫乏。对于它们，我无法过多谈及，因为它们使我感到空洞和匮乏。我只能根据内心发生的事情来了解自己，正是这些事情使我的生命与众不同，而这本自传所探讨的也正是它们。

C O N T E N T S

目录

CONTENTS

SUBCONSCIOUSNESS AND SURVIVAL

第一章

童年

当我六个月大的时候，父母从康斯坦茨湖边的凯斯威尔移居到莱茵瀑布边的劳芬城堡。那时正值 1875 年。我开始记事是在两三岁。现在还能回忆起住宅、花园、洗衣房、教堂、城堡、瀑布，名叫沃思的小城堡和教堂司事的农场。这些记忆像是漂浮在茫茫大海上的小岛，彼此孤立，互不相连。

有一个场景浮现在我的脑海，它似乎是我生命中最早的记忆，但只是一个非常模糊的印象。那是一个明媚温暖的夏日，天空蔚蓝，金灿灿的阳光透过绿色的叶子，照射着地面，留下斑驳的树影。我躺在树荫下的一辆婴儿车里，车罩被打开了。眯着惺忪的睡眼，我发现了这光辉灿烂的美景，感觉舒服极了。我看见太阳在树叶和花丛中闪烁。万物都那么美妙、多彩、辉煌。

我记得的另一个情景是：我坐在屋子西边的餐厅里，蹲在一把高高的椅子上，用小勺儿舀热牛奶喝。牛奶里泡着碎面包块，味道好极了，气味也很独特。那是我第一次闻出牛奶的味道。可以说，在那一刻，我的嗅觉觉醒了。这个回忆也非常久远了。

我还记得一个令人愉悦的夏日傍晚，姨妈对我说："现在我要给你看一样东西。"她把我从屋里领了出来，走向去往达克森的路。那天傍晚，阿尔卑斯山格外清晰，远方连绵起伏的山脉沐浴在灿烂的夕阳红霞中。“快看，”我听见姨妈用瑞士方言说道，“那山全红了。”我第一次意识到，自己看见了阿尔卑斯山。随后我听说，第二天村里上学的孩子们要去苏黎世附近的于特利贝格山郊游。我也特别想去。然而令我悲伤的是，他们告诉我，像我这么小的孩子不能去，对此我毫无办法。从那时起，那靠近闪闪发光、白雪皑皑的雪山的于特利贝格和苏黎世成了我梦中难以企及的圣地。

过了一段时间，我记得母亲带我去探访朋友。他们在康斯坦茨湖旁有一座城堡。一来到湖边，我就被水迷住了。轮船激起的波浪拍打着河岸，阳光在湖面上闪烁，水面下的沙子被浪花冲击成一个个小垄，湖面向远方延伸。那一望无际的湖水呈现了无可比拟的壮美，给我带来了非凡的乐趣。那时一个想法深深地定格在我的脑海：我一定要邻湖而居。我认为，没有水，人类就无法生存。

后来，我又记起了一件事：有许多陌生人，他们很喧闹，又显得很兴奋。女仆匆匆跑来嚷道：“渔民发现了一个死人——从瀑布上冲下来的——他们想把他扔到洗衣房里去！”我父亲说：“好吧，好吧！”我当时就等不及去看那具死尸。可母亲把我拉住了，严禁我到花园里去。当所有的大人都离开后，我飞快地溜进花园，来到洗衣房。然而门却锁着。我绕着洗衣房转了一圈，发现房后有一个排水沟，一直通到斜坡下面，血水从排水沟里慢慢地涌出。我觉得这件事好玩极了，那时我还不到四岁。

我还记得，有一次我发着烧但是又很闹腾，晚上睡不着觉。父亲把我搂在怀里，在屋里走来走去，唱着他学生时代的那些老歌。有一首歌我记得特别清楚，也特别喜欢，它总能让我安静下来。它是这样开始的：“四处静悄悄，人人入梦乡……”时至今日，我仍然记得父亲歌唱的嗓音，在寂静的夜为我响起。

母亲后来告诉我，那时我得了湿疹。我心中总有种隐约的暗示：父母的婚姻遇到了麻烦。1878 年我生的那场病肯定与他们的暂时分居有关。

母亲在巴塞尔的一家医院住了几个月，她的病似乎也与婚姻难以为继有着些许联系。我有个姨妈一直没有结婚，她比我母亲年长二十多岁，负责照看我。母亲的离去使我悲恸欲绝。从那时起，只要听到“爱”这个词，我总有一种不信任感。所以有很长一段时间，一提到“女人”，我就自然地联想到不可靠。而“父亲”则意味着信赖和——无能为力。这是我生命之初所面临的精神障碍。后来，那些最初的印象有了变化：我相信男人，但他们令我失望；我怀疑女人，但她们没令我失望。

母亲辞世后，女仆也照料过我。我仍记得她抱起我，将我的头靠在她的肩膀上。她长着乌黑的头发，橄榄色的面孔，和母亲大不相同。甚至在今天，我依然记着她的发型、嗓音、耳朵和黝黑的皮肤。对我来说，所有的一切都如此陌生，却又如此熟悉。好似她并不属于我的家庭，而只属于我自己，好似她以某种方式与一些神秘的东西相连，这种类型的姑娘往后成了我潜意识中女性人格化的一部分。她所传达的既陌生又始终为人所知的感觉，具有在我看来象征着整个女性本质形象的特征。

从父母分居时起，我的记忆中还出现过一位年轻、美丽、迷人的女性。她有一双蓝色的眼睛和一头柔软的秀发。在一个蓝色的秋日，她引领我来到沃思城堡附近的莱茵瀑布，漫步于一片金色的枫树和栗树下。阳光在树叶的缝隙中闪耀，黄叶飘落在地面上。这位女性后来成了我的继母。她爱慕我的父亲。直到我二十一岁的时候才再次见到她。

这些便是我外在的记忆。接下来，我记忆中的形象更加有力，更加引人入胜，而其中一部分，我只有模糊的印象。比如，我记得有一次自己从楼梯上摔了下来，另一次摔在火炉腿的角上，摔得很疼，还流了血，虽然医生缝合了我头上的伤口，但那伤疤直到我大学预科的最后一年依然清晰可见。母亲还告诉我，有一次在去诺伊豪森的路上，我差点儿从莱茵瀑布桥上掉下去，幸亏女仆及时抓住了我——我的一条腿已滑到栏杆下方并且马上就要滑出去。这些事件暗指了一种潜意识的自杀倾向，或者有可能是对于生命的极度抵抗。

那时，在夜间我对黑暗也有着模糊的恐惧。我总能听见什么东西在屋中来回走动，还能将莱茵瀑布低沉的轰鸣听得一清二楚。瀑布周边是个危险地带，总有淹死的人，尸体被冲到岩石上。附近的墓地里，教堂司事会挖出一个坑——翻出数不清的棕土。一群皮肤黝黑、神情严肃的男子，身穿长袍，头戴高帽，脚踩闪亮的黑靴，合力抬着一个黑色的盒子。父亲站在边上，身着牧师的长袍，声音洪亮地演讲。女人们都在哭泣。听说，有人正被埋葬在这个坑里。有些以前经常出现在这里的人突然间再也见不着了。后来我听说，他们是被埋了，主耶稣将他们带到他那里去了。

母亲教给我一段主祷文，我每晚都要以此祷告。我很乐意这么做，因为在深沉不安的夜里，祷告能给予我某种安慰：

> 慈祥的主耶稣，张开您的双臂，
> 吞下您的孩子，您的小鸡。
> “如果魔鬼要将他吞食，
> “没有任何力量将魔鬼阻止。”
> 请让天使就这样唱吧！

主耶稣能给予人安慰，是位善良仁慈的先生，就像城堡里的维根斯坦先生一样，富有、手握大权、受人尊敬，在晚上特别关心小孩子。但他为什么像鸟一样长着翅膀，则是个谜，不过我已经不再琢磨了。更有意思、更引人深思的是，为什么把小孩子比作小鸡？主耶稣又为什么不情愿地，像吃苦药一样把他们“吃了”。实在让人捉摸不透，不过我还是立刻想到，原来魔鬼也喜欢小鸡，虽然耶稣并不喜欢那味道，但是为了防止魔鬼吃孩子，才不得已这样做。但是现在，我听说主耶稣也“吃”其他人，“吃”就是把他们放进地上的坑里。

这个不祥的类比导致了不幸的后果，我不再信任主耶稣了。他失去了那个高大的、令人安心又慈祥的鸟的形象，而是与那些身穿长袍，头戴高帽，脚踩闪亮黑靴，抬着黑色盒子忙着埋葬死人的黑衣男人相关联。

这些沉思导致了我第一次精神上的创伤。在一个闷热的暑天，我像往常一样，独自坐在房前的路上玩沙子。大路穿过房子通向山冈，消失在山顶的树林中。因此，从房里就能看到大路延伸的方向。我抬起头，看到了戴着一顶巨大帽子，身穿黑色长袍的身影——就像一个穿着女人衣服的男人——从树林中跑过来。慢慢地，他离我越来越近，我清晰地看到那是一个身穿黑色及脚长袍的男人。这个黑色的身影使我内心的恐惧迅速演变成极度的惊悚，头脑中闪现出一个悚人的念头："这人定是耶稣会会士。"不久之前，我曾听到父亲与一位同事谈及耶稣会会士的邪恶活动。从父亲谈话时又气愤又害怕的语气中，我猜测"耶稣会会士"非常危险，甚至对父亲来说也是如此。事实上，我根本不知道"耶稣会会士"是什么，我所了解的耶稣都来自主祷词。

我想，那个从山上下来的男人一定是乔装打扮的，否则他为什么要穿女人的衣服？或许他有什么邪恶的意图。我极度恐慌，仓皇失措地跑入屋内，冲上楼梯，躲在阁楼最暗的一处房梁下。我不知道自己在那里藏了多久，但时间一定相当长，因为当我壮着胆子下了楼，小心翼翼地将头探出窗外时，那个黑衣人已经消失得无影无踪。之后的许多天里，地狱般的恐惧束缚了我的四肢，使我再也不敢走出屋子。即使之后再到那路上玩，树木丛生的山顶依然使我不安与警惕。当然，过了很久，我才意识到，那个黑色的身影只是个毫无恶意的天主教神父。

大概就在那个时候——我不敢确定，可能比这次经历还要早一些——我有了最早的梦的记忆，一个占据我生命的梦。那时，我也就是三四岁的样子。

我们的牧师住宅孤零零地矗立在劳芬城堡附近，那里有大片草地，一直延伸到教堂司事的农场。我梦见自己就在草地上，突然间，眼前出现一个石砌的长方形的黑洞。我从未见过这样的洞。我跑过去，好奇地朝里面瞥了一眼，发现一个通往下面的石阶。我有些迟疑，也有点害怕，不过还是走了下去。洞底的不远处有一个圆形的拱门，门上挂着又大又重的绿色幕帘。那幕帘的材质似乎是加工过的织锦，看上去十分奢华。我很好奇，想知道幕帘后面到底藏着些什么，便掀了起来。在昏暗的灯光下，我的面前显现了一间约三十英尺[1]长的长方形屋子，屋顶由加工过的石头做成拱形的样子，地面上铺着石板，中央另铺有红色的地毯，从入口一直通向一个低矮的平台。台上有一个富丽堂皇的宝座，宝座上还有一个红色的垫子。那是一个壮丽的宝座，像极了童话里国王的宝座。宝座上还矗立着什么东西，起初我以为是一个十二到十五英尺高、一英尺半到两英尺宽的树干。那是个庞然大物，几乎触到了屋顶。但是它的成分很奇特：它是由皮和肉组成的，在顶部有个好似圆形人头的东西，没有脸也没有头发；在头部的顶端有一只眼睛，一动不动地凝视着屋顶。

屋里面虽然没有窗户，也没有明显的光源，却显得十分明亮。头顶处一片光辉灿烂。那东西虽然一动不动，但我感觉它随时都有可能像虫子一样从宝座上爬下来，爬向我。我害怕得全身都僵住了。就在那时，我听见外面和屋顶上传来母亲的声音，她喊道："看看它，那就是吃人的怪物！"母亲的喊声使我更害怕了，我满身大汗地醒来，吓得要死。这以后的好几天晚上，我都不敢入睡，害怕自己再做类似的噩梦。

这个梦纠缠了我很多年。直至多年以后我才意识到，梦中所见的原来是男性生殖器，几十年后我才明白，那是在祭祀仪式中受人崇拜的生殖器。但直至今日我都不明白母亲那句话的意思，是指**那东西是**吃人的怪物呢，还是指**那是个吃人的怪物**呢？如果是第一种，那是说吃小孩的不是主耶稣或耶稣会会士，而是男性生殖器；第二种则意味着"吃人的怪物"就是男性生殖器的象征，因此黑暗的主耶稣、耶稣会会士和男性生殖器就是同一物了。

男性生殖器的抽象意义由它自立为王的事实表示出来，"直挺挺地"[2]

---

[1] 英美制长度单位，1 英尺合 0.3048 米。

[2] 原文"Ithyphallically"，源自希腊语"ithuphallikos"，意为"勃起的阳具"，或"（阳具）直挺挺地"，是希腊酒神节中用作崇拜物的阳具。

立在那里。草地上的洞很可能代表一座坟墓，这座坟墓是一座地下神庙。绿色的幕帘象征着草地，换而言之，它象征着遍布绿色植被的地表的神秘。地毯是血红的。圆形拱顶又象征着什么呢？或许我已到过姆诺，见过沙夫豪森的城堡？但这是不可能的，因为谁也不会带三岁的小孩去那里，因此我不可能在记忆中找到线索。相同地，我对于这个解剖学上确凿无疑的男性生殖器从何而来一无所知。把尿道口解释为一只眼睛，上面还有明显的光源，这同样代表了“生殖器”（phallus）在希腊语中的词源意思，也就是“闪耀”“明亮”。

无论如何，这个梦里的生殖器好似地下一尊“不具名”的神，一直在我青年时代的记忆里占据一席之地，如果有人在我面前过于强调主耶稣，那个地下的“神”的形象就会在我脑海重现。主耶稣在我心中从未变成真真切切的形象，从未被我完全接受，更从未使我倍感亲切，因为我总是屡次联想到它在地下的那个对等物。这个可怕的启示不请自来地降临到我身上。耶稣会会士的“伪装”的阴影笼罩在人们教我的基督教教义上。我常常觉得它像一场庄严的假面舞会，仿佛是在一个葬礼上，哀悼的人神情严肃，面带悲伤，但是一会儿又在一旁偷笑起来，一点悲伤的样子都没有了。在某些方面，主耶稣似乎是死神，只有在驱散黑夜的恐惧时才有益于我。因为他自己就是一具被钉在十字架上的、神秘的、血淋淋的尸体。人们常常谈起他的仁爱和善良，可我对此暗暗怀疑，这主要是因为，那些经常说起“亲爱的主耶稣”的人一律穿着黑色的礼服和闪亮的黑靴，他们总让我想起一场场葬礼。他们之中有我的父亲和我的八个叔叔（他们都是牧师）的同事。他们在我心中激起的恐惧持续了多年，更别提偶然见到的天主教神父了，他们让我想起那可怕的耶稣会会士，这些耶稣会会士曾激怒过父亲，甚至使父亲惶恐不安。直到后来行坚信礼时，我曾想方设法迫使自己对基督采取应有的积极态度，可是我做不到，无论如何也无法战胜内心深处的不信任感。

每个孩子都体会过对“黑衣人”的恐惧，但那并非关键；相反，关键在于一种深深印刻在我脑海里的认识："那就是耶稣会会士。"因此在那个梦中，那具备象征意义的场景和离奇的解释——"那就是吃人的怪物"，才是至关重要的。给我留下深刻印象的不是吓唬小孩的食人魔，而是如此这般的事实：吃人的怪物端坐在地下室的一个金色宝座上。在我不成熟的想象中，首先只有国王才有资格坐在金色的宝座上，其次，在无边的蓝天中，在更美、更高、更金碧辉煌的宝座上，坐着头戴金冠、身穿白袍的上帝和主耶稣，从这位主耶稣的身上，我看到了"耶稣会会士"：他穿着黑色的女人服装，戴着宽大的黑帽子，从树木茂密的山坡上走下来。我常常窥视山顶处，唯恐又有别的危险走近。我在梦中走进的那个地下洞穴，所见的宝座上的那东西与我以为的相去甚远，那是一种非人类的、不属于人世间的东西，它一动不动地凝视着上方，以人肉为食粮。直至五十年后，在一篇研究宗教仪式的论文中，有一段关于食人的习性的文字引起了我的注意，其中强调了弥撒的象征意义。那时我才理解，儿时那两次经历中进入我脑中的思想不仅毫不幼稚，恰恰相反，它们很复杂，甚至过分复杂。究竟是谁在我的心中讲话？究竟是谁的意识创造了这些景象？究竟是一种什么样的高智商在起作用？我知道很多愚者只会将"黑衣人"和"吃人的怪物"，以及"巧合"和"事后的解释"翻来覆去地挂在嘴上，以使那些"邪恶有害"的思想远离孩子无邪的心灵。哦，这是些多么善良、高效、思想健康的正常人呀！他们使我想起在小水洼里晒太阳的、无忧无虑的蝌蚪，它们聚集在许多水洼中最浅的那一个里，彼此亲切地摆动着尾巴，谁也想不到这水洼里的水第二天就会一滴不剩，而它们将无处可去。

谁会预先告诉我这些事呢？谁会谈起这些超出我认知范围的问题呢？谁能结合天上和地下，为我后半生充满激情的生活奠定基础？除了那个来自天上和地下的陌生客人，还会有谁呢？

因为这个童年时的梦，我开始了解尘世的秘密。那时候所发生的其实是一种地下的埋葬，我花了许多年才从中解脱。如今我才了解，这是进入黑暗领域的开始，它的发生是将尽可能多的光引进黑暗中。也是从那时开始，我的理智生活才随着潜意识的萌发开始了。

我已经不记得在1879年我们家搬到巴塞尔附近的克莱恩·惠宁根的事了，但记得之后几年发生的事。夜里，我被父亲从床上抱起，他搂着我来到朝西的门廊。他指给我看夕阳西下的天空，那里正燃烧着一片灿烂的绿光。那是1883年，正是喀拉喀托火山爆发之后不久。

另一次，他把我带到外面，让我看东边地平线上的一颗大彗星。

后来，克莱恩·惠宁根发了一次大水，流经许多村庄的维瑟河河水泛滥成灾，冲垮了大坝和位于上游的一座桥。十四个人淹死后，尸体随着黄色浑浊的洪水涌入莱茵河。洪水退去，其中几具尸体被埋进了泥沙。我听闻了这件事后，便兴奋得不能自持，不顾阻拦地跑去看。我的的确确看见了一名中年男子的尸体，身上穿着黑色礼服，显然是刚从教堂里出来。尸体的一半埋在沙子里，胳膊放在眼睛上。我还同样饶有兴致地观看了宰猪的整个过程，并且全神贯注。对于我的行为，母亲觉得非常可怕，但杀生和死尸于我而言不过是个兴趣爱好而已。

我对艺术的最早记忆要追溯到在克莱恩·惠宁根生活的那些年。当时父母住在一幢18世纪的牧师住宅，其中有一间常年昏暗的屋子。陈设在屋子里的家具质量很好，墙上挂着许多老画。我记得最清楚的是一幅关于大卫和歌利亚的意大利画作。这是一幅来自基多·雷尼画室的复制品，原作保存于卢浮宫。我不知道这幅画是怎么出现在我家的。那间屋子里还有一幅老画，如今挂在我儿子的卧室，画的是19世纪早期巴塞尔的风光。我时不时溜进那间昏暗幽静的屋子里，在那些画面前一坐就是好几小时，对着它们的美出神，那是我当时懂得的唯一美好的东西。

大约在我不到六岁时，一位姨妈带我到巴塞尔的博物馆里看那些用稻草填充的动物。我们在那里待了很久，因为我想细致地欣赏每一件展品。下午4点的时候，铃声响了，意味着博物馆将要闭馆。姨妈在我的耳边唠叨催促，可我紧贴着橱窗，就是不想走。这时展厅的门已经锁上了，我们只好另寻他路，从古代画廊经过，来到楼梯处。突然，我看见了一幅美丽绝伦的画像！我从未见过那么美的事物，睁大了眼睛，目不转睛。姨妈又拉又拽，好不容易把我拉到出口，我只能不情不愿地跟着她离开。她边走边嚷："坏孩子，闭上你的眼睛；坏孩子，闭上你的眼睛！"那是我最早见识到的裸体，仅由几片无花果叶子遮盖着。在这之前我从没意识到裸体的美，这就是我与美术的初次邂逅。但是姨妈表现得怒气冲天，仿佛有谁拖着她游荡了一圈妓院。

六岁那年，父母带我去阿尔勒斯海姆旅行。那次母亲的衣着令我终生难忘，那是唯一一条能让我回忆起来的裙子：布料是黑色的，上面全是绿色的月牙。在我最早的记忆中，母亲是个年轻苗条、穿着这种裙子的女性，其余的所有记忆中她都是衰老肥胖的。

我们进到一座教堂，母亲告诉我："这是一座天主教堂。"我既害怕，又好奇，悄悄离开母亲身边，躲在开着的门后，往里面窥探，正好瞥见装饰华丽的祭坛上点着一支支大蜡烛（时值复活节期间）。突然，我在台梯上摔了一跤，下巴撞上了铁片。被父母抱起时，伤口正血流不止。我当时的想法不同寻常：一方面，因为自己的尖叫引起了正在礼拜的信徒们的注意而觉得羞愧；一方面，我觉得自己做了违禁的事。"耶稣会会士——绿色的幕帘——吃人的怪物的秘密……这就是和耶稣会会士有关的天主教堂。我摔倒、疼得喊叫全都是他们的错。"

许多年过去后，我一进到天主教堂，就会想到摔跤、流血和耶稣会会士，似乎这就是天主教堂的气氛，也正是这种气氛深深地吸引着我。但要是一个天主教神父想要靠近我，我肯定会非常不安。直至三十多岁以后，我第一次去维也纳圣史蒂芬大教堂，才克服了这种压迫感。

刚过六岁，父亲就开始给我上拉丁文课，同时我也开始上学。我并不怕上学，因为在上学之前，我就学会了阅读，而且在学校里成绩也总是出类拔萃，所以没有什么压力。记得在我还不识字的时候，就缠着母亲为我大声朗读《世界图解》，那是一本有大量插图的、古老的儿童读物，里面提到不少异国宗教，尤其是印度教，有梵天、毗湿奴、湿婆等插图，使我感到乐趣无穷。后来母亲告诉我，我总是不停地回头翻看这些插图。当我欣赏这些插图时，心中总会涌现一种朦胧的感觉，认为它们与我那从未对人说起过的“原始的启示”有着千丝万缕的关系。我将永远保守这个秘密。母亲间接地印证了我的感觉，我总是能感觉到，谈起“异教徒”时，她语调中带有淡淡的轻蔑。我知道，假如我向她表露一丝半点有关我的“启示”的故事，她一定会惊恐万分，连忙驳斥。我自然不可能自讨没趣。

这并不孩子气的举止，一方面与我内心强烈的敏感和脆弱有关，另一方面尤其与我早年的孤独有关（我妹妹比我晚出生九年）。我只能按自己的想法自己和自己玩。可惜，当时我玩的是什么已经记不清了，但我只记得我不希望在这个过程中有人来打扰我。我让游戏迷住了，既不愿被看见，也不愿被评头论足。七八岁时，我第一次对玩的游戏有了清楚的记忆。我对玩砖头情有独钟，把砖垒成塔，然后再兴高采烈地用“地震”摧毁它们。在八岁到十一岁那几年，我画了无数有关战斗、围攻、轰击和海战的画。我涂满了整个练习册，同时为自己的精妙解释感到愉悦。我之所以愿意上学，就是因为在学校我终于找到了缺失已久的玩伴。

在学校，我还发现了其他东西。不过，在谈及学校的事之前，我想首先提一下夜里的事。夜的氛围开始变得浓厚起来，在夜里发生的各种事，也都令人费解又疑惑。父母睡在不同的房间，而我在父亲的房间。从母亲的卧室里传来骇人的响动。入夜后，母亲就变得古怪、神秘。有天夜里，我瞧见从她的房门出来一个模糊不清的影子，它的头与脖子分离开来，在空中浮动，仿佛一轮缩小了的月亮。突然，又有另一个头从门后出来，那头也与脖子分离开来。这种过程重复了六七次。我总是做这些令人担忧的梦，梦中的事物忽大忽小。例如，我发现远处有一个小球，那球缓缓朝我滚来，越滚越大，最后成了一个可怕的、令人窒息的庞然大物。或是我梦见落满了鸟的电线，然后那电线突然间开始逐渐变粗，直至恐惧使我从睡眠中惊醒。

这些梦预示了我生理上的改变。而青春期的发育，也在我七岁的时候拉开了序幕。那时，我患上了假性哮喘，并伴有窒息。有天夜里突然发病，我站在床脚，脑袋靠在床栏杆上，而父亲把我抱进怀中。我看见我的头上有一个满月那么大的蓝色的光圈，其中有许多金色的小人在不停地旋转，我猜测他们应该是天使。这样的幻觉多次出现，每次都能抚平伴随窒息而来的恐惧。但只要焦虑的梦出现，窒息就又来了。我认为这里面存在一种精神性的内在因素：房内的空气变得不宜呼吸了。

我厌恶上教堂，唯一的例外是圣诞节。圣诞颂歌《上帝创造了这一天》使我感到身心愉悦。并且，晚上会有圣诞树，这就更棒了。只有在圣诞节我才会发自内心地热烈庆祝，对其余的基督教节日我都无法心生喜悦。除夕虽然也有某种比肩圣诞节的魅力，但与圣诞节相差甚远；圣灵降临节也不错，但不知为何，总是与即将到来的圣诞节格格不入，它总使人联想到夜晚、暴风雪、狂风、弥漫在屋中的黑暗，总能让我听到窃窃私语，总会发生离奇古怪的事。

现在回过头来聊聊我那些乡下同学的事。我发现他们使我从内部发生了变化。同他们在一起时，我就会表现得和在家里时不一样。有时我会加入他们的恶作剧，有时我会发明一些在家时永远不会想到的恶作剧。虽然我清楚，我在家一个人时也完全能策划出这些恶作剧。但我认为，发生在我内部的变化主要源于我的同学们，他们在某种程度上误导甚至强迫我，使我变得与心中想象的自己不同。这个父母缺位却涵盖了他者的广阔世界对我产生的影响，即使不是完全可疑，至少也对我有着朦胧的敌意。虽然随着年纪的增长，我越来越能体会到白日世界的美，在那里“金色的日光穿梭于绿叶丛”，同时我也预感到一个无法逃避的影子世界，在那里到处都有令人不安的、无法解答的问题，它们将我控制在魔爪之下。当然，夜祷能给予我仪式上的庇护，因为它为白天画上句号，又及时地将夜和睡眠迎入我的屋内，但白天又是危机四伏。我仿佛处在分裂之中，并为此时刻感到忧虑。我内心的安全受到了威胁。

我还记得这段喜欢玩火的时期，那时我七到九岁。我们家的花园里有一面用大石块垒成的老墙，经年累月下来，缝隙逐渐形成了奇特的洞，我在其中一个洞里生一小堆火，为了不使火熄灭，我让其他孩子帮我四处找木头，不间断地往里添柴。这个洞里的火只属于我一个人，其他孩子可以另寻别处，他们的火亵渎神灵，也与我无关。只有我的火像是有生命一样，它的周围确有一圈不容置疑的神圣光辉。

这堵墙的前方延伸出一道斜坡，里面嵌着一块石头，向上露出一面，它也属于我。我常常独自坐在上面，开始天马行空地想象："我在石头上，石头在我下。"但石头也能说"我"，也能思考："我在斜坡上，人在我之上。"疑问跟着来了：我是坐在石头上的人，还是被坐着的石头？为此我总感到困惑，每次从石头上站起来，我都企图弄清谁是谁。我一直没理清思绪，并且我的迷茫总是伴随着一种神秘又迷人的黑暗。但有一点是毋庸置疑的，我与这块石头有着某种未知的神秘的联系，我一坐就是好几个小时，在它提出的谜一样的问题中迷失了方向。

三十年后，我再次站在斜坡上，此时我已成家，有了孩子和房子，也有了地位，头脑中充满各种想法和规划。但站在斜坡上的这一刻，我再次成了原来的那个孩子：在石洞里点燃拥有神秘意义的火焰，坐在石头上搜肠刮肚，思索着我是石头，还是石头是我。随即，我想起生活在苏黎世的那段时光，那岁月仿佛是从遥远时空传来的信号，如同从未经历过。这使我不寒而栗，因为刚刚我所沉溺的童年世界是永恒的，如今自己被时间强行拽出永恒，随着不断滚滚向前的时间越走越远。永恒世界的拉力如此之强，迫使我只能将自己从其中拽走，避免丧失未来的无限可能。

我永远无法忘记那一刻，它像一道闪电，为我照亮了童年时光的永恒性。其意义在我十岁那年显示出来。自我身份的割裂和对世界的捉摸不透，致使我做出的行为连我自己也难以理解。当时我有一个普通小学生都会有的笔盒，外表涂了黄漆并带有一把小锁，里面放着一把普通的尺子。我在尺子的一头刻了一个约两英寸[1]高、穿着礼服、戴着高帽子的小矮人，

[1] 英美制长度单位，1 英寸合 0.0254 米。

他的脚上还踩着一双闪亮的黑靴子。我用黑墨水给他染色，然后把他锯下来，放在笔盒里。我还给他做了一张床，用一小撮羊毛给他做了件外套。我从莱茵河畔为他挑选了一块光滑的长方形黑石块，并涂上水彩，力图使它看起来像一块裂成两半的石头。它被我随身携带了好些日子，最后才被放进笔盒。那是**他**的石头。这是我的秘密。我偷偷地把笔盒藏在房顶上的阁楼禁地，把它藏在那儿的一处房梁上（因为地板已经被虫子啃食或自然朽坏），谁也不会发现、谁也不会摧毁它。我倍感安全，因为内心矛盾所产生的痛苦也随之不见了。每当我犯错，或遭受情感上的伤害，每当父亲怒不可遏，或母亲的病情使我感到压抑，总之，这些艰难时刻之后，我总会想起那个平躺的、被小心翼翼包裹着的小人，以及他那光滑的、染得十分美观的石块。我时不时地——每隔几个礼拜——躲开人们的视线，偷偷爬上阁楼的横梁，打开笔盒，看着我的小人和他的石头。每次我还会在盒子里放一个小纸卷，里面写着只有我自己能看懂的秘密语言。放入小纸卷的行为带着某种仪式的庄严感，可惜，我想不起那些语言代表着些什么。我只知道，我的这些“信件”组成了小人的一座图书馆，我猜那些“藏书”里可能包含着特别令我开心的话。

我从不忧虑这些行为有何意义，或该如何解释它们。我满足于刚得到不久的安全感，满足于占有某种因无知而无获的事物。这是一种永远不能背叛的神圣的秘密，因为我的生命安全完全依赖于它。为何如此，我从未自我诘问。事情就是这样。

这个秘密强烈地影响着我的性格，我把它看作童年时代必不可少的本质因素。同样，我从未向任何人提及那个关于生殖器的梦，有关耶稣会会士的事也只属于我闭口不谈的神秘领域。小人和他的石头是我的首次尝试，虽然这种尝试是无意识的、孩子气的，但我希望赋予这个秘密以具体的形态。我沉溺于其中，并认为有义务对它追根溯源，探索它的意义，但对于自己想要表达的一无所知。我总希望能从中——可能是在大自然中——获得些什么，得到一些线索，让我找到那秘密的藏身处，以及它是什么。在那时，我对动植物和石头的兴趣增加了。我总是不断地密切注意着某些神秘的东西。我自发地产生了基督教意识，虽然总是相当保守，“事情根本不是那么肯定！”或者“地下的那个东西又是怎么回事？”当人们把宗教教义灌输给我时，便对我说：“是的，这是美好的，善良的。”但我却告诫自己：“没错，可还有些别的什么，还有一些非常隐秘的、人们不懂的东西。”

雕刻木头小人的逸事是我童年的高潮，也为它画上了句号。这事持续了大约一年，之后就被我彻底遗忘。直至我三十五岁时，儿时记忆的碎片才重新从迷雾中浮现出来，显得既质朴又清晰。当时我正沉浸于我的《力比多的变化与象征》一书的初期研究中，我研读了有关阿尔勒斯海姆附近窖藏的灵魂石和澳大利亚的护身符的文章。虽然我并没有见过它们的复制品，但我发现自己的脑海中浮现出一个真切的石头形象，它是黑色的、被涂成上下两部分的长方形，而笔盒和小人的形象与这一形象相呼应。小人是古时候披着小斗篷的神，如同阿斯克勒庇俄斯纪念碑旁为众人读羊皮纸卷轴的泰莱斯福鲁斯。伴随这段记忆，我第一次确信古老的精神已在没有任何直接传承的情况下深入人心。之后我查阅了父亲的图书室，没找到一本关于这类信息的书；而且，父亲也没看过这类书，他对此一无所知。

1920年时，我在英国不借助儿时的经验，用木头雕刻了两尊与儿时小人类似的人像。后来以大比例复刻了其中一个，目前放置在我奎斯纳赫特的花园里。只有在我雕刻时，脑海中的潜意识才为我提供了一个姓名——阿特马维克图，意为“生命的呼吸”。童年梦中可怕的树进一步发展，如今看来正是“生命的呼吸”，创造的冲动。最终，那小人成了神物，穿着小礼服，躲在盒子里，长方形的黑石为他提供生命力。但这之中的联系都是在我的晚年时期才变得清晰起来。孩提时，我像非洲居民那样，参加一些祭祀活动，采取行动，却不知道自己在做什么，直至多年后才明白过来。

第二章
中学时代

从另一个方面来说，十一岁对我有特殊的意义，当时我被送到了巴塞尔上大学预科。就这样，我远离了乡村的玩伴，真正进入了“上层社会”，那里有许多有权势的人，权力远大于我父亲，住在富丽堂皇的别墅里，出入乘坐昂贵豪华的马车，谈吐文雅，且讲的皆是德语和法语。他们的子弟衣着讲究，彬彬有礼，身上永远不缺钱，如今都成了我的同学。当听到他们闲聊在阿尔卑斯山度假的经历时，我心头交织着极大的惊异和隐秘可怖的妒忌。他们有的曾攀登过苏黎世附近雪白的闪闪发光的山峰，甚至还领略过大海的风光，后者简直叫我目瞪口呆。我注视着他们，仿佛他们来自另一个世界，来自那无法企及的、光辉灿烂的、白雪皑皑的山峰，来自那遥不可及的、不可思议的大海。那是我第一次意识到自己家是多么穷，父亲只是个入不敷出的乡村牧师，而我更是一个穷困的牧师的儿子，穿着有破洞的鞋子，没有其他可替换的鞋袜，穿着湿掉的袜子坐在教室板凳上等待放学。我开始用不同的眼光看待父母，并尝试理解他们的关爱与忧虑。我尤其同情的是父亲，但并不那么同情母亲。在我心里，我总觉得她比父亲和我都要刚强。然而一旦父亲情绪失控，冲她发火，我总是站在她那边。这种必须明确立场的行为不利于我性格的形成。为了从他们的矛盾中解脱，我不得不扮演一个高于他们的仲裁人的角色，自愿或非自愿地对父母的是非进行判决。这导致我产生了某种自我膨胀的情绪；我那容易变化的自信一会儿膨胀，一会儿缩小。

九岁那年，母亲生下一个小女孩。父亲既兴奋又欣喜。“今晚，你有了个小妹妹。”他告诉我。我感到十分意外，因为我没注意到什么变化。母亲开始频繁地卧床，且时间一次比一次长，可我完全没放在心上。在我看来，她的卧床不起在任何情况下都是一种无法辩解的软弱表现。父亲把我带到母亲的床边，她抱着一个看上去叫人失望至极的小生命：脸蛋发红，满是皱纹，活像个小老头；眼睛睁不开，我猜可能就像刚出生的小狗一样看不见东西；背上长着许多根根分明的细长红毛，她难道想长成猴子？我很震惊，不知道该说什么，难道新生的婴儿就长这个样子吗？他们嘟嘟囔囔地谈论着送子鹳。但是猫狗的幼崽们又是怎么回事呢？它们生完一窝崽儿，需要鹳来回飞多少趟啊？那么母牛呢？我无法想象鹳能用嘴叼一整头牛犊。此外，农夫们说牛犊是被母牛生下的，并非由鹳叼来。显然，鹳是强加在我身上的又一个谎言。我肯定这又是件我不该了解的事。

妹妹的突然出生使我产生了一种模糊的不信任感，这使我变得更加好奇且观察得更加仔细。母亲随后的一些古怪行为证实了我的怀疑，说明有些令人遗憾的事与这次生育有关。除此之外，这件事没有太令我感到烦恼，尽管它很可能对强化我十二岁时的一段体验起了推波助澜的作用。

母亲有个令人不愉快的习惯，那就是在我应邀外出时，她总追着我，为我出谋划策。在这些场合，我不仅穿着最得体的衣服，皮鞋鞋尖闪闪发光，而且还很在乎自己在公众面前的高贵形象。因此，让人们听见母亲追着我喊那些不光彩的话，对我来说是一种耻辱：“记得代爸爸妈妈转达问候，擦擦鼻子——有手帕吗？洗手了吗？”诸如此类的建议。当我出于自尊和虚荣心，尽我所能地呈现出一副无可指摘的形象时，那种伴随着自负的自卑感却又被暴露在众目睽睽之下，这实在是不公平。这些场合对我来说意义重大。在赴约的路上我便自命不凡且自感高贵，就像是在工作日穿上了节假日才能穿的盛装。但是，一看见我要拜访的那幢房子，情况便急转直下——那房子的豪华和房子背后的权势立刻压倒了我。我对房子里的人感到恐惧，从他们身上感觉到自己的渺小，恨不得钻进深深的地缝里。这也是我按门铃时的感觉。从房内传入我耳朵的铃声，如同末日钟声一般。我像丧家犬般胆小、怯懦。母亲事先为我做的周到准备，反而弄巧成拙。然后铃声就在我耳畔回响："我的鞋肮脏，手也肮脏，我没带手帕，脖子黑乎乎的。"出于逆反心理，我偏不转达父母的问候，或者举手投足间表现出不必要的羞怯和倔强。如果情况变得非常糟糕，我就回想被我藏在阁楼的秘密宝藏，然后我就能重拾自信。当处于孤独绝望的状态时，我牢记自己是"另一个人"，拥有神圣不可侵犯的秘密、黑石块和身穿礼服头戴高帽的小人。

我想不起在少年时究竟有没有想到过，在主耶稣，或是那个穿黑袍的耶稣会会士，以及那些穿礼服戴高帽站在墓旁的男人、草地上如同坟墓般的洞穴、放有阳具的地下神庙、笔盒里的小人之间，是否有可能存在某种联系。梦到阴茎形象的神是我的第一个秘密，小人则是第二个。然而，我隐约感觉到，那块"灵魂之石"与代表"我"的那块石头间存有什么联系。

时至今日，在我八十三岁写下回忆录时，也未能厘清童年时代那些记忆的脉络。它们每一个都像地下的单株根茎所生发的嫩芽，像潜意识发展过程中沿途的车站。虽然我越来越不可能对主耶稣采取一种积极的态度，但我记得，从我十一岁时起，开始变得对关于上帝的思想感兴趣。我开始向上帝祷告，这在某种程度上使我满足，因为祷告不存在矛盾。上帝不会因为我不信任他而变得复杂。而且，他不是穿黑袍的人，不像画上人们非常熟悉的穿着华贵服饰的主耶稣。相反，他是一个独一无二的存在，我听说，人们不可能形成任何关于他形象的准确观念。虽然他的形象更接近一个拥有至高无上权力的老人，但令我非常满意的是，有一条戒律规定："你不会把自己雕刻成任何塑像或使自己与任何形象相似。"因此，人们对上帝就不会像对绝非"秘密"的主耶稣那般熟悉。这种与我的阁楼秘密相似的某种东西开始使我深受启发。

学校变得使我厌烦。它占据了我大量的时间，超过了我更想要的描画战争场面和玩火的时间。神学课枯燥得难以言喻，而我对数学课感到彻头彻尾的恐惧。老师声称，理解代数是件出自本能的事情，应该把它的发生看作理所当然的，但事实上我甚至不知道数字究竟是什么东西。它们不是花朵，不是动物，不是化石，不是可以在脑中形成画面的事物，而仅仅是由计算导致的量。令我不解的是，如今这些量用字母来表示，而字母又代表着声音，因此意味着有可能会听见它们的声音。说来奇怪，我的同学们都能够掌握它们，觉得这事不言而喻。但谁也不能为我解答数字是什么，而我甚至也不能把这个问题明确地表达出来。可怕的是，我发现没人理解我的困难。必须承认，我的老师竭尽全力向我解释，为什么要进行这种奇特的运算，将可理解的量转化为声音。我终于明白，这是为了形成一种简略的缩写体系，这样一个简略公式能够容纳许多量。但我对这也没能产生一点兴趣。我认为这个体系完全是随意制定的。为什么数字要由声音来表达？人们也可以用苹果树表示a，用箱子表示b，用一个问号表示x。a、b、c、x、y、z并不比苹果树具体，不能体现数字的本质。最令我愤怒的定理是：若a＝b，且b＝c，则a＝c。然而根据定义，a与b截然不同，既然两者不同，那么a也就不可能与b相等，更不可能与c相等。触及等式问题时，我可以接受a＝a，b＝b……但对于a＝b，我只认为它是个彻头彻尾的谎言或骗局。当老师陈述他对于平行线定义的观点时，认为它们在无穷大时相遇，我又感到义愤填膺。对我而言，这与戏弄农夫的愚蠢把戏相差无几，我不能也不愿与它有关。我的想法一直在与这些阻碍我理解数学的矛盾做斗争。一直到老年，我依旧那么觉得：如果我能够像同学那般，没有经过思想斗争就能接受“a＝b”或“太阳＝月亮”“狗＝猫”这种定理，那么或许数学如今已经将我愚弄了无数遍——我直到八十四岁时才领悟到这些。我这一生始终不明白，为何我能够进行正常的运算，但我永远也无法掌握数学正确的方向。最令我不解的则是我自己在道义方面对数学的怀疑。

只有在用具体的数值替代字母，并通过实际运算来验证结果时，我才能够理解等式。通过抄写这些我并不理解的代数公式，熟记黑板上字母的特殊组合，我逐渐适应了数学课的学习。但随后我就再也不可能只通过替换数字取得进展了，因为老师不时就说“我们在这里代入某某公式”，然后往黑板上胡乱画几个字母。我不知道这些字母从哪里来，更不知道他为什么要这么做。我所能想到的唯一理由是——这样的计算能得出他所认为的完美的结论。我的无知使我畏手畏脚，不敢提出任何问题。

数学课对我而言成了纯粹的恐怖和折磨。其他的课程相对容易，并且得益于良好的视觉记忆，我不仅能够长期在数学课上浑水摸鱼，还总能拿高分。但我害怕自己总有一天会失败，并且在面对广阔的未知世界时，认识到自己不过是沧海一粟，这使我不仅对自己感到厌恶，甚至还产生了无声的绝望，这两种感觉使我完全丧失了上学的乐趣。除此之外，我还因为没有丝毫绘画的能力，免修了绘画课。从某些方面来说，这正合我意，因为这使我有了更多的自由时间，但换个角度这又是一个全新的失败，因为我自认为还有点绘画的天赋，虽然我当时没有意识到，自己画得好与不好，完全取决于当时的感受。我只能画出能够激发我想象力的东西。但在课堂上，我只能临摹瞎着眼睛的希腊众神，而我画不好时，老师就以为我需要一些更贴近自然的东西，于是让我临摹一张画有山羊头的图片。我再次搞砸了，为我的绘画课画上了句号。

除了在数学和绘画方面的失败外，后来又发生了第三个失败：从一开始我就厌恶体操。我不喜欢别人指导我怎么做动作。我上学的目的是获得知识，而不是重复无用且愚蠢的杂技。此外，因为我小时候的事故，我在心理上产生了某种胆怯，直至很久以后才将其克服。这种胆怯反过来又与我对世界及其可能性的怀疑相关联。诚然，我眼中的世界是美丽又令人满意的，但它同时充满了模糊又难以揣测的危险。因此我总想在最开始就知道，我是否可以信任某物或某人，这可能与我母亲曾抛弃我数月有关。当我开始神经性晕厥后，医生就明令禁止我练体操，这实在令我满意。我如愿地从体操的折磨中得到解脱——同时迎来了第三个失败。

我没有将由此获得的时间完全用于玩要。它使我更自由地放纵于那种纯粹的渴望——我养成了阅读的习惯，翻阅手中的每一件印刷品。

事实上，1887年是决定我命运的一年。十二岁那年的初夏，一天的中午12点，早上的课程结束不久，我在大教堂广场等一位顺路的同学一起回家。突然，我被另外一个男孩猛推了一下，摔倒在地上，脑袋重重地磕在路沿石上，顿时感到神志不清。接下来的半小时里我始终头晕目眩。在我感觉到撞击的那一瞬间，一个念头从脑中闪过："从现在开始你不用上学了。"其实我仅仅是半昏迷，没有必要一直躺在那里，不过我还是一动没动，主要是为了报复袭击我的人。之后有人把我抱起来，送到住在附近的两位年长的独身阿姨家里。

从那以后，只要我不得不回学校，或者被父母强迫做功课时，我就开始晕厥。我有将近六个多月远离学校，一切都像是在郊游。我无忧无虑，能够接连几个小时做一个梦，或到林中嬉戏，在水边玩要、画画，想去哪里就去哪里。我又开始画表现战争惨烈的图画，比如遭到攻击燃烧殆尽的古老城堡；或者不厌其烦地画着漫画。直至今日，入睡之前我脑海中还时不时浮现出类似的漫画——咧嘴笑得狰狞的面孔不断地移动、变幻，当中有不少是我认识的人，他们在不久之后就去世了。

总而言之，我能够全身心地投入神秘的世界，那里有树木、水池、水洼、石头和动物，以及父亲的图书室。但我离真实的世界越来越远，我的良知一直能感受到模糊的痛楚。我闲逛、收藏、阅读、玩要、消磨时光，但并没有因此更快活，我内心隐约明白，我正在逃避自己。

我完全忘了这件事的始末，但我记得自己十分同情我焦虑忧心的父母。他们四处寻医，而医生们只是挠挠头，建议我到温特图尔和亲戚们一起度假。温特图尔有个火车站，在那段时间为我带来了许多欢乐时光。但回到家后，一切又和以前一样。甚至有个医生诊断出我得了癫痫，我清楚癫痫病发作是什么样，暗自嘲笑这个无稽之谈。但父母更加担忧了。之后有一天，父亲的一位朋友来看望他，我实在忍不住好奇，因此他们在花园里交谈时，我躲在了灌木丛后。我听见朋友对父亲说:“你孩子还好吗？”“唉，情况不大好，”父亲回答，“医生也都诊断不出究竟怎么了。有人认为可能是癫痫。要是一直治不好就完了。我那仅有的家当已经不多了，要是将来这孩子没能力自力更生，那可怎么办？”

我顿时感到如雷轰顶，这是自我与现实的冲突。“不行，我必须开始用功了！”我突然冒出这样的想法。

于是从那一刻开始，我成了个严肃正经的孩子。我从一旁悄悄离开，从父亲的书房里取出我的拉丁语法书，开始全神贯注地死记硬背。十分钟后我的症状开始出现，使我几乎从椅子上掉下去。过了一会儿，我感觉好了一些，又马不停蹄地继续发奋。“见鬼去吧，我不能晕。”我对自己说道，继续坚持下去。之后大概过了十五分钟，第二次晕厥才又发作，并且像第一次那样过去了。“现在你必须继续用功了。”我继续学习，第三次发作一小时后又来了，但我仍然没有放弃，又坚持了一小时，直到认为自己克服了它。突然间，我感觉自己的状态比以前几个月都要好。而且事实上，我再也没晕厥过。那一天以后，每天我都在家自学拉丁语法和其他教科书上的知识。几周后我就返校了，无论是在家还是在学校，我都没再发作。所有把戏都结束了，我把它们战胜了！就在这时，我明白了什么是神经症。

我渐渐回想起这一切的始末，清楚地看到是自己促成了这整个可耻的局面。这就是为什么，我从来没有真正埋怨过那个把我推倒的同学；甚至可以说他是受了我的教唆，这事从头至尾都是我主动安排的可怕的阴谋。我也清楚，我不会再允许这种事发生在我身上了。我对自己的行为感到愤怒和羞耻，我明白，我辜负了自己，也愚弄了自己。我不应该责怪其他人，我是那个背叛了自己而活该受诅咒的人！从那时起，我无法再忍受父母对我表示担忧，或对我说怜悯安慰的话。

神经症成了我的又一个秘密，但相比之前的秘密，它显得极其不体面，因此被我视为一次失败。然而，它使我变得一丝不苟且勤奋。从那之后，我做什么都认真仔细，而且绝对不是为了有点成绩而去做表面功夫，而是为了自己能够真正成才。我每天 5 点早起学习，有时干脆从凌晨 3 点直到早上 7 点，然后再去上学。

在危机时期致使我误入歧途的，是我对孤独的情有独钟。我眼中的大自然遍布奇观，而我恰恰渴望沉浸在这样的奇迹中。每块石头、每株植物，以及其他一切都生机勃勃，令人不可思议。我沉浸在自然中，就像在大自然最深沉的内核中缓慢前行，与人类世界渐行渐远。

大概在同一时期，我经历了另一件重要的事。我从居所克莱恩·惠宁根附近的大路出发，走很远的路去巴塞尔上学。路上，我突然产生了一种势不可挡的感觉，并对此刻留下了深刻的印象，好像自己刚从浓雾中走出来。我即刻领悟到：现在我是我了！这感觉就像过去我的背后有一面雾形成的墙，而其后没有“我”。直到这时，我遇见了我自己。过去我也存在，但只是身外之物找上了我，碰巧出现在我身上，而现在我找到了我自己。现在我明白了，如今的我就是我，我正存在着。在此之前我一直依据他人的意愿行事，如今我有了自己的意志。这段经历对我而言无比重要且新颖。在我身上出现了“权威”。奇怪的是，在我求学和被神经症侵扰的几个月里，我完全忘记了关于阁楼宝藏的一切，不然在那时，我就可能想到，我的权威感同被宝藏激发的价值感之间，有着某种类似的地方。但实际情况并非如此，与笔盒相关的记忆都在我的脑海里销声匿迹了。

大约在这时，我应邀去朋友家度假。他们在卢塞恩湖边有一栋房子。让我高兴的是，那房子恰好坐落在湖畔，还附带一间船屋和一艘划艇。房主允许他的儿子和我使用这艘船，但是严厉警告我们不可鲁莽行事。遗憾的是，我知道怎样驾驶一艘威德令船（长平底一类的船），也就是站着划。我家就有一艘平底船，在家时我们就把想得到的玩法都试了一遍。所以我上船的第一件事，就是站在船尾，划着一只桨把船驶入湖内。房主本来就很不安，看见后顿时更觉过分了。他吹口哨示意我们回来，然后臭骂了我们一顿。我整个人都灰溜溜的，但不得不承认，我确实做了不该做的，并且他骂得非常有水平。但同时我心里气愤难平，这个肥胖、粗鲁的乡巴佬竟敢侮辱**我**。这个**我**不仅已经长大，而且重要的是，已经成为一种权威，是一位有地位有尊严，理应受到尊重和敬畏的老人。但这一切与现实是如此格格不入，以致在盛怒中我突然有些迷茫，一个问题来到唇边："你到底是谁？你表现得好像只有恶魔才知道你的重要性！可是你又认同这个乡巴佬的训斥。你只是个不足十二岁的学生，而他不仅是位父亲，还是个富有、有影响力的人，坐拥两栋房和许多骏马。"

这时，让我深感困惑的是，我突然意识到我实际上是两种不同类型的人。其中一种是个小学生，他学不会代数，对自己没有丝毫的自信；另一种则身世显赫、位高权重，和这个制造商一样强大、有影响力。后者是个老人，生活在18世纪，穿着系扣的鞋，头顶着白色的假发，驾驶着一辆马车，车厢被弹簧和皮带固定悬挂在两个凹而高的后轮之间。

这个想法源于我从前一个不寻常的体验。那时我们一家住在克莱恩·惠宁根，有一天，一辆古老的绿色马车驶过我家门前，它不像是从黑森林开来的，倒像是直接从18世纪来到我的面前。我见到它时已按捺不住激动的心情："就是它！没错，它来自**我的**时代。"我认出它和我在自我中驾驶的那辆是同一型号。随后又产生一种奇怪的厌恶感，仿佛被人偷走了什么，或者说仿佛被欺骗了一般——被骗走了我所钟爱的过去。这马车是那个时代的遗物！我无法形容在我身上发生了什么，或者又是什么深深地影响了我。一种渴望，一种乡愁，或是一种认可在连声说着："是的，就是这样！是的，就是这样！"

我还有一段回到18世纪的体验。我曾在一个姨妈家里，见到一尊18世纪的小雕像，那是由两个彩色人物组成的古老的赤土陶器。其中一个人物是18世纪末巴塞尔市的一位名人——老斯图克伯格医生，另一个闭着眼睛、伸着舌头的女人则是他的病人。关于雕像的故事是这样的：有一天老斯图克伯格医生正穿过莱茵桥，这位讨厌的病人突然间不知从哪儿冒出来，拉着他滔滔不绝地诉苦。老斯图克伯格不耐烦地说：“好吧，好吧，你一定是哪里不舒服。闭上眼睛，舌头伸出来。”女人照做，老斯图克伯格趁机溜走，而女人则一直伸着舌头站在原地，路人们看到都忍俊不禁。我以一种说不出的奇怪感觉认为，小雕像上的老斯图克伯格医生穿着系扣的鞋，和我的是同一双。我确信这就是我以前穿过的鞋，并为这个想法激动得发狂。“这一定是我的鞋！”我仍能感觉到脚上穿着这双鞋，但不能解释这疯狂的感觉。我无法理解自己对18世纪的认同感。那时我经常把1886年错写成1786年，每次都会有一种莫名的乡愁向我涌来。

因船上的恶作剧受到应有的惩罚后，我开始思索这些孤立的印象，它们又组成一幅完整的画面：我分裂成了两种不同类型的人，同时生活在两个时代。我因此感到困惑，满脑子都是沉重的想法，但最终不得不面对一个令人失望的现实，那就是——不管怎样，如今的我只是个小学生，要为与年龄相符的错误行径受罚。而另一种人肯定是无稽之谈，我认为他的形象从某些方面上来源于父母和亲戚口中的我的祖父。但这也不完全正确，因为他出生于18世纪，生活在19世纪。除此之外，我出生前很久他就已去世。我与他是不可能完全相同的。这些思考大多数时候都以模糊和梦幻的闪念形式出现。我已经不记得自己当时知不知道，自己与歌德是否真的存在传奇般的亲戚关系。我想我并不知道，因为我最初是从一个陌生人那里听到这个传说的。以防万一，我应该在这里补充一下——有一个烦人的流言，说我祖父是歌德的私生子。

同年一个晴朗的夏日，中午时分，我走出学校，来到大教堂广场。天空蔚蓝闪亮，多么阳光灿烂的日子！大教堂房顶金光熠熠，阳光在崭新夺目的瓷砖上迸发光彩。我陶醉在眼前的美景中，心想：“上帝创造了美丽的世界，美丽的教堂，以及其他一切，他坐在天堂，那遥远蓝天的一个金色宝座上……”我的思想在这儿产生了一个巨大的洞，一种被堵塞而窒息的痛苦油然而生。我感到一阵麻木，只知道：“不要再想下去了！某些我不敢想，甚至不愿意与其有一丝联系的事即将发生。为什么呢？因为我会犯下最骇人的罪过。那是什么？是谋杀吗？不，绝不可能。谋杀是违逆圣灵旨意的罪孽，是不可饶恕之罪。谁做了谁就得下地狱，永世不得翻身。作为父母的心肝宝贝，如果他们的独生子命中注定要受永恒的诅咒，他们一定会悲恸欲绝。因此，为了父母，我绝不能犯下这样的过错。我需要做的就是别再胡思乱想了。”

可是说起来容易，做起来难。从学校回家的路很长，一路上我尝试着思考其他形形色色的问题，但我发现自己的思绪总是三番五次回到我情有独钟的大教堂和坐在金色宝座上的上帝上——然后，思绪仿佛遭受了猛烈的电击，再次飞离我的脑海。我不停地自说自话：“别想了，别想了！”到家后我依旧处于情绪激动的状态。母亲察觉出我的不对劲，问我：“怎么了，学校出什么事了吗？”我让她宽心，便实话实说，学校什么事也没有。我确实考虑过，如果能把心中翻江倒海的真正原因告诉母亲，也许能对我有帮助。但要是向母亲坦白，我就不得不做那件看似不可能完成的事：把所思所想全都吐露出来。我可怜的母亲也完全不会怀疑，也不会察觉我已经陷入犯下不可原谅的罪孽并将自己投入地狱的恐怖的危险之中。我放弃向母亲倾诉，并想方设法把与此有关的思想隐藏得更深。

那天我夜不能寐。虽然我对那个被视为禁忌的思想还一知半解，但当它一次又一次试图冲出脑海中那道封锁线时，我还是拼尽全力阻挡了它。之后的两天就是纯粹的折磨。于是母亲断定我生病了。但最后我还是忍住没有敞开心扉，因为我担心这会令母亲伤心欲绝。

但是，到了第三天夜里，我实在不知道怎么继续忍受这种折磨了。我在床上辗转反侧，好不容易睡着，没多久就又醒了过来，发现自己半梦半醒时还在想着大教堂和上帝。我发现自己对此的抵抗力越来越弱——我差点就继续想下去了。我吓得冒冷汗，从床上坐起，驱赶睡意。“这事儿要发生了，这可是件危急的事！我必须要好好想想，一定得事先想个答案出来。我为什么非要去想我不理解的事呢？我可以肯定，自己并不是自愿去想。那是谁要求我去想的呢？是谁强迫我去思考自己既搞不懂又不想搞懂的事呢？这可怕的意愿从何而来呢？还有，为什么非得是我受这样的折磨呢？我当时明明只是想赞美创造了这个美丽世界的造物主，感谢他赐予了我不可估量的天赋，我为什么非得去想那些不可思议的邪恶呢？我不理解这邪恶究竟是什么，这是真的，因为我不允许自己随便向这一想法靠近，这意味着当下要冒着去想它的风险，我从没想过要做这件事，更没有做过，它却仿佛梦魇一般降临到我的头上。这事是如何发生的呢？即使我从未做过，但它还是落在了我的头上。为什么呢？总之，我不可能创造自己，而是依照上帝造物的方式来到这个世界——换言之，我按照父母塑造我的方式来到这个世界。难道说是我的父母让我想这些的吗？我善良虔诚的父母绝对不会这么做，这样邪恶的念头他们想都不会想。”

我发现这个想法极其荒唐。然后，我想到了祖父母，我只熟悉画像中的他们。祖父母是那么仁慈又庄严，能够拒斥任何有可能怪罪于他们的观点。我又把所有的祖先都在心中浏览了一遍，最后我想到了亚当和夏娃，随后便产生了一个关键的想法：亚当和夏娃是人类的祖先，他们没有父母，是上帝直接的创造使他们成了他们的模样，他们除了按照上帝创造的形象生活，没有其他选择；因此，他们并不知道自己如何与众不同，因为上帝只创造完美，所以他们无疑是最完美的杰作，可是他们照旧犯了原罪，做了上帝禁止的事。这是为什么呢？假如上帝并不打算让他们做那件事，他们也就不会那么做。当然，他们是受了蛇的引诱，但蛇是上帝在创造他们二人之前就有了的，目的就是让它诱惑亚当和夏娃犯罪。一切都早在全知全能的上帝安排好的轨道上等候，一切都是为了让人类的祖先犯罪。因此，他们犯罪，是上帝的本意。

这一想法立刻将我从最痛苦的折磨中解脱出来，因为我现在知道，是上帝将我置于这种状态之中的。一开始，我并不知道他是否有意要我犯下这样的罪孽。我不想再通过祷告而获得启示了，因为上帝不会顾及我的个人意愿就把我固定在这个位置上而不管不问了。我确信，我得亲自弄清楚他的意图并独自找到一条出路。就在此刻，另一个问题又出现了。

“上帝想要什么？我做还是不做？我必须弄清楚他究竟想让我做什么，而且必须马上弄清楚。”当然，我知道依照传统道德标准，必须避免罪恶。这就是我一直在做的事，但是我清楚自己也许不能再继续这么做下去了。整个晚上我都在辗转反侧，加上精神上的折磨，我精神颓废，不这样想就会把自己逼到无法忍受的地步，不能再这样下去。同时，在理解上帝的意志和意图之前，我是不会放弃的。因为如今的我坚信，是他提出了这个令人绝望的问题。奇怪的是，我从未想过也许是魔鬼正在戏弄我。因为那时，魔鬼的力量尚且无法强有力地影响我的精神世界，而且我认为，无论在什么情形下，他的能力都无法与上帝相提并论。但自打我从迷雾中走出来并对自我有了意识的那一刻，上帝的统一性、伟大以及超人的威严便在我的想象中回荡。从此之后，我心中再没有其他的疑虑，只剩下上帝正为我安排的一场关键的考验。而一切都取决于我是否能正确地理解他。我清楚，最终自己毫无疑问会崩溃并妥协让步，但关乎我永恒灵魂的救赎已经迫在眉睫，所以我不会在一无所知的情况下屈服。

“上帝知道，我已经坚持不了多久，马上就要犯那不可饶恕的原罪了，可他就是不来帮我。即使他的全知全能可以不费吹灰之力地使我摆脱这种煎熬，但他显然并不打算这么做。他是否是自己在通过强迫我做违背个人道德判断和宗教教义的事，甚至是违背他所定下的戒律，考验我对他的忠诚？他迫使我面对他自己为了避免永生诅咒，而正在奋力顽抗的事，面对因为我的信念和理性而出现的死亡和地狱的幽灵，是为了考验我是否愿意遵从他的旨意？这可能就是答案！但这仅仅是我自己的想法，我不敢肯定自己对此的推理一定正确。我必须再仔细想想。”

我又仔细地考虑了一遍，得到的结论却是相同的。“上帝显然也想要我鼓起勇气，”我想着，“假如他的想法正如我所想，而我也经受住了考验，那么他最终会赐给我恩典和启示。”

我鼓足勇气，仿佛时刻准备飞跃跳入地狱烈火中，于是我的眼前便出现了这样的画面：还是那座大教堂和那蔚蓝的天空，上帝坐在那高出天际的金色宝座上——而从那宝座的下面，掉下一块巨大无比的粪，落在那崭新的明光闪烁的屋顶上，屋顶在强烈的冲击下四分五裂，大教堂的四壁也被砸个粉碎。

啊，原来如此！我体验到了一种极大的解脱，这感觉如此强烈，难以形容。那不是原先预想的诅咒，而是恩典，随恩典而来的，则是我从未体验过的、难以言喻的幸福。我流下了幸福和感激的泪水。既然我已经服从了上帝那不可违背的命令，他的智慧和仁爱便显露出来，使我醍醐灌顶，明白了许多以前不理解的事情。其中包括了我父亲所不理解的事，我想道："他没有体会到上帝的旨意，还凭借最坚定的信念以最完美且不可反驳的理由反对它。因此，他从未体验过恩典的奇迹，这恩典能够治愈一切，使万物易于理解。他始终将《圣经》的'十诫'作为自己的指导方针，他只以《圣经》的指示和先人传教的标准信仰上帝。可是父亲从未了解到，上帝是自由的、万能的、活生生的，一直站在**他**的《圣经》和教堂之上，号召人们分享**他**的自由，并迫使人们放弃自己的观点和信仰，以便毫无保留地遵从上帝的指令。在上帝进行勇气的试炼时，无论传统多么神圣不可侵犯，他都反对墨守成规。他全知全能，因此会考虑到，在勇气的试炼中不会产生真正的邪恶。一个人要是遵从上帝的旨意，便可以放心自己做的是正确的。"

上帝创造亚当和夏娃，同样迫使他们去思考自己不愿思考的事。他之所以这样做是为了确定亚当、夏娃是否顺服。他也可以指示我做某些违背传统的宗教教义的事。是我的顺服为我带来了恩典，而这次经历之后，我便了解了上帝恩典的内涵。一个人必须完全将自己的意志献给上帝，目空一切，将执行上帝的意志放在首位，否则，一切都是愚蠢且无意义的。从接受恩典的那时起，我开始有了真正的责任感。我开始思考上帝为什么要弄脏他的大教堂这件可怕的事。随后，我得出了模糊的结论：上帝可以是可怕的。我发现了一个黑暗可怕的秘密，而它的阴影贯穿且笼罩了我的一生，使我变得忧郁少言。

这一体验使我更感自卑。在我的眼中，自己极为堕落，自贬不是魔鬼，便是蠢猪。但是之后，我开始翻阅起《圣经·新约》，不管是法利赛人和收税官的部分，还是堕落的人其实是上帝选民的部分，都使我感受到一定程度的满足。让我终生难忘的部分是：不义的管家得到了称赞，以及摇摆不定的彼得被委以重任。

我自卑得愈厉害，上帝的恩典在我看来就愈发难以理解。总之，我对自己从来都没有确切的把握。比如，我总觉得自己是最堕落且卑微的人，所以当母亲对我说“你一直是个好孩子”时，我完全不理解她在说什么。我，一个好孩子？在我看来这太稀奇了。

经历了上帝和大教堂的考验后，我终于获得了某些实实在在的东西，它成了我巨大秘密的一部分——就像我一直在谈论从天上落下来的石子，而如今我的口袋里就有一个。虽然实际上，这是一次令人羞耻的经历，我陷入了某种糟糕的、邪恶的、阴险的境地中，但同时，这又是光荣的。有时，我非常渴望对着某人一吐为快，不是具体谈论我的秘密，而只是向他暗示我曾经历过某些不为人知的、古怪的事。我很想在别人身上找到相似的经历，可是一无所获。最后，我得出结论：我既是不得恩宠的，又是被选中的；既受诅咒，又受祝福。

我绝对不会公开提到自己的经历，关于地下神庙里的男性生殖器，关于我的木雕小人。事实上，直至六十五岁，我才在和妻子的关于其他经历的谈话中提及梦中生殖器的事，但也限于晚年。我一直遵循从我的童年延续至今的严格的禁忌，对所有这些事情都守口如瓶，就算是朋友也绝不会谈起。

依据这个秘密，便可理解我整个的青春期。它造就了我身上一种几乎难以忍受的孤独感。在这些年中，我成功地与想要和别人探讨它的诱惑顽抗。因此，这就预设了我与外部世界的关系：一直以来，我都是一个孤独者，知道些许隐秘的事，且时刻都在向不知情者或不愿知情者加以暗示。

我母亲的家庭里有六个牧师，而在我父亲这边，不仅我父亲是牧师，两个叔父也是。因此，我有许多机会听到有关宗教的谈话、神学的讨论和布道。当我听着他们的谈话时，便在心里想："是，是，你们说得都好极了。但我的秘密怎么办？这个秘密同样关乎恩典。但你们所有人都毫不知情，完全不知道上帝想强迫我做不道德的事，强迫我去思考令人厌恶的事，以便让我得到他的恩典。"其他人所说的一切都偏离了主题。我想着："看在老天的分儿上，一定还是有人了解一点真相的，真理一定存在。"我在父亲的书房里翻找，不放过任何一本涉及上帝、三位一体、灵魂、意识的书，找到便狼吞虎咽地阅读，但读完后总觉得一无所获。我总在想："他们也不知道。"我甚至翻阅了父亲的路德派《圣经》。遗憾的是，约伯所作的传统"教诲式"解说使我失去了对它细细研究的欲望，否则我或许还能从中获得些许的慰藉，特别是《约伯记》第九章第三十节和第三十一节写道："尽管我用雪水洗身……你还要扔我在坑里。"

后来母亲告诉我，那时候我经常显得非常沮丧。其实恰好相反，此时，我正在努力琢磨这个秘密，坐在石头上，心里只有出奇的安慰与平静。不知为什么，思索的过程总能消除我所有的疑虑。每当我想到自己就是石头，一切冲突便立刻停止了。"石头没有不确定性，没有沟通的欲望，以不变的姿态存在几千年，"我这么想道，"而我只是一种像火焰一样会消逝的现象，一瞬间爆发成各种各样的情感，点亮后即刻便熄灭了。"我只是我情感的总和，而我身上的别人却是永恒不灭的石头。

那时候，我对父亲所说的一切产生了种种深切的怀疑。我一听到他布道称颂上帝的恩惠，便总是联想到自己的经历。在我看来，他口中的一切听来都那么迂腐而空泛，如同一个人在转述道听途说的，连自己都不笃信的故事。我很想帮他，但不知道怎么做。而且，我耻于向他坦白自己的秘密，也不愿意干涉他个人的事。我一方面觉得自己不够年长，另一方面害怕使用被"第二人格"激发出来的权威。

我十八岁时，曾与父亲讨论过许多事，总是暗暗希望能从谈话中让他对恩典的奇迹有所了解，从而使他减轻良心上的种种痛苦。我深信，假如他服从上帝的旨意，一切都会好起来。但我们总是不欢而散。我们的讨论刺痛了他的心，并让他难过。“唉，瞎说，”他总这么说，“你总在想。人不应该想，要去信。”于是我就会想：“没有体验就没有经验。”但说出嘴的却是：“那请给我这样的信仰吧。”随后，他就会耸耸肩膀，无奈地离开。

我开始广泛交友，朋友大都是样子腼腆、家风淳朴的男孩。我的成绩渐渐有了起色，在之后的几年里甚至名列榜首。然而，我察觉到，许多成绩不如我且心怀妒忌的同学，会抓住每一次机会想方设法赶上我。这使我感到很不高兴。因为我讨厌一切竞争，如果有人把游戏变得太具竞争性，我会毫不犹豫地退出。此后，我的成绩保持在全班第二，并且我发现这样更快乐。不管怎么说，学校功课已经让我感到很厌烦了，我不想通过竞争让它变得更难。有几位老师对我特别有信心，我至今都在感谢他们。其中有一位老师，每每想起都使我心怀极大的愉快。他是一名拉丁语教师，一位十分聪明的大学教授。然而，我六岁的时候父亲就教过我拉丁文，于是，这位老师认为我不需要一直坐在班里听课，便经常让我去大学的图书馆帮他借书，我当然非常高兴，还尽可能地拖延回去的时间，以便沉浸在读书的乐趣中。

多数老师认为我既蠢笨又狡猾。学校一有什么事，我便是第一嫌疑人。要是有人在吵架，他们便判定是受了我的挑唆。但事实上，只有一次是我真正地被迫卷入争执中，也是那次我发现一些同学对我有敌意。他们七个人埋伏起来对我发起突然袭击。那时候我已经年满十五，长得又高又壮，而且很容易暴躁。我被激怒，面红耳赤，抓住一个男孩的两只胳膊，把他抡起来转圈，借他的两条腿绊倒其余几个。老师们查明了缘由，但我只能朦胧记得几条针对我的公平的处罚。从那时候起，就没人与我做伴了，当然也就没有人敢欺负我了。

我没有预料到自己会被人嫉恨，还会遭受不公正的指责，但不知为什么，我并不觉得这难以理解。所有指责我的事都使我恼火，但我不能否认这些指责。因为我对自己知之甚少，而在少有的了解中又充满了矛盾，以至我无法否认任何指责。事实上，我总感良心有愧，并能意识到种种已经发生了的和潜在的过失。出于以上原因，我对来自别人的指责尤其敏感，因为这些指责多少戳到了我的痛处。尽管多数时候我没做过那些他们口中我犯下的错误，但其实我发自内心地认为，自己确实有可能会这么做。我甚至还在表格中列举了各种托词，以防别人指责我做了什么事时无话可辩。假如我确实做了什么错事，我反而如释重负，因为至少这时候，我能明白自己为什么内疚。

我会自然而然地通过外在的稳重表现来弥补内心的不安——说得更好听点就是，缺陷不需要自我意识的干预就能自行弥补。换而言之，我知道自己有罪，与此同时又希望自己清白无辜。在私底下，我深刻地意识到自己拥有两个人格。一个是我父母的儿子，他上学读书，虽然不那么聪明，但是学习刻苦且一心一意，或许在仪表上还胜过许多别的男孩。而另一个则是大人——事实上更接近老人，他多疑，多虑，远离喧嚣人世间，但亲近大自然，例如土地、太阳、月亮、气候、众生，最重要的是亲近夜晚，亲近美梦，亲近“上帝”直接作用于他的一切。我在这里把“上帝”加了双引号，是因为大自然和我一样，虽然由上帝创造，并借它来表达自己，却被当作非神圣的东西抛弃了。谁也不能让我信服只有人是“依上帝形象”创造出来的。事实上我相信，比起人类，湖光山色、锦花绣草及各种飞禽走兽能更好地体现上帝的本质。从我的第一人格——一个1890年的学生的角度——就能看到穿着滑稽衣服的人们身上的卑鄙、虚荣、虚伪以及令人厌恶的自负，这些实在是人类再熟悉不过的低下品格。除了第一人格的世界外，还存在着另一个如同神殿般的领域，每个进入其中的人都会发生变化，并被突然出现的整个宇宙的景象征服，只能惊叹、称赞，忘乎自我。这里是“另一个人”的居所，他知道上帝是一个隐蔽的、私人的，同时又超人的秘密。在这里，没有什么能把人与上帝分开，这就堪比人心同时和上帝一起俯视天地万物。

我在这里逐句展开的一切，虽是我在当时没有明确意识到的东西，但我以一种强烈的预感和感觉捕捉到了它。在这样的时刻里，我知道我配得上自己，我就是真实的自我。只要独自一人，我就可以逐渐进入这种状态。因此，我渴望并追求着“另一个人”，即第二种人格身上独有的孤独与平静。

两个人格之间的博弈贯穿了我的一生，但我认为这与“精神分裂”或一般医学意义上的多重人格无关。正相反，这种情况在每个人身上都有体现。第二种人格在我的一生中具有重大意义，而我总是尽力为想要从内心深处来到我身边的一切腾出地方。第二人格是如此典型，却只能被极少数人感知，大多数人的理解力都无法使他们认识到第二人格和他们是一样的存在。

教堂逐渐成了使我痛苦的地方。因为在那里，有人竟无耻地大声传播有关上帝意旨和行为的道义。在那里，人们被劝诫，被告知自己应有那样的感觉并相信这样的秘密，我知道，这就是一种最内在、最深刻的确定性，是一个字都不会泄露的确定性。最后我只能推断，显然没人理解这一秘密，连牧师也一样，因为反过来说，没有人敢公然泄露上帝的神秘，用迂腐的、煽情的布道亵渎这些超越语言限制的感情。除此之外，我坚信不应该以这种方式接近上帝，因为凭借我的经验，我知道恩典只会降临在毫无保留地遵循上帝意志的人身上。这一点也是布道所鼓吹的，但是人们总是假设，启示能使上帝的道理浅显易懂。但是对我来说，这却是最晦涩难懂的事情。在我看来，这使得每天探求上帝的意志成了一个人的责任。我没有这样做，不过我敢肯定，如果有一个迫切的理由呈现在我面前，我便会去做。第一人格占据了我太多的时间，它让我发现一个出乎意料且令人担忧的事实，即宗教戒律正在取代上帝的意志，它唯一的目的在于告诉人们，理解上帝的意志已变得没有必要。我变得越来越多疑，经常觉得父亲及其他牧师的布道词使我非常难堪。而周围的信徒们似乎都认为这些莫名其妙的布道用语以及其中的艰深晦涩是理所当然的。他们想都不想便囫囵吞下这些矛盾的说法，比如上帝的全知全能使他预知了整个人类史，再比如他确实创造了人类，并且禁止人类犯罪，却又使他们不得不犯罪，一旦他们犯了罪又以地狱之火的永世诅咒来加以惩罚。

说来也奇怪，魔鬼很久都没影响过我的思考。在我看来，魔鬼不过是被铁链拴起来的看门狗，再凶狠也顺服于它强有力的主人。除了上帝，没人对世界负有任何责任，而且我很清楚，上帝可能是很可怕的。每当我听到父亲在他具有感染力的布道词中提及“上帝的仁慈”，赞美上帝对人的大爱，并劝导人们以爱回报时，我的怀疑和忧虑都会以指数形式增长。“他是否真的知道自己在谈论什么？”我真是怀疑，“他会像亚伯拉罕用刀杀死以撒一样，把我献祭给上帝吗，或把我移交至一个不公正的法庭，像对待耶稣那样把我钉死在十字架上？不会的，他做不到。所以在某些情况下，他不可能毫无保留地贯彻上帝的旨意，因为正如《圣经》里所展示的，这些事都相当可怕。”我很清楚，人们受到劝诫时，首先服从的是上帝而不是人，这种话只不过是不加思考的随口一说。显然，我们对上帝的旨意一无所知，因为要是我们知道，我们就会以敬畏的态度对待这个核心问题，好像只是单纯害怕上帝的权威，害怕他将可怕的权威强加在弱小无助的人身上，就像他这么对我一样。那些假装洞悉上帝旨意的人中，有谁能预见上帝强迫我做的事呢？在《圣经·新约》里，没有任何类似的事。《圣经·旧约》，尤其是《约伯记》，本可以使我开阔眼界，但可惜那时候我对它不够熟悉。在接受坚信礼的时候，也没有听说过任何类似的教导。当然，虽然提到过对上帝的敬畏，但被视为“犹太人的”过时的东西，早在很久以前就被基督福音（上帝的大爱和仁慈）取代了。

童年经历的象征意义及其意象中的暴力使我非常不安。我自问：“是谁那样说话的呢？是谁这样厚颜无耻，在神庙中展示赤裸裸的阳具？是谁让我认为，上帝就是以这种可恶的方式摧毁了自己的教堂？”最后，我自问：“这难道是魔鬼的勾当？”我坚信只有上帝或魔鬼才会这么说、这么做。我非常肯定，绝不是我创造了这种思想和形象。

这些都是我生活中至关重要的经历。就在那时，它使我明白：我必须对自己负起责任，我的命运完全掌握在自己手中。过去面临的一个问题，我必须亲自找到答案。那么是谁提出了这个问题？没人能回答我。我知道，我必须从内心最深处挖掘这个答案：我孤身一人面对上帝，而上帝只问了我一人这些可怕的问题。

我从一开始便感到一切都是命中注定，仿佛我所经历的一切都是命运为我指定的，而我必须接受。这使我感到安心，虽然我从来无法向自己证明它，它却向我证明了它自己。我不曾拥有这种肯定性，但它却拥有了我。没有人能剥夺我的信念：我奉命去做上帝想让我做的事，而不是自己想做的事。这给予我以自己的方式行事的勇气和力量。我经常产生这种感觉：在一切具有决定性的问题上，我不再和众人同在，而是同上帝独处。而当我在“那里”时，我便不再孤单，我处在时间之外，同时属于好几个世纪，而那个给我答案的他是向来就存在的，在我出生之前就已存在的他，永远存在的他就在那儿。这些与“另一个人”的谈话是我所经历过的最为深刻的体验，一方面是血腥的搏斗，另一方面是至高无上的狂喜。

自然，我不能和任何人谈起这些事情。大概除了母亲，我不知道还能与谁交心。她思考的方式与我有几分相似。但我很快意识到，她在交谈中跟不上我。大体上，她对我的态度首先是钦佩，而这对我并没有什么好处。于是，我就把这些想法藏在心里。总而言之，这是我最喜欢的状态。我享受独处，一个人做白日梦或在林中漫步，拥有一个属于自己的秘密天地。

我眼中的母亲是个善良贤惠的女人。她的心中充满了真挚得如同动物般的温暖，还做得一手好菜，热爱交友，性格开朗，长得高大壮实。她是个忠实的听众，也喜欢说话，一聊起来声音就像喷泉欢快的喷水声。她的文艺天赋横溢，品味高雅并有一定深度。但是这样的品质从未能适当地展露，而是始终隐藏在一个善良和蔼、体态臃肿的老妇人背后。她非常热情好客并十分幽默风趣。她的身上还留有一个人所必须拥有的传统观念，但有时，她潜意识当中那个意外强有力的个性会突然展现在人们面前，那是一个城府颇深、面露威严的人物，而且毫无疑问，拥有不容置疑的权威。

我推断她拥有两种人格，一种善良温柔并充满人情味，另一种则神秘怪异。这另一种人格只是偶尔出现，但每次出现都令人意外且不安。那时，她会自言自语地说话，但内容是针对我的，并经常深深地打动我，使我吃惊得哑口无言。

还记得这种情况第一次发生的时候，我大概六岁。那时候，我的邻居们都相当富裕。其中有一家有三个孩子，最大的那个与我年纪相仿，他还有两个妹妹。他们是城里人，衣着打扮常常使我觉得可笑，尤其是在星期天的时候——脚上穿着漆皮鞋，衣服带上有白色褶边，手上戴着白手套。甚至在工作日的时候，他们也要细致地擦洗梳头。他们举止优雅，恨不得赶紧跟我这个穿着破烂裤子，踩着有破洞的旧鞋，双手脏兮兮的粗鲁固执的男孩子划清界限。母亲不但拿我同他们相比，还严厉地训斥我："你看看人家那些漂亮的孩子，既有教养，又懂礼貌。看看你自己，就像一个小傻瓜。"这种训斥羞辱了我，使我很恼火。于是我决定痛揍那个男孩一顿。我也确实这么干了。他母亲气坏了，急忙赶到我家，针对我的暴力行为大吵大闹了一番。母亲吓得够呛，狠狠地训斥了我一番，而且声泪俱下，我从没被她这么长时间地训话，也没见过她如此情绪激动。我一直没有意识到自己的错误，相反，我对自己的行为感到非常满意，因为我觉得，自己或多或少对村子里这一家陌生人不和谐的存在做了补救。我对母亲的激动感到深深敬畏，便带着忏悔回到家中，在那架古旧竖式钢琴后的桌子旁玩起我的砖头来。好长时间房间里充满平静。母亲坐在平日里常坐的靠窗位置上打毛衣，然后我就听到她自言自语地嘟囔起来，从偶尔的几句话里，我猜想她是在思考这件事，但现在她在思考另一种观点。突然间，她大声地说："一个人不应该生那么大一窝狗崽子！"我马上反应出她是在说那些"沐猴而冠"的人。她的兄弟中最受她青睐的是个猎人，养了好些狗，总是张口不离"养狗""杂种狗""纯种狗"和"狗崽子"。我长舒一口气，意识到，母亲也认为这些讨厌的小孩是劣种的狗崽。因此，对她给我的训斥不需要按表面意思来理解。但即使是那么小的年纪，我也知道这时必须不漏声色地保持冷静而不应得意扬扬地表露出来:“您知道，您跟我想的一样！”她会愤怒地反驳这种观点:“你这个招人厌的孩子啊，你怎么敢装作知道在这方面和你母亲心意相通！”我从这件事中得出这样的结论：我一定在更早之前经历过和这件事性质类似的体验，只不过现在不记得了。

我提到故事，是为了引出另一件发生在我对宗教的怀疑与日俱增时的事，它更能体现出母亲人格的两重性。一天，我们围桌座谈时，话题转向了某些赞美诗沉闷乏味的曲调，有人提出是否有可能重新修订赞美诗集。听到这里，母亲喃喃道:“呵，您，我爱中之爱;您，被诅咒的幸福。”[1]我和过去一样装作没听见的样子，尽管内心感到胜利的喜悦，但还是尽量不露声色，避免高兴得叫起来。

母亲的两种人格存在巨大的差异。因此在我还是孩子的时候就会经常做一些关于她的焦虑的梦。白天，她是个慈爱的母亲，但在晚上，她便有点神秘可怕。然后，她便像那些预言家（预言家也是一种奇怪的动物）一样，又像生活在熊洞里的女祭司——古香古色又残酷无情，仿佛真理和大自然。在这种时候，她就是我所谓“自然精神”[2]的代表。

我也有这种古典的天性，而在我身上，它与我的天赋（也就是能看到人和万物的本质的天赋——虽然这一点并不总是令人愉快）息息相关。当我不想承认某些内心其实一清二楚的事情时，就会乐于接受这种表面上的事实。在这时，我就像一条狗——可以被欺骗，但最后总能嗅出谎言底下的东西。这种“洞察力”的基础是直觉，或是与其他人“分享神秘”。它躲在我看不见的感知行为中，用一只“隐蔽的眼睛”观看着一切。

直到很久以后，一些怪事发生在我身上，我才认识到自己的天赋。比如说，有时候我会详述某个人的生活故事，但事实上，我不认识他。例如，

[1] 原文为德语。

[2] 即“个体身上说出绝对直率且无情的事情的精神”[《幻觉的阐释》(苏黎世版，私人印刷，1940 年）第五卷，第四页]。“这是一种来自自然的思想，而非源于书本上的观点；它如同来自地下的天然泉水，天生持有大自然独特的智慧。”(同上，第六卷，第三十四页)

我和妻子参加她朋友的婚礼，而我对新娘及其家人一无所知。在婚礼上，我的对面坐着在一位蓄着长长胡须的中年绅士，有人告诉我他是一位律师。我俩热烈地讨论着犯罪心理学。为了回答他的一个非常专业的问题，我信口胡说了一个故事辅以说明，并加上许多细节润饰。正讲得起劲时，我注意到他的脸上露出十分怪异的表情，桌上一片寂静。我感到十分窘迫，赶紧停了下来。谢天谢地，那时我们已经开始吃饭后甜点了，于是我马上站起来离开了，躲进饭店的休息室。我退到一个角落里，点燃一支雪茄，尽力把刚才的状况从头到尾回想一遍。这时候，另一位同桌吃饭的客人走过来，责备地问道："您怎会犯如此可怕轻率的错误呢？""轻率？""是呀，就是您刚才说的那个故事。""但那全是我编造的啊！"

使我觉得惊愕和恐怖的是，我编造的故事恰恰发生在坐在我对面的那人身上，准确得所有细节都丝毫不差。就在此刻，我却发觉自己竟然想不起这个故事的任何情节——甚至到现在，我也没有一点头绪。在《自我启示》这本书里，佐克[1]描述了一件类似的事：有一次，在一个小酒馆里，他竟能揭露一个素不相识的年轻人其实是贼的事实，因为他内心的眼睛目睹了整个偷窃的过程。

在我的一生中，我经常会突然知道一件确实毫不知情的事。这种信息自然地出现在我的脑海中，仿佛它本来就属于我。我母亲也是这样。她说着自己也不知道的事，就像一个声音掌握了绝对的权威，所说的恰好与现实对应。

我母亲通常认为，我的心智远超出我的年纪，因此她经常把我当作成人与我进行对话。很显然，因为她早就把我当作了知心朋友，所以她把所有不愿意向我父亲倾诉的事，以及她所遇到的麻烦事都向我一一吐露。在我大约十一岁的时候，她向我透露了某件与我父亲有关的事，而这件事使我感到相当震惊。我思前想后，最终决定必须请教一下我父亲的某个朋友，

[1] 瑞士历史小说作家，专注于瑞士和巴伐利亚的历史研究。

我听说他是个很有影响力的人。于是，一天下午放学后，我没有事先跟母亲打招呼，就进城到他家里拜访。给我开门的是女仆，她告诉我主人出门了不在家。我只好既失望又沮丧地回了家。但正是上帝保佑了我，才使他没有在家。因为不久以后，我母亲再次和我提起了这件事，但这次她口中的事件与前一次的截然不同，甚至要温和许多，于是整件事情就这么云消雾散了。这件事触及我灵魂的深处，我想："你真是个蠢货，竟然就这么相信这件事，你愚蠢得一本正经，差点引发一场灾难。"从那时起，我便决定一分为二地对待母亲说的话。这件事严重影响到了我对她的信任，因此我不再向她吐露内心深处的秘密。

但之后偶尔，她的第二人格会突然爆发，她在这种状态下所说的一切如此真实，以致令我战栗。假如当时我能压制住母亲，那我大概就能有一个完美的对话者了。

我父亲的情况就完全不同了。我原本乐于向他请教自己在宗教上遇到的麻烦事，并且征求他的意见，但我没有那样做，因为我事前就知道，他会出于对本职的尊敬而选择不做回答。不久之后，事实便向我证明我的这个猜想非常正确。我父亲亲自教导我有关坚信礼的事，这使我无比厌烦。一天，我浏览着教义问答书，希望找到不太多愁善感，不太难理解，又不太无聊的，关于主耶稣的内容。我偶然读到一段关于三位一体的文章。其中有些东西吸引了我的注意力：一体性同时又是三位性。我为这个问题内在的矛盾性倾倒，迫不及待想要学习这个问题。但当我们真正谈到那里时，父亲却对我说："现在我们翻了到三位一体，不过让我们跳过它，因为我自己对它一点也不懂。"我钦佩父亲的诚实，但在另一方面感到极其失望，并对自己说："问题就在那里，他们却对此一无所知而且不打算仔细思考。那我又怎么能谈论我的秘密呢？"

我曾试着请教过几个我认为善于思考的同学，结果都无功而返。我没有得到任何回应，甚至，相反地，他们的麻木不仁使我疏远了他们。

尽管有些厌烦，我还是尽最大努力忽视不理解的部分，选择去相信——这种态度似乎使我父亲满意，并且我做好了准备，领受我寄予最后希望的圣餐。我认为这仅仅是一种周年纪念性质的餐会，用来记住我主耶稣是在一千八百九十年减去三十年，也就是一千八百六十年前去世的。但他仍留下了某些具有暗示性的话，比如:“你们拿着吃吧，这是我的身体。”意思是，我们吃圣餐面包时，要把这当作他的身体，毕竟说到底，这原本是他的肉。同样地，我们要喝的葡萄酒原本是他的血。我很清楚这意味着，我们以这种方式，把他嵌入自己的身体中。我认为这着实荒诞而且绝无可能，于是我更坚信在这背后，必然存在着某种巨大的神秘物质，而我会在父亲给予极高评价的圣餐仪式中领悟到它的神秘。

按照传统，一个教会委员会的成员做了我的教父。他是一位和蔼、沉默寡言的老人，是个车轮修造工，我常常站在他的铺子里，看着他灵活地摆弄车床和斧头。现在他来了，穿着大衣，戴着高帽，一脸庄严地把我带到教堂，而我父亲站在祭坛后面，穿着那件我非常熟悉的教袍，朗读《公祷文》中的主祷词。在铺着雪白餐布的祭坛上，放着几个堆满了小片面包的大盘子。我能看出来这面包出自我们那位面包师之手，他做的所有面包一般都寡淡得没有味道。葡萄酒从一个白锡酒壶斟进一个白锡杯。父亲咽下一片面包，又吞下一口酒——我知道这酒是从哪个小酒馆里买的——然后把杯子递给其中一位老人。所有人都站得拘谨、表情严肃，我却兴味索然。我疑惑地看着他们，却看不出也猜不到在这几位老人身上会发生什么与众不同的事情。这种气氛与在教堂举行的其他仪式，比如洗礼、葬礼等相差无几，给我留下“这里正在举行一场合乎传统意义的正确仪式”的印象。看来我父亲最主要关心的只是仪式是否能按规矩从头到尾地顺利执行，他所着重强调的适宜的用词也只是规矩的一部分，但对于耶稣已经死去一千八百六十年一事却只字不提。而在其他所有纪念性的宗教仪式中，都会着重强调耶稣去世的日期。我看不出这次圣餐有什么值得伤心或高兴的地方，考虑到所纪念的耶稣本人的非凡意义，我认为这次圣餐从任何方面而言都非常无趣乏味，更无法与世俗的宴会相比。

突然间，就轮到我了。正如我预料的那样，我吃下的面包没什么味道。至于那酒，我只抿了一小口，味道又淡又酸，显然不是什么好酒。接着就是最后的祷告。仪式结束后人们便走出教堂，既没有消沉，也没有快活得红光满面，只是脸上流露出“哦，就是这样”的神情。

我和父亲一起走回家，我强烈地意识到自己正戴着一顶崭新的黑色毛毡帽，穿着一件新的黑礼服，这件衣服已经成了我的大衣。这是件加长的夹克，在臀部的地方分成小小的两翼，左胸是一个用来塞手帕的口袋的开口（口袋里塞着手帕在我看来是成熟男子该有的姿态）。我自认为社会地位得到了提升，也就是被男人的社交圈接受了。那一天是周日，白天的时候，我可以一直穿着这件新礼服到处闲逛，晚餐的饭菜异常可口。然而在别的方面，我却感到空虚，不清楚自己内心的想法。

直到几天过后，我才渐渐明白，从那以后无事发生。我已经到了宗教启蒙的顶点，本来我所期待的预想不到的事，一件也没有发生。我知道，上帝可能会给我惊人的启示，比如说一场大火或是一束超脱尘世的光。但这次的仪式没有见到丝毫上帝的踪影——至少对我来说是如此。当然，他们肯定谈到过他，但都只不过停留在口头上罢了。我在其他人身上看不出极大的绝望、难以抑制的狂喜，以及在我看来是构成上帝本质的倾泻的天恩。我观察不到丝毫“内心交流”“统一”“与……融为一体”的迹象。与谁融为一体？与主耶稣吗？但他只不过是一个已经在一千八百六十年前去世的人啊。为什么一个人要与他融为一体？他被称为“上帝之子”——因此他和希腊神话里的各路英雄一样，只是半神，那么，一个普通人怎么能与他融为一体呢？这样的宗教被称为“基督教”，但它与我体验过的上帝没有任何关联。另一方面，耶稣这个人，确实与上帝有关联，他曾在客西马尼[1]和十字架上感受过绝望，因为他一直教导人们一个观念，即上帝是位和蔼仁慈的父亲。那么，他当时一定也目睹了上帝的可怕。这一点我可

[1] 耶稣被出卖并被逮捕的地方。

以理解，但是为什么要举行这种讨厌的纪念性仪式，让人们吃无味的面包，喝酸牙的酒？我慢慢地明白，这种交流对我来说是一种灾难性的体验。事实证明，它不仅是空洞的，还是一个彻底的失败。我知道，自己再也不可能参加这类纪念仪式。“呵，那根本不是宗教，”我想，“那仪式中没有上帝，教堂也不是一个我该去的地方。那里没有生命，有的只是死亡。”

我陷入了对父亲的强烈怜悯之中。突然之间，我明白了他职业和生活的悲哀。他与死亡纠缠在一起，却不承认死亡的存在。我和他之间，裂开了一道巨大的深渊，大到无法逾越。我那亲爱慷慨的父亲在许多事上都让我自己做主，从来不向我施以权威，我不能使他陷入绝望的、亵渎神明的罪孽之中，即使这些是体验神圣恩典所必须经历的。只有上帝才能做到这事。我没有这样的权力，这是不人道的。我认为，上帝可以是不人道的，这就是他的伟大性之所在，所有人性的东西都不能阻碍他。他是善良的，也是可怕的（两种特性同时存在），因此是一种巨大的危险，而每一个人为了拯救自己，自然会竭力规避这种风险。人们只是片面地依赖着上帝的善良慈爱，因为他们害怕成为诱惑者和毁灭者的牺牲品。主耶稣也注意到了这一点，因而教导人们：“不要让我们陷入试探”。

我与教会以及人类世界合为一体的感觉彻底破碎了。在我看来，我已经遭遇了人生中最大的挫折。我所设想的宗教观解体了，它曾构成我与这个宇宙唯一有意义的联系，我不可能再参与这普遍的信仰了，而是突然觉得自己被卷入某种无法表达的事物，卷入自己的秘密当中，而我却无法与任何人分享这一切。这种事很可怕，而且最糟糕的是，这也相当庸俗可笑，如同魔鬼般的嘲讽。

我开始思索：人类应该怎样看待上帝？我并没有要发现上帝和大教堂的想法，更不用说我三岁时的那个梦了。一个比我的意志更强大的意志把对这两个问题的想法强加给我。这是大自然的责任吗？自然也不过是造物主意志的体现而已。为此指责魔鬼也毫无帮助，因为它也是上帝创造的。只有上帝才是真切的——他是熄灭的火焰，是难以言喻的恩典。

圣餐仪式的失败对我有怎样的影响呢？那是我自身的失败吗？我为了它一丝不苟地做准备，也希望体验到天恩和启示，可是什么都没有发生，上帝也没有降临。因为上帝，我发现自己已经与教会断绝了联系，也不愿再接受父亲和他人的信仰。只要他们仍然代表着基督教，我便永远只是个局外人。这样的想法使我伤心欲绝，以致大学前我一直被笼罩在这层阴影当中。

我开始在父亲相对简陋的藏书室——这个藏书室似乎在那些日子里给我留下了深刻的印象——搜寻关于上帝的图书。起初，我只发现了一些论述传统观念的书，而我的目标是由思想独立的作家所作的书。最后，我偶然发现了比德曼在1869年出版的《基督教教义》。看得出，他是一个善于独立思考的人，会在书中表达自己的观点。我从他那里了解到，宗教是“一种存在于人与上帝的关系之中的精神行为”。但我不认同这种观点，因为我所理解的宗教是某种上帝强行作用在我身上的东西；这是上帝的行为，因为他是强者，我必须屈服。我的“宗教”不承认人与上帝的关系，因为我不认为有谁能同像上帝那样鲜为人知的事物建立联系。我必须尽我所能地更加了解上帝，才能与他建立联系。我发现比德曼的书中《上帝的本质》那一章中写道，上帝将自己呈现为一个“通过类比人类的自我方能理解的人格，是独一无二、超凡脱俗的自我，可以将整个宇宙环抱”。

就我对《圣经》的了解，这一定义似乎是恰当的。上帝是有人格的，他的人格就是宇宙的自我，类似于我自己是我的精神与物质存在的自我。但在理解这一定义上，我却遇到了一个难以克服的障碍，毕竟，人格意味着个性，而个性并不是模棱两可的事物，也就是说，它涉及某些特殊的属性。但是上帝代表着一切，那他怎么还会具有一种可辨别的个性呢？另一方面，即使他的确具有一种个性，他也只能是一个主观的、有限世界的自我。此外，他又具有什么个性，或是什么人格呢？这是一切的关键，假如一个人不知道这个问题的答案，他就无法与上帝建立联系。

我产生了一股强烈的抵触情绪，反感通过类比我的自我来想象上帝。

在我看来，这如果还不算彻头彻尾的亵渎神明，那必然是不着边际的狂妄自大。在任何情况下，我都无法轻易把握我的自我意识。因为我知道，首先，它包括两个相互矛盾的方面，也就是第一人格和第二人格；其次，在这两个方面中，我的自我受到了极度的限制，受限于所有可能的自我欺骗、错误、情绪、情感、激情和原罪等。自我所遭受的失败要远远多于成功，它幼稚、爱慕虚荣、自私自利、藐视一切、贪婪、渴望被爱、有失公允、敏感、懒惰、不负责任等。令我伤心的是，它所欠缺的许多美德和才能，正是别人所拥有的，这使我无比羡慕嫉妒。我们怎么能根据这种类比来想象上帝的本质呢？

我急切地想要找到上帝的其他特征，但是发现它们都被以一种我熟悉的方式列了出来，这种方式是我从坚信礼的教导中得来的。我发现，根据第一百七十二条，“上帝的超凡脱俗性最直接的表现是：一、否定性的，人们看不见他，等等；二、肯定性的，他在天堂的居所，等等”。这简直是一场灾难，亵渎神明的幻象立刻涌入我的脑海，上帝直接或间接地（即通过魔鬼）将这种幻象强加于我的意志。

第一百八十三条告诉我，“上帝在道德世界中的超凡脱俗”在于他的“公道”，这种“公道”不只是“公正的”，而且是“他神圣存在的体现”。我本来希望在这一段谈到给我带来许多烦恼的上帝的阴暗面：他记仇，愤怒起来极为危险，他使用全知全能创造生灵，做出不可思议的事情，同样通过全知全能对那些生命的缺陷心知肚明；但他却以把生命引入歧途为乐，或至少以试炼他们为乐，尽管他其实早就知道试炼的结果。那么上帝的个性究竟是什么呢？我们该怎样形容一个如此行事的人格呢？我实在不敢深究这个问题。然后我又读到，尽管上帝“本身已经自给自足，且除自身之外一无所求”，但他还是“为了使自己满意”创造了这个世界，并且“他使自然世界充满了自己的仁慈，使道德世界充满了自己的爱”。

最初，我反复琢磨着那个令人费解的词——满意。对何人满意或对何事满意？显然他认为这个世界，就是他所看到的自己的创造是好的。但这一点恰好是我无法理解的。当然了，世界无限美丽，但同时又十分恐怖。在乡下一个人烟稀少的小村子里从来都是无事发生，比起别的地方，“衰老、疾病和死亡”在这里更加显眼，细节更加具体，人们的体验也更加深刻。尽管那时我还不到十六岁，却目睹了大量关于人畜生命的现实，关于这个世界的苦难和腐败，我也在教堂和学校听到了太多太多。上帝至多对天堂感到“满意”，为了使天堂的荣耀与欢乐不至太长久，便小心翼翼地在天堂中放置了一条蛇，也就是魔鬼。他也对此满意吗？我敢肯定比德曼并没有表达这个意思，他只是以宗教教导的特有方式，随意地说个没完，甚至都没察觉出自己写的全是一派胡言。正如我所看到的一样，上帝的目的是创造一个充斥着矛盾的世界，一个生灵自相残杀的，有生必有死的世界，但他没有从人、兽不应得的痛苦中产生任何残酷的“满意”。这种假设并不是完全没有道理的。在我看来，自然法则中“美妙的和谐”更像是依靠可怕的力量来制服一片混乱，而沿着既定轨道运行的“永恒”星星显然更像是一群随意堆砌的天体，毫无秩序意义可言。因为没人能够真正看见人们口中的各种星座，它们只是些随意的轮廓而已。

对上帝将自己的仁慈充满自然世界这种看法，我既不理解也深感怀疑。这显然是这些观点中的另一个观点，只能相信，不能质疑。实际上，如果上帝是至善的，那为什么他所创造的世界如此不完美、腐败、可怜呢？“它显然是受到了魔鬼的感染并陷入了混乱之中。”我这么想。但是魔鬼也是上帝创造的呀！我只好加紧攻读有关魔鬼的书。不管怎么说，魔鬼似乎到底还是极其重要的。我再次打开了比德曼的《基督教教义》，为这个急迫需要解决的问题寻找答案。为何要忍受痛苦、缺陷和邪恶呢？结果我还是什么也没找到，我的努力成了一场徒劳。

这下我算完蛋了。论述教义的大部头巨著，不过是些出于想象的胡言乱语，更糟糕的是，它就是一场骗局，或者说是一种不同寻常的愚蠢的典型，其唯一目的就是掩盖真理。我的希望幻灭了，我甚至感到愤愤不平，为再一次对父亲产生了强烈的怜悯感到痛苦，因为他已经为这些繁文缛节牺牲了自己。

但在某时某地，一定曾有像我一样寻求真理的人，他们理智地思考，不希望自欺欺人，否认世界令人伤感的现实。大约就在这时，母亲或者说她的第二人格，在没有任何预示的情况下突然对我说：“总有一天你要抽空读读歌德的《浮士德》。”我们家正好有一版不错的《歌德集》，于是我把它找了出来。它像一阵神奇的芳香沁人心脾。我想：“这里终于有个人能严肃地对待魔鬼啦，甚至还与他订下可怕的契约——这是与魔鬼这样能够力挫上帝的计划，阻碍世界尽善尽美的敌人订下契约的人。”我对浮士德的行为感到遗憾，因为在我看来，他过于片面，太容易上当受骗。他应该更加聪明，更有道德。他如此轻浮地拿自己的灵魂打赌实在是太幼稚了！很明显，浮士德有些夸夸其谈。我感觉这部剧的分量和意义主要在于靡菲斯特这一方面。就算浮士德的灵魂真的进入地狱，我也不会为之难过。他是罪有应得！我并不喜欢结尾处“魔鬼受骗”的情节，因为说到底，靡菲斯特根本不是个愚蠢的魔鬼，而他却被傻乎乎的小天使欺骗，显然不合逻辑。在我看来，靡菲斯特是在一种完全不同的意义上被骗的：他并没有得到曾经允诺他的权利，因为浮士德这个平凡的家伙一直将他的骗局进行到来世。必须承认，到了来世，他的幼稚便暴露无遗了。但正如我理解的那样，他不配受到启发，去那儿探究伟大的奥秘。我倒觉得应该让他尝一下炼狱之火的滋味。就我而言，真正的问题在于靡菲斯特，他的整个形象给我留下的印象最深刻。此外，我朦朦胧胧地感到，他还与种种神秘事物的本源有关联。不管怎样，靡菲斯特及结尾处上帝伟大的指引，对我来说一直都是一种接近我意识世界边缘的、奇妙神秘的经历。

最后，我终于找到证据证明，还是有人会理解邪恶及其无穷威力的，更重要的是，魔鬼在使人摆脱黑暗和苦难时，发挥了神秘的作用。在这一方面，歌德成了我心中的预言者。但是我无法原谅，他通过纯粹的诡计、小小的欺骗，就打发走了靡菲斯特。对我来说，这太神学，太轻率，太不负责任了，歌德竟也堕落到使用狡猾的诡计，把邪恶变成无害。这不禁令我惋惜。

在阅读这部作品时，我发现尽管浮士德厌恶哲学，但他归根结底多少还算是个哲学家。他显然还是学到要在一定程度上接受真理。实际上，我到目前为止都对哲学一无所知，于是，一个新的希望诞生了。我想，也许会有一些苦心研究这些问题的哲学家，他们能使我得到启示。

由于我父亲的藏书室里没有哲学家的著作——他们因思考成了可疑的人——所以我只好满足于克鲁格 1832 年出版的《哲学科学通用词典》（第二版）了。我径直翻到了有关上帝的条目。令我非常不满的是，它的第一个词源便是“上帝”，说这个词“毋庸置疑地”源自“善”这个字，代表着“最高的存在”或“完美”。它继续说道：上帝的存在以及上帝观念的固有性都是无法证明的。如果后者不可能存在于现实中，那么它便可以先验地存在于人类当中。无论在何种情况下，我们的“智力”一定“在它能够提出如此崇高的观点之前就已经发展到某种程度了”。

这种解释着实令我目瞪口呆。这些“哲学家”到底怎么了？我实在想不通。很明显，他们对上帝的认识仅限于道听途说。然而在这方面，神学家们有不同的看法，虽然他们对上帝的论述自相矛盾，但至少他们还确信上帝的存在。词典编辑克鲁格在表述自己的观点时，掺杂了过多的个人成见，因而很容易看出他喜欢断言，坚信上帝的存在。那么他为什么不直截了当地说呢？为什么要伪装成这副样子呢？好像他确实认为，是我们“提出”了上帝的观念，而且提出之前还必须先达到一定的发展水平。据我所知，甚至在原始森林里赤身裸体游荡的野蛮人也会产生这些观念。而他们肯定不是“哲学家”，肯定不会坐下来“提出‘上帝’这一观念”。我就从未产生过有关上帝的观念。当然，我们不可以证明上帝的存在，比如说，一只衣蛾吃的虽然是澳大利亚羊毛，但它怎样向别的蛾子证明澳大利亚的存在呢？可见上帝的存在并不依赖于我们的证明。那么，我如何得出上帝确实存在这一观点呢？人们告诉我关于他的种种故事，但我什么也不相信，因为没有一件事能真正说服我。我的想法不是从那里来的。事实上，这根本不是什么想法——它不是经过深思熟虑得来的。它的发生并不是想象有某事，对它进行思考，然后加以确信这样的过程。比如说，我一直怀疑有关主耶稣的一切，并且从来没有真真正正地相信过它，尽管它留给我的印象远比上帝深刻，因为上帝往往只是含含糊糊地暗示而已。我凭什么认为上帝就是理所应当存在的呢？那些哲学家为何遮遮掩掩，说上帝是一种观念，是一种他们能提出或不能提出的任意假设呢？事实上，上帝的存在如此简单，简单得就像一块砖头砸到你头上。

突然间，我明白了，至少对我来说，上帝是最确定、最直接的体验之一。毕竟，我并没有捏造有关大教堂的恐怖意象。相反，是它强加在我身上，才使我被迫以最大限度的恶意去思考它，后来，那种获得天恩后难以言喻的感觉便出现在我身上。我根本支配不了这些事情，我慢慢得出了结论，认为这些哲学家一定有什么问题，才会提出如此怪异的看法，将上帝看作一种可以讨论的假设。令我极为不满的还有，这些哲学家对上帝的阴暗行为既不发表看法又不做任何解释。我认为哲学恰恰应该特别注意并考虑这些东西，因为我认为它们构成了一个哲学家认为十分棘手的问题。更令我失望的是，我发现哲学家们甚至都没有听说过这个问题。因此，我把注意力转向了另一个使我感兴趣的主题，即有关魔鬼的词条。我读到，如果我们认为魔鬼本来就是邪恶的，我们就会深陷许多明显的矛盾之中，换而言之，就会落入二元论中。因此，我们最好假设魔鬼最开始被创造出来的时候是一个善良的生物，只是由于他的高傲才堕落了。我很高兴他能指出这一点。他在这一假设中，预先假定了一个他试图解释的邪恶，即高傲。至于其他的生物，他继续写道，邪恶的起源“无法解释、无法说明”——对我来说这意味着：他同神学家们一样，并不想思考这一问题。有关魔鬼及其起源的条目同样无法给人启示。

我在这里所做出的叙述总结了我一系列的思想以及观念的发展变化，这个过程断断续续持续了好几年。它们只发生在我的第二人格当中，并且是极为私密的。我未经父亲的允许便偷偷地利用他的藏书室进行这些研究。

不久之后，我的第一人格便公开地阅读格斯塔克所有的小说，以及德语译本的英国经典小说。这时我同样开始阅读德国的文学作品，尤其关注经典作品。在学校里，老师总是费力地对那些浅显易懂之处做着毫无必要的解说，不过这并没有使我失去兴趣。我漫无目的地广泛阅读，戏剧、诗歌、历史全部涵盖其中，后来也读自然科学的著作。读书不仅有趣，而且是一种令人愉悦的又大有裨益的消遣方式，它将我从对第二人格的成见中释放出来，而后者正使我在沮丧中越陷越深。在宗教的领域中，我随处遇到的都是紧锁的大门，如果碰巧有某道门对我打开了，门内的事物也会令我大失所望。其他人的关注点似乎都与我大相径庭。在我所认为非常确定的事情上，我却感到完全的孤立。我比以往任何时候都更希望与人交谈，但找不到任何共同话题，相反，我却在别人身上感受到了一种疏离、猜疑和恐惧，我只好欲言又止。这也令我十分沮丧，对此我不知如何是好。为什么没有人有与我相似的经历呢？我百思不得其解。为什么教科书对此只字不提呢？难道只有我一人有过这种经历吗？我从来没有想过自己可能疯掉了，因为我认为虽然上帝的光明和黑暗令我感到压抑，但这些都是可以理解的事实。

我感觉自己怪异的思想对别人造成了威胁，而这意味着遭受孤立。我经常被不公平地当作替罪羔羊，而这令我更加不开心了。此外，学校里发生的另一件事加剧了我的孤独感。因为德文课的内容——特别是德语语法和句法——一点儿都提不起我的兴趣，老师说我在德文课方面表现平平，因此德文使我又懒又烦；德文作文题目也常常显得浅薄愚蠢，于是我的作文写得不是随心所欲就是矫揉造作。我的德文成绩一直在中等水平浮动，但这很令我满意，因为一般来说我不想引人注目。大体上，我同情出身贫穷的同学，因为他们也像我一样来自默默无闻的家庭，我喜欢不太聪明的同学——虽然他们的愚蠢和无知常常令我愤怒——因为他们能向我提供我极为需要的东西：他们简单淳朴，看不出我身上有什么不同寻常的地方。我的“不同寻常”逐渐开始给我一种令人不愉快甚至相当可怕的感觉：我一定是拥有某种排他性气质，它使我的老师同学们疏远了我，而我自己却全然不知。

在这些成见之中，接下来发生的事却如晴天霹雳般降临到了我的头上。有一天我们的作业是一篇命题作文，它第一次引起了我的兴趣。因此，我铆足劲儿写了起来，最后写出一篇我自认为成功的作文。我希望至少能拿九十多分——当然不会是一百分，因为那样会使我引人注目，一个接近一百分的分数就刚好。

我们的老师习惯根据作文的优劣来进行点评。第一篇自然是全班成绩最好的男生写的。接下来是其他人的作文，我等了又等，可是白等一场，没有听到我的名字。“怎么可能，”我想道，“我的作文竟差到比不上他提的那些可怜虫的作文吗？这是怎么回事？难道我不适合参加比赛？”而这意味着遭受孤立并以可怕的方式吸引注意力。

当老师评点完所有的文章后，停顿了片刻，然后说道：“现在，还有一篇文章，是荣格写的。他写得最好，我本应给他打一百分。但遗憾的是，这不是他写的。老实交代，你是从哪儿抄来的？”

我猛地站了起来，面目狰狞，火冒三丈，大声嚷道：“我不是抄的！我费了老半天劲儿才写成一篇好作文。”老师却对我怒吼：“你在撒谎！你永远不可能写出这么好的作文。没人会相信你。好了，说吧，你是从哪儿抄来的？”

我发誓自己是被冤枉了，但无济于事。老师固执己见并吓唬我说：“我告诉你，要是让我查出来你是从哪儿抄的，我就开除你的学籍。”然后，他就离开了。同学们向我投来异样的眼光，我惊恐地意识到，他们肯定在想：“啊，原来如此。”而对我的抗议，他们充耳不闻。

我感觉从此时起，自己就被打上了罪犯的烙印，而且原本有可能使我摆脱“与众不同”的所有道路也全被切断了。我深感沮丧与耻辱，发誓一定要好好报复这个老师，要是有机会，我很可能会做出违犯法律的事情来。可是我到底怎样才能证实，我不是从别处抄来这篇文章的呢？

一连好几天，我一直在想这件事，但是一再得出结论：我是无能为力的，盲目而愚蠢的命运跟我开了个玩笑，在我身上打下了骗子和作弊的印记。现在，我认识到许多以前无法理解的事——比如说，当父亲问到我在学校的表现时，有的老师就会说："哎呀，他就是中等水平，不过他很用功。"他们认为我有点儿笨还有点儿肤浅，这确实使我气恼。但令我愤怒的是，他们竟认为我是骗子，这无异于在道德上否定了我的全部。

我的悲愤马上就要失控了。随后，出现了一种现象，这个现象在这之前就已经有过好几次了：我的内心突然陷入了沉寂，仿佛一道隔音门把一间嘈杂的屋子关上了，一种冷漠而新奇的情绪突然落到了我的身上，于是我问自己："到底发生了什么？好吧，你激动了。那老师当然是个蠢货，他不了解你的本性，或者说，不像你了解得那么透彻。因此，他和你一样多疑。你不相信自己和他人，这就是为什么你会与那些天真、淳朴和单纯的人格格不入。当人对事物不理解的时候，他便会激动起来。"

鉴于这些既不愤怒又不高深的思考，我的内心又翻涌着一系列与之类似的想法，在我不愿思考那被禁止思考的观点时，它却坚实有力地铭刻在我的心上。在那时，尽管我根本看不出第一人格和第二人格之间的差别，并且始终宣称第二人格的世界就是我个人的世界，但私下里，我却总是感到，这个世界除自己之外，还涉及其他的东西。仿佛由浩瀚宇宙组成的广袤世界触碰到了我，又像一个灵魂悄无声息地进入了房间——这个灵魂的肉体虽然已经死去很久了，但其灵魂永恒地存在着，直到很遥远的未来。这类人往往在守护神光环的包围之中。

当然了，那时候我不可能用这种方式表达自己，我也没有把自己现在的意识状况归咎于当时并不存在的事情上。我只是试图表达当时的感觉，并借助我现在了解的一切照亮那个朦胧的世界。

这件事情发生的几个月后，我的同学便给我起了个绰号叫"亚伯拉罕神父"。第一人格不知原因何在，认为这愚蠢可笑。然而在内心深处，我却觉得，它正中要害。对这一背景所做的一切暗示对我来说都非常痛苦，因为我读得越多，对城市生活就越熟悉，我的印象也就越深刻。我现在慢慢了解到，真实属于事物的秩序，与我从小长大的乡村世界景象不同。我生活在沐浴着阳光的小山村，生活在溪流与树丛中，生活在人群与动物中。天空飘浮着白云，微风吹拂着面庞，黑夜笼罩大地时某些事情便会发生。它不只是存在于地图上的一个地点，而是“上帝的世界”，并且是由他安排的、充满了神秘的地方。但很显然人们并不懂得这一点，甚至连动物也多少失去了感受它的知觉。比如说，从母牛悲伤迷失的神情中，从马顺从的双眼中，从狗对人的忠心耿耿和极度依赖中，甚至从猫（选择房屋及谷仓作为它居住及狩猎的场所）自信的步伐中，都可以明显地看出这一点。人也像动物那样，看起来毫无意识，低头看地或抬头望树，为的就是看看有什么可以利用，能用来干什么。他们也像动物那样群居、择偶和斗争，却觉察不出彼此生活在一个统一的宇宙里，生活在上帝的世界里，生活在一切都已诞生以及一切都已死去的永恒里。

因为它们与我们如此相似，也像我们那样不知不觉，因此我喜爱所有的热血动物。它们有着和我们相同的灵魂，而且我想，与它们在一起时我们就有一种本能的理解力。我们和动物都体验过同样的欢乐与悲伤、热爱与憎恨、饥饿与口渴、恐惧与信任——这些都是生命的本质特征，我们与动物的区别只在于我们拥有语言、敏锐的意识以及科学。我虽然以传统的方式赞美科学，但是这不影响我看出，它会使我们疏远并脱离上帝的世界，从而导致动物不会发生堕落，它们可爱、忠诚、永不变心并值得信赖。

我认为昆虫并不是严格意义上的动物，冷血的脊椎动物是一个相当低等的中间阶段，而更低等的阶段便是昆虫。这一类生物中可供观察和搜集的实物，只是奇珍罢了，它们在人类之外，与人类的性质不同，它们是非人类生命的表现，更接近于植物而非人类。

“上帝的世界”在地球上的表现形式起始于植物领域，这是与上帝进行直接沟通的方式。就像有人从上帝的肩膀上向下窥探一样，上帝自以为是隐身的，于是便制造各种玩具和装饰品。另一方面，人和严格意义上的动物都是上帝身上微小的部分，只不过独立出来罢了。这就是为什么他们能够随心所欲地到处走动，选择自己的居所。而植物注定只能待在原地，不论该地的好坏。它们的存在不但体现美，还体现了上帝的世界观，而它们自身却没有欲望和背叛的意识。树木尤其神秘，它们直接体现了不可理解的生命含义。因此，我认为树林最接近生命的最本质的意义，也是最能激发人对生命的敬畏的地方。

当我更加熟悉哥特式大教堂后，这样的印象变得越发深刻。但是宇宙的无穷性、有无意义的混沌、客观目的与机械法则的纷乱，都被包裹在石头中。这包含了深不可测的神秘感，也体现了某种精神。我朦胧地感到，自己与石头之间的密切关系就在于生死之事物的神性。

正如我以前提到的，在那时，以形象的方式阐述自己的感觉和直觉，的确超出了我的能力，因为它们全都是以第二人格的形式出现，我的自我虽然具有主动性和理解力，但一直处在被动状态，还融入了属于好几个世纪的“老人”的范畴之中。我以奇怪的、不假思索的方式体验到了他和他的影响力，当他在场时，第一人格就会变得暗淡，甚至到了几乎不存在的地步，当我的自我越来越与第一人格无异，并掌控了全局时，那老人，如果我没记错的话，就仿佛成了一个遥远又虚幻的梦。

在十六岁到十九岁之间的三年里，使我进退两难的迷雾慢慢消散了，我沮丧的情绪也有所好转。第一人格在自我中越来越清晰完整。学校和社会生活占据了我大部分的时间，而不断丰富的知识则逐渐或渗透或抑制了我的直觉的预感世界。我开始系统地研究自己有意设计的问题。我读了一本哲学史简论，并对这一领域的观点有了全面的了解。令我满意的是，我发现自己的许多直觉都能在历史上找到对应的相似物。最重要的是，毕达哥拉斯、赫拉克利特、恩培多克勒及柏拉图的思想使我着迷。尽管他们的思想论述多多少少都有点儿苏格拉底式的冗长啰唆，但他们的观点既美好又有学术气息，犹如画廊里的名画，同时这使他们在某种程度上显得有些遥不可及，只有梅斯特·埃克哈特使我感到平易近人、充满生机——但这并不意味着我读懂了他。经院学者让我感觉冷冰冰的，而圣·托马斯那种亚里士多德式的理智主义比沙漠还要死气沉沉。我心里想："他们全都希望运用逻辑的把戏，使那些他们无权获得也并非真正懂得的事物自见其义。他们想向自己证明的是一种信仰，然而它实际上关乎经验。"就如同他们听说大象存在，实际上一头也没见过，还想论证说明，按逻辑来说大象一定存在，而且形体也跟实际的一样。显然，一开始我对18世纪的批判哲学根本没有兴趣。在19世纪的哲学家中，黑格尔，由于其作品的语言和内容傲慢艰深，也令我敬而远之，完全无法对他产生信任。在我看来，他仿佛被困在由自己的词语筑造的牢笼般的大厦中，并在其中装腔作势。

不过我的研究还是有了一个重大的发现，那就是叔本华。叔本华是提及世上苦难的第一人，这种触目惊心的痛苦就围绕在我们身边。他还提到了混乱、激情、邪恶——这所有的苦难，其他人几乎从未觉察，还总是极力将其纳入无所不包的和谐与可理解性中。现在终于出现了一位哲学家，敢于承认在宇宙的山川湖海等自然事物中，并非一切都完美无缺。他既不提造物主至善至美和全知全能的天意，也不提宇宙的和谐友好，而是直言不讳地指出，在人类充斥着悲怆的历史进程中，以及大自然的残酷无情中，隐藏着一种根本性的缺陷：创造世界的意志具有盲目性。我先前观察过病死的鱼、冻僵或饿死的鸟、患疥癣的狐狸以及藏匿在鲜花盛开的草丛中的无情悲剧：蚂蚁将蚯蚓折磨致死，昆虫相互撕来扯去……以上种种都证实了此意志的盲目性。与人相处的体验也教会了我一件事：千万不能只相信人类本性的善良与正直。我足够了解自己，所以也明白我只是正在渐渐地将自己同动物区分开来。

我完全赞同叔本华对世界所做的阴暗描述，但不喜欢他解决问题的方式。我敢肯定，他所指的"意愿"这个词，实际上意味着造物主上帝，也就是说，上帝是盲目的。因为就我的经验而言，上帝并不因任何亵渎神明的行为而感到被冒犯；甚至相反，他可能鼓励这样的行为，因为他不仅希望引出人类光明积极的一面，而且还希望引出他们阴险邪恶的一面。因此，叔本华的观点不会令我烦恼，我认为这是一个由事实证明的结论。但是他又提出：理智只需用自身形象面对盲目的意志，就能使后者做出改变。这一理论令我大失所望，因为意志既然是盲目的，又怎么能够看得见这一形象呢？既然形象能精确地展现意志的内容，那么即便意志看得见，为什么还要说服自己进行改变呢？另外，理智是什么？它是人类灵魂的一种功能，不是一整面镜子，而是无穷小的镜子碎片，就像小孩拿着它面向太阳，期望着太阳因此晃眼一样。叔本华竟对这样一个没有说服力的回答感到心满意足，这着实令我不解。

正是它驱使我更彻底地研究叔本华，对于他与康德的关系也有了越来越深刻的印象。于是我开始阅读康德的哲学著作，尤其是他的《纯粹理性批判》。这本书使我陷入了沉思。我的付出获得了回报，我自认为发现了叔本华哲学体系中根本性的缺陷。他犯了一个致命的错误：把一个形而上学的主张具体化了，并且赋予一个纯粹的本体——自在之物——以种种特性。我从康德的知识论中认识到这一点，而它可能使我获得比叔本华“悲观的”世界观更大的启发。

这种哲学上的进步从我十七岁起一直延续到我在医学院就读的那段时间。它使我的世界观和人生观发生了革命性的变化。以前我一直羞涩、胆小、多疑、脸色苍白、身材瘦小，健康状况显然不稳定；而现在，我开始对方方面面产生极大的求知欲，我了解自己的需求并开始追寻它。我也明显变得易于接近，且善于交谈。我发现贫困并不是障碍，也不是造成痛苦的主要因素，富家子弟并不比衣衫褴褛的穷孩子优越。幸福与否取决于更深层的原因，而不是一个人口袋里有多少钱。我结交的朋友比以前更多更要好。我感到脚下的土地更加坚实，甚至鼓起勇气公开发表自己的观点。但很快发现，我的行为造成了一些人对我的误解，这也令我感到后悔。因为我不但因此遭受了尴尬和嘲讽，而且还受到了充满敌意的排斥。使我倍感惊愕和狼狈的是，某些人认为我是个骗子，喜欢夸夸其谈、装腔作势。以前对于我是骗子的指控死灰复燃，只不过这次的形式比较温和罢了。这一次，仍然和一个引起我兴趣的作文题目有关。我认真仔细地写了出来，绞尽脑汁地加以润饰，没想到结果却是毁灭性的。“这是一篇荣格的作文，”老师说道，“写得的确文采飞扬，却粗心大意地一挥而就，很明显，没下什么功夫用心去写。荣格，我可以告诉你，以这种粗心的态度，你成不了大事。生活需要严肃认真、尽职尽责和勤奋刻苦。你看D君的作文，虽然他没有你华丽的文采，但他诚实、认真，下了一番功夫。这才是生活中的成功之路。”

这一次我并没有像之前那样受到严重的伤害，因为不管老师怎么说，他还是对我的文章印象深刻，而且没有指责我抄袭他人。我反驳了他的指责，但他却以这样的评论总结道：“《诗学》主张，最优秀的诗歌能够掩盖创作的艰辛。但在这一点上，你的作文无法令我信服，因为它没有费什么力气，是草率的，是一挥而就的。”我知道，我的文章确实有一些精辟的见解，只是老师故意忽略罢了。

这件事只是令我感到有些难过，而同学们的怀疑则更为严重，因为他们威胁我，要像从前那样孤立我，这让我萎靡不振。我绞尽脑汁，竭尽全力想弄清楚我到底做了什么，招致了他们的诽谤。经过仔细打听，我才知道，他们讨厌我是因为我经常对自己可能也不清楚的事妄加评论与暗示。比如说，我假装对康德和叔本华有所了解，甚至对学校尚未开设的古生物学也略知一二。这些惊人的发现向我表明，事实上，所有激烈争论的问题与日常生活毫不相干，它们就像我内心深处的秘密，属于“上帝的世界”，因此最好对它只字不提。

从那以后，我变得小心翼翼起来，不再跟同学和熟识的成年人提及这些深奥晦涩的事情，因为我知道，不管对象是谁，都有可能会给我扣上吹牛与欺骗的帽子。而最令我苦不堪言的莫过于难以克服内心分裂的挫败感，也就是我的内心分裂成了两个世界。由于事情屡次发生，我不得不脱离日常生活而进入无边无际的“上帝的世界”。

“上帝的世界”这种表达在某些人听来可能略显伤感，但我根本不这样认为。一切超人的事物都属于“上帝的世界”——比如炫目的光芒、黑暗的深渊、冷漠无情的无限时空，以及神秘、古怪、无理的巧合世界。

随着年龄的增长，我经常被父母和他人问道："你想成为什么样的人？"说实话，我还没有想清楚。我被兴趣引向不同的领域。一方面，科学将我深深吸引，因为科学的真理建立在事实的基础上；另一方面，有关比较宗教学的一切又令我心醉神迷。在自然科学方面，吸引我的主要是动物学、古生物学及地理学；在人文科学方面则是希腊、罗马、埃及以及史前考古。当然那时我尚未意识到，这些广泛的学科选择是多么符合我内心的双重人格。科学中的具体事实和其历史背景对我极具吸引力，而比较宗教学中的精神性问题令我着迷，其中还涉及哲学。在科学上，我忽略了意义这个因素；而在宗教学中，我忽略了经验主义这个因素。科学在很大程度上满足了我第一人格的需求，而对人类或历史的研究则为我的第二人格提供了有益的指导。

我在这两者之间摇摆不定，好久都拿不定主意。我注意到，母亲家的一家之主——舅舅，也就是巴塞尔圣·奥尔本教堂的牧师，正在不动声色地将我拉向神学。有一次，他正在和他的一个儿子——他的儿子们都是神学院的学生——讨论一个宗教问题，我恰好坐在桌边倾听。他捕捉到了我那专心致志的神情。我不知道是否是因为他们与象牙塔中令人炫目的学问有着密切的联系，因此学识比我父亲还要渊博，总之，谈话给我留下的印象是：他们并不关心真实的经历，当然更不关心与我的经历相似的经历。他们讨论的内容仅限于《圣经》中叙述的教义观点，所有这些观点都令我感到十分难受，因为《圣经》里有太多难以令人信服的奇迹故事了。

我每周四去高中上课时，便有机会到这位舅舅家吃午饭。我非常感激他，不但因为午饭丰盛，还因为我难得有机会能够偶尔听到成年人理性的交谈。弄清楚这类东西是否存在，成为我妙不可言的体验，因为在我家周边，我从未听到任何人讨论过学术问题。令我困惑不解的是，有时候我确实想与父亲进行严肃的谈话，但父亲总是不耐烦，还匆匆忙忙地躲开我。直到多年以后，我才渐渐了解，我那可怜的父亲原来是害怕思考，因为他的内心也充满了疑惑。他需要躲进自己的世界里，因此才坚信盲目的信仰。他无法将信仰当成恩典，因为他认为需要“通过斗争来赢得信仰”，要下一番功夫迫使它到来。

我舅舅和表兄们可以平静地讨论历代教皇的教条和教义以及现代神学家们的种种观点。他们似乎安居于一种不言自明的世界秩序中，其中，尼采的名字根本不会出现，而雅各布·布克哈特也只能得到一点吝啬的恭维。布克哈特是“自由派”“一个激进的自由思想家”，因此我猜想，在事物的永恒秩序中，他的立场失之偏颇。我知道，舅舅向来认为我与神学相隔遥远，我也非常遗憾，自己不得不令他失望。我向来不敢把自己的问题摆到他的面前，因为我非常清楚，这会给我带来巨大的“灾难”。我也不必赘言来替自己辩护。相反，我的第一人格很快适时出现，于是尽管我的科学知识仍然很贫乏，却彻底受到了当时科学唯物主义的浸染。历史的见证和康德的《纯粹理性批判》牢牢牵制着我，令我苦不堪言，而在我周围，居然没有任何人能够理解康德的《纯粹理性批判》。尽管身为神学家的舅舅和表兄们对康德称赞有加，但他们只用康德的原理反击反对性观点，却绝对不会用来阐述自己的观点。对此，我从未发表任何意见。

结果，当和舅舅一家人围桌吃饭时，我开始逐渐感到不适。由于我习惯性的内疚心理，星期四就成了晦气的日子。在这个社会生活安定、精神安逸的世界里，虽然我如饥似渴地汲取着偶尔滴出的、刺激智力的甘露，但我还是感到越来越不自在。我觉得既可耻又不诚实，因此我不得不自我认罪，“没错，你是个骗子。你说谎，欺骗对你心怀善意的人。他们生活在一个社会稳定、理智健全的世界里，根本不懂什么是贫穷，他们的宗教是一份获得薪水的工作，他们完全没有意识到上帝可以使一个人脱离井然有序的精神世界，并因亵渎神灵而遭受万人唾骂。这一切都不能怪他们。我无法向他们解释，我必须学会自己承受这份恶名”。但不幸的是，迄今为止，我的这一努力并未取得明显的成效。

随着道德冲突的紧张程度日益增加，我对第二人格越来越怀疑、憎恶，而我再也无法对自己掩盖这一事实了。我试图消灭第二人格，但这一努力并没有成功。在学校以及朋友面前，我可以将他抛在脑后，在我学习科学时他也消失得无影无踪。但只要我在家中或去乡下独处时，叔本华和康德就又伴随着庄严的“上帝的世界”，再次猛烈地回到我的脑海中。我的科学知识也构成了这世界的一部分，并用色彩和人物使这宏伟画卷充满生机。这时，第一人格消失了，有关职业选择的忧虑也不见了踪影，这是我在19世纪最后十年中的一个小插曲。但当我从过去几个世纪的远征重返现实的时候，我会同时带回一种不适感。我，也就是第一人格，肉体活在此时此地，迟早都要对希望从事的职业形成确切的想法。

父亲与我严肃地谈了几次。他说，我当然有自由学习自己喜欢的任何东西的权利，但如果想听听他的忠告，那我就不应选择神学。“干什么都行，就是不要当神学家。”他语重心长地说。在这时，我们之间已然达成了一种默契，我可以说也可以做某些事情，而且还不会遭到他的指责。他不再责备我，我能不去教堂就不去教堂，也不用参加圣餐仪式。离教会越远，我就越觉得舒服。唯一令我留恋的当然不是“宗教团体”，而是管风琴和合唱音乐。“宗教团体”这个词对我来说毫无意义，因为我觉得，比起“俗人”，经常上教堂的人，根本算不上什么“团体”。“俗人”可能不那么有德行，但从另一个角度来说却更加友好，他们的感情自然，更为热心、真诚、欢快、健谈。

我可以向父亲保证，自己一点也没有想当神学家的想法。但我仍然在自然科学和人文科学之间摇摆不定，二者都深深地吸引着我。我逐渐意识到，第二人格中没有时空的概念。在第二人格中，我超越了此时此地，感觉自己是千眼宇宙中的一只眼，却像地球上的石子那样不能经常移动。第一人格不想袖手旁观，于是奋起反抗这种被动性，但到目前为止，他却陷入了棘手的矛盾之中。很明显，我只能等待静观，看以后会发生什么。如果有人问我想做什么，我会习惯性地回答：语言学家。虽然表面上这么说了，但是私下里，我指的却是亚洲和埃及考古学。然而，实际上，我继续利用业余时间学习科学和哲学，假期里更是如此了。假期我都与母亲和妹妹待在家里。我跑去跟母亲抱怨“我好无聊，我该做些什么”的日子早就过去了。现在，假期成了我一年之中最美妙的时光，我可以无拘无束、自由自在地享受一个人的时光了。另外，假期的时候，至少在暑假期间，父亲便会像往常一样，离家前往萨克森度假。

我只经历过一次假日旅行。当时我十四岁，跟医生做了预约，于是便被送往恩特勒布赫进行治疗，以此希望改善我时好时坏的胃口以及当时不稳定的健康状况。我有生以来第一次只身处于陌生的成年人之间。我住在一位天主教神父的家中，对我来说，这是一次可怕又迷人的冒险之旅。我几乎看不到这位神父的身影，他的那位管家虽然算不上吓人，但很容易生气。在这里，没有发生一件具有威胁性的事。一位乡村老医生照看着我，他经营着一家旅店式的疗养院，供形形色色的康复期病人入院治疗。病人的职业可谓五花八门，有农民、小官员、商人，还有几个来自巴塞尔的有教养的人，其中有一位是化学家，荣耀登峰造极——获得了博士称号。我父亲也拥有哲学的博士称号，但他只不过是个文献学家和语言学家。这位化学家对我来说是个新奇的发现——这里终于有一位科学家啦！也许他就是一个懂得石头秘密的人。他很年轻，还会教我打槌球，但我一点儿也没感觉到他是个学识渊博的人。而我却太害羞、太笨拙、太无知了，结果什么也没问他。我很尊敬他，认为他是我亲眼见过的第一个已经了解大自然的秘密，至少是部分秘密的人。他与我坐同一张桌子吃饭，吃的是跟我一样的饭菜，偶尔也与我聊上两句。这让我觉得自己仿佛进入了成年人更为庄严的领域。之后我又参加了为寄宿者安排的郊游活动，这种地位的上升便得到了进一步的证实。在一次郊游中，我们参观了一个酿酒厂，主人还邀请我们品尝了样酒。我想用两行诗来表达当时的心情：

可是现在遭遇了忧愁，
来吧，让我们畅饮这美酒。

我受到了各式各样小玻璃瓶的强烈启发，于是飘飘欲仙，进入了一个让我出乎意料的全新的意识状态。再也没有什么内部和外部了，再也没有“我”和“他人”了，第一人格和第二人格消失了，谨慎和胆怯也无影无踪了，天地、宇宙和在宇宙中爬行、飞行、转动、上升或下降的一切，全部合而为一了。唉，真丢脸，我竟然得意扬扬地喝醉了。我仿佛沉浸在一片充满喜悦的冥想海洋里，但由于汹涌的波浪，我只好将眼睛和手脚紧贴在所有坚实的物体上，在摇摆的街道和晃动的房屋树木间保持平衡。“棒极了，”我想道，“只可惜多喝了那么一点点。”然而这一体验却导致了一个相当不幸的结局，但不管怎么说它仍然是一种发现，一种对美和意义的预见，只是我的愚笨把它破坏了。

疗养快结束时，父亲过来接我，随后我们便坐上轮船，一起到卢塞恩旅行。多么美妙啊！我还从来没有见过轮船呢。蒸汽机的运转我怎么都看不够，然后突然就有人告诉我们说菲茨瑙到了。我们看到一座大山雄踞在这个村落之上，父亲向我解释说，那就是瑞吉峰；一条齿轮铁路盘山而上。我们去了一个小型的火车站，那里停靠着世界上最古怪的火车头，锅炉虽然是直立的，但倾斜角却很异常。父亲把一张火车票塞进我手里说：“你可以一个人坐到山顶。我就在这儿等着，两个人坐太贵了。千万要小心，别摔下来了。”

我激动得说不出话。我站在这座雄壮的大山山脚下，它比我见过的任何一座都高，并感觉它特别像我遥远的孩童时代所见的火红山峰。确实，到现在我差不多是大人啦。为这次旅行，我买了一根竹做的拐杖和一顶英伦骑士帽——对一个环游世界的旅行者来说，这些都是最合适不过的物品了。现在我马上就要登上这座雄伟的山峰啦！我不知道谁更雄伟，是我，还是这座大山？伴随着扑哧扑哧的轰鸣声，这奇妙的机车咔嚓咔嚓地晃动起来，将我一路拉到令人头晕目眩的山顶。我向下俯瞰深渊，一幅连续变幻的崭新景象尽收眼底，直到最后，我站上了空气十分稀薄的山巅，放眼眺望难以想象的远方。“没错，”我想，“就是它，这就是我的世界，真实的世界，这就是我的秘密，这里没有老师、学校，以及无法回答的问题，不用求靠任何东西便可存在。”悬崖峭壁环绕，我小心翼翼地沿着小径行走。一切都很庄严，我觉得人在山巅就要优雅谦恭、沉默无言，因为他已进入上帝的世界。山巅是有形的存在。这是父亲送给我的最美好、最珍贵的礼物。

山巅的美景给我留下了深刻的印象，以至“上帝的世界”里发生的一切已经完全从我记忆中被抹去了。但在这次旅行中，第一人格又显现出来，给我留下的印象使我永生难忘。我还是看见了自己，长大成人，独立自主，头戴一顶坚硬的黑帽，手握一根昂贵的手杖，来到一间极为优雅的宫殿式大饭店。像这样的饭店，卢塞恩湖边还有很多。我坐在饭店的露台上，要么就坐在菲茨瑙市美丽的花园里，头上则是洒满了阳光的条形凉棚。我坐在一张小巧的、铺着白色桌布的桌子旁边，喝着清晨的咖啡，吃着涂满金色黄油和各式果酱的牛角面包，考虑着可以填满整个漫长夏日的远足计划。喝过咖啡之后，我可以镇定自若地踱步到汽船上，既不激动，也不匆忙。这条船载着我驶向圣哥达，驶向大山山脚下，那里有白雪皑皑、银光闪闪的山顶。

几十年过去了，每当我劳累过度，想寻觅憩息之处时，这种形象便会浮现于脑海。在现实生活中，我一次次向自己许诺，某一天要再见到这样的辉煌，但从未能如愿。

这是我第一次有意识的旅行，过了一两年之后，我又进行了第二次旅行。家人同意我去看望在萨克森度假的父亲。我从他那里得知了一个令我印象深刻的消息：他与当地的天主教神父成了朋友。这在我看来绝对是一种大胆的行为，我不由得暗地里敬佩起父亲的勇气来。在萨克森，我参观了弗鲁埃利的隐居之处以及克劳斯修士的遗物，听说后者此时已经升入天堂了。我好奇天主教徒们怎么会知道他已经处于一种极臻幸福的状态，也许是他四处游荡告诉人们的？这位当地的守护神令我久久难以忘怀，我不但能够想象一种完全献身上帝的生活，甚至还理解了这种生活。当我这样想时，心里却在微微颤抖，还产生了一个不知如何回答的问题：他的妻子和孩子怎么生来就有一位圣人丈夫和圣人父亲呢，而我那么喜爱父亲不正是因为他有不足有缺陷吗？“对啊，”我想，“谁能和一位圣人一起生活呢？”他当然明白这是不可能的，便只好去当隐士了。尽管如此，他隐修的小屋离家其实并不太远。我觉得这个主意倒是相当不错：让家人住一间屋子，而我则住在距之不远的小屋里，码放一堆书，置办一张写字台，再点燃一团明火，可以用它烤栗子吃，再用三脚架煲一锅汤喝喝。作为一位神圣的隐士，我再也不用上教堂了，因为我将拥有属于自己的小教堂。

我从修士的居所向山上漫步，陷入了沉思，正当打算掉头下山时，我的左侧山路上，出现了一位年轻姑娘的纤细身影。她面容姣好，穿着当地服装，跟我打了个招呼，蓝色的眼睛善意地闪烁着。我们一起走向下面的山谷，仿佛这是世上最自然不过的事情。她与我年纪相仿。由于除堂姐之外我不认识什么女孩，所以我感到十分尴尬，不知道该怎么开口和她说话。于是我开始犹豫地解释说，我来这里度几天假，在巴塞尔读高中，希望以后能进入大学学习之类的。正说着时，一种命里注定的奇妙情感涌上我心头。“她在此时此刻出现，”我心想，“并且很自然地随我一同前行，好像我俩是天生的一对。”我斜着瞟了她一眼，她的脸上交织着既羞涩又钦佩的神情，这使我有些狼狈，有些激动。我琢磨着，难道这便是命运的安排？我与她的相遇只是偶然吗？一个乡下姑娘——有可能吗？她是个天主教徒，或许她的神父正是我父亲在此结交的朋友。她不知道我是谁。我自然不能跟她聊叔本华，聊意志的盲目性。然而，她看起来一点也不邪恶。也许她的神父并不是穿着黑色长袍躲躲闪闪的耶稣会会士。但我也不能告诉她，我父亲是个新教教士，这可能会吓跑或得罪她。跟她谈哲学？谈魔鬼？这是完全不可能的。虽然魔鬼比浮士德还重要，而歌德又把魔鬼塑造成了一个容易上当的大笨蛋。她仍然居住在天真遥远的地方，可是我却重重地落入了现实之中，落入了世界的壮丽和残酷之中，她怎么受得了这些呢？我们之间阻隔着一面无法穿越的高墙，我们之间不可能有任何联系。

我感到一阵伤心，于是在心理上退缩了，把谈话转向不那么危险的话题上。她要去萨克森吗，天气真好呀，风景真美呀，等等。

表面上看，这次邂逅完全没有意义。但从内心看，它却举足轻重，不但好几天都占据了我的思想，而且还像路边的神龛一样，永远占据着我记忆中的一席之地。那时，我仍然处在天真烂漫的状态中，认为生活是由单一的、不相关的经历组成的。毕竟有谁能发现命运的线索竟会从克劳斯修士关联到这位漂亮姑娘身上呢？

这个时期的生活充斥了我的种种自相矛盾的想法。首先，叔本华和基督教就无法达成一致；其次，第一人格也渴望从第二人格的压制和感伤中解脱出来。当第一人格想起第二人格的时候，感到沮丧的并不是第二人格，而是第一人格。而就在此时，由于对立的双方产生了冲突，我人生中第一个系统性的幻想就此诞生了。它一点一点地出现，据我所知，它起源于一次令我激动不已的经历。

有一天，强劲的西北风将莱茵河刮得波浪起伏，泡沫荡漾。我上学时正好经过河边。突然间，我看见一艘船从北边驶了过来，船上扬起一面巨大的主帆，想趁暴风雨来临之前向莱茵河上游驶去。这是一个全新的经历——莱茵河上出现了一艘帆船！这使我开始纵情想象。如果这不是一条湍急的河流，如果整个阿尔萨斯变成了一个湖泊，那么我们就可以有各式各样的帆船和大轮船了。那时，巴塞尔就变成了一个港口，那感觉就像住在大海边一样美妙。然后，一切都将变得不同，我们也将会生活在另一个时间、另一个世界里。那就没有了高中，不用走一段长路去上学，我很快就能长大，如愿以偿地安排自己的生活。湖中会突起一座石山，由一道狭窄的地峡与大陆相连，地峡被一条宽阔的运河拦腰截断，运河上架着一座木桥，通向一道两侧矗立高塔的大门，门内是建在四面斜坡上的中世纪小城。岩石上矗立着一座壁垒森严的城堡，城堡上有一座高塔和一座瞭望塔——那是我的家。城堡里没有华美的大厅或任何富丽堂皇的迹象，所有房间都非常小，镶嵌着木板，简单朴素。其中有一间特别引人注目的图书室，你会发现所有的藏书都值得一读；图书室还收集了各种武器。堡垒上架着大炮。除此之外，城堡里还有一支由五十位武装人员组成的戍卫部队。这座小城市有几百户居民，由市长和元老组成的市议会共同治理。我兼职治安法官、仲裁人和顾问，偶尔才在开庭时露面。小城镇朝向陆地的那边有一个港口，港内停靠着我的一只双桅纵帆船，船上备有几门小炮。

整个布局的核心及存在的理由便是城堡塔楼的秘密，而且只有我一个人知晓。这个想法像电击一般涌上心头。因为塔楼内部，一根铜柱或者像胳膊一样粗的重型电缆从雉堞墙一直延伸至拱形地下室。铜柱的顶部分成许多极细小的分支，如同树冠，或者更确切地说，像带有小细根的主根倒立过来伸向天空一样。铜柱的分支从空气中汲取某种神秘的物质，并引导着它们沿着铜柱进入地下室。在地下室里我还有一种同样让人难以想象的装置，它看起来像个实验室，我就在这里用铜柱从空气中汲取的神秘物质制造金子。这的确是一个奥秘，对于它的性质，我既没有概念也不想形成任何概念，我也从来没有认真想象过这种炼金过程的性质。我的想象力巧妙地、略有些紧张地回避了实际上正在进行的实验。实验室中还有一个禁忌：最好不要太深究，也不要问从空气中汲取的神秘物质是什么。就像歌德在《浮士德》中提到母亲时说："甚至连提起她，都会使勇者丧胆。"

当然，我认为"精神"意味着某种难以形容的东西，不过在内心中，我不认为它与纯净的空气存在本质上的区别。这些分支吸收并送往铜柱的，是一种精神性的实质，它在地下室里变成了具体的、金黄色的硬币。这当然不是什么念咒驱鬼的把戏，而是大自然庄严、重要的秘密。我不知道如何获悉的这一秘密，但是我要将它掩藏起来不让市议会元老们发现，从某种意义上讲，也不能让我自己发现。

我高兴地发现，以前上下学要走的又长又烦的路，现在大大缩短了。我一走出学校大门就马上进入了那座城堡，城堡里面的组织结构每天都在发生变化：市议会会议如期召开，作恶多端的人受到了惩罚，争端得到了裁决，大炮也开火发射了。纵帆船的甲板已经清理干净，船帆扬起来了，随后船在微风的吹送下小心地驶离了港口，从岩石背后驶出，直直地向西北方向驶去。我忽然发现自己已经站在了家门口，好像刚刚只走了几分钟。我从白日梦中走了出来，轻松得仿佛是坐马车回来。这种令人无比享受的消遣一连持续了好几个月，后来才变得让人厌倦。这时，我觉得这样的白日梦既愚蠢又荒唐。为了取代它，我开始用小石子、泥土和灰泥建造城堡和严防死守的炮台——惠宁根要塞。当时它依然完好无损，所以便成了我的一个模型。我研究了伏班[1]有可能采取的一切防御手段，因此很快就熟悉了各种各样的防御技术。我又从伏班的防御手段转向现代的防卫方式，尝试用有限的手段建造不同类型的模型。这件事占据了我两年多来的所有业余时间。在此期间，我稳步地丰富了关于自然科学和具体事物的知识，这一切都建立在牺牲第二人格的基础上。

我想，既然我对实实在在的事物知之甚少，那对它们进行思考也毫无意义。谁都可以想象，但掌握实际知识又是另一回事了。父母允许我订阅一份科学期刊，我拿着期刊饶有兴致地读了起来。我寻找并收集了在侏罗山脉能找到的各种化石和矿物，还有各种昆虫以及猛犸和人类的骨头——我在莱茵兰平原的采砾场里找到了猛犸的骨头；而人类的骨头是从靠近惠宁根的乱葬岗里找到的，可追溯到1811年。各种植物同样激发了我的兴趣，但不是科学意义上的。我也不知道为什么就被植物深深吸引住了，总之我强烈认为它们不该因为被连根拔起而死，它们是有生命的，只有枝繁叶茂开花结果才有意义。那是一种隐秘的意义，一种上帝的想法。我们应该以哲学式的好奇深思它们，敬畏它们。生物学家对它们的看法很有意思，但不是根本的东西。根本的东西是什么，我又无法向自己解释。比如说，植物与基督教有什么关系？又与意志的否定有什么关系？对此我理解不透。它们显然带有天真无邪的神圣状态，我们最好不要去破坏它。通过对比不难发现，昆虫是变性的植物，用长满了花果的腿脚四处爬行，或用

[1] 法国军事工程师。

花瓣般的翅膀到处飞舞，忙于捕食各种植物。它们因为这种荒唐的行为受到了大规模的杀害，六月甲虫和毛毛虫是遭受讨伐的典型对象。我对“所有生物的同情”严格限于热血动物。青蛙和蛤蟆是冷血脊椎动物中的例外，因为它们与人类有某些相似之处。

第三章 大学时代

尽管我对科学的喜爱程度与日俱增，却依旧时不时地回来读哲学方面的书。我应该选择什么职业的问题已经迫在眉睫。我热切地等待着中学时代的结束，然后我就可以进入大学学习了——当然是学习自然科学。彼时，我将会掌握某种切实具体的知识。我刚刚为自己许下这一切，心中的疑虑便随之而来。我难道不更青睐历史和哲学吗？我不是对埃及和巴比伦的一切都非常感兴趣，渴望将来做一位考古学家吗？但家里没有钱供我去巴塞尔之外的地方上大学了，而巴塞尔却没有教这门课的老师。于是这一计划很快泡了汤。好长一段时间，我做不出决定来，总是拖延做决定的时间。父亲对此十分担忧，有一次，他说道："这孩子对一切能够想到的东西都感兴趣，却不知道自己想要什么。"我承认他说得没错。随着大学入学考试的临近，我们必须决定报考哪种专业，我草率地选择了科学，但我的同学对此很疑惑，不知道我到底坚决要学自然科学还是人文科学。

做出这一草率的决定也有它的原因。几周前，在第一人格和第二人格相互角逐谁有资格做决定时，我做了两个梦。第一个梦中，我梦见自己身处一大片沿莱茵河生长的阴暗树林中。我走上一座小山丘，在小山丘上的一个坟堆前挖掘起来。过了一会儿，我吃惊地发现，自己竟挖到了一些史前动物的骸骨。我极度兴奋，但同时又知道：我必须了解大自然，了解我们生活的世界，了解围绕着我们的一切。

第二个梦中，我又来到一处树林，那里溪流纵横交错。我在最幽暗的地方看到了一个圆形的池塘，池塘四周灌木丛生，中央站着一个半身浸在水里的既是最古怪又是最奇妙的生物：一个全身圆溜溜的动物，身上反射着乳白色的光泽，由无数的小细胞或是各种形如触手的器官构成。这是一只巨型放射类动物，身宽大约三英尺。在我看来，这一美丽威严的生物竟安详地躺在那儿，躺在隐秘、清澈的深水中不受打扰，这实在是不可思议。我被激起了一股强烈的求知欲，结果醒来后心还在猛烈地怦怦跳着。这两个梦对我做出更喜欢科学的决定起了压倒性的作用，并且消除了我所有的疑虑。

我非常清楚，自己生活在一个必须自谋生计的时代和社会里。想要自力更生，就得成为这样或那样的人，我所有的同学也都深切地感受到自食其力的必要性，而且并无他求。这一点使我印象深刻。对比之下，我觉得自己在一定程度上有点古怪，我为何下不了决心，让自己致力于某件明确的事情中呢？甚至连我那个毫无情趣、单调乏味的同学 D 君（德语老师将其奉为勤学自觉的典范）也早已决定要学习神学了。我必须静下心来仔细思考这件事。比如，假使我去学习动物学，那么我将来也许只能当个中学校长，充其量不过是在动物园里做雇员。即使是在要求不高的情况下，这也是没有前途的。当然了，比较起来，我更乐于在动物园工作而不愿做教师。

在进退两难的状况下，我突然想道：“我干吗不去学医呢？”奇怪的是，我以前从没想到过这一点，尽管我总是从别人那里听说，我的曾祖父曾经是个医生。或许正是因为这一点，我对医生这一职业向来颇为抵制。“绝不步人后尘”是我的座右铭。但如今我却对自己说，学医至少与科学性的科目相关。在这方面，我便可以随心所欲了。此外，医学这个范畴十分广泛，此后要专攻某个方面，总会有不少机会。于是我坚定地选择了科学，而最后剩下的一个问题便是：怎么去学？我得自己挣生活费，但既然我没有钱，便无法到国外上大学，也就无法获得培训，无望于科学生涯。充其量，我也只是对科学一知半解。因为我的个性，许多同学和那些重要的人（也就是我的老师们）都不喜欢我，我也就没有任何希望找到一位支持我学业的资助者了。所以在我最终选定医学作为我的职业方向时，我的心情反而非常不快，总觉得如此妥协并不是一件好事。无论如何，我已做出了不可逆转的决定，可以彻底解脱了。

那么，痛苦的问题出现了：去哪儿弄这么一笔钱呢？父亲只能筹集到一部分。他替我向巴塞尔大学申请定期生活津贴，这使我感到羞耻，但被批准了。我觉得羞耻的主要原因并不是自家的困窘被暴露在所有的人面前，而是因为我向来暗自相信，所有“上层”人士，所有说话“算数”的人，都对我抱有成见。我从来不指望能从他们那里得到任何好处。我显然是由于父亲的名声而受到了照顾，因为他是个善良又心胸开阔的人。但我认为自己和他是完全相反的人。事实上，我对自己持有两种不同的观点。从第一人格的角度看，我认为自己是个不太合群、天资平平却又心高气傲的年轻人，性情散漫，态度容易动摇，在天真热情和孩子气地易于失望之间来回变化，在第一人格最本质的地方居住着一位隐士和蒙昧主义者。另一方面，第二人格将第一人格看作一种既困难又费力不讨好的道德任务，一门无论用哪种方式都必须通过的课程，这一课程因为如下种种过失而变得复杂起来，比如经常性的懒惰、泄气、沮丧，对无人崇尚的想法和事情抱有不恰当的热情，轻信朋友，见识有限、观念偏执、愚蠢（特别是在数学上），对别人缺乏了解，对待哲学问题含混不清，既不是个虔诚的基督徒又不信奉其他东西，等等。第二人格没有什么明确的特征，他是一种永恒的生命，出生、活着、死去，集所有于一身，是对生活的一切幻觉。虽然他无情地看穿了自己，并渴望表达自己，却无法通过第一人格那浓重的、阴暗的媒介达到这一点。第二人格占据主导地位时，第一人格便被包含并淹没在第二人格中，与第二人格的情况恰恰相反，第一人格将第二人格看作一个内部黑暗的区域。第二人格认为，关于他的一切可以想象的表达方式，都像投到世界边缘的一块石头，最后悄无声息地落入无限黑暗当中。不过在第二人格身上，光明主导着一切，好像位于一座皇宫的宽敞大厅里，高大的窗户全部朝向洒满了金色阳光的风景敞开。这里有意义和历史的连续性，同第一人格生活中断断续续的偶然性形成了鲜明的对比，后者和他所处的环境并没有实际的接触点。第二人格暗暗觉得自己与《浮士德》中的中世纪、与一种过去的遗产相一致，而这一遗产毫无疑问牵动着歌德内心深处的情绪。因此，对于歌德而言，第二人格也是真实的，这对我来说是一种极大的安慰。我现在震惊地认识到，《浮士德》对我的意义，远胜于我那可爱的《约翰福音》。《浮士德》中的某些内容能够直接作用在我身上。我觉得圣约翰描述的耶稣有些怪异，但更怪异的还是其他几部福音书中所提到的救世主。还有，《浮士德》是第二人格在现实生活中的等价物，并且我坚信，浮士德就是歌德为他那个时代所做出的回答。这种结论不但对我起到了安慰的作用，还增加了我内心的安全感以及对于人类社会的归属感。我不再孤独，也不再是个怪人，不再是个被残酷大自然嘲弄的对象了。我的教父和权威便是伟大的歌德。

大约在这时我做了一个梦，这个梦既把我吓了一跳，又鼓励了我。梦中我身处黑夜中某个不知名的地方，我顶着猛烈的狂风艰难而缓慢地前进。浓雾四处飘飞。我拱起两只手，护住一盏随时都有可能熄灭的小灯。一切都取决于我能否保持住灯的光亮。突然之间，我感觉背后有个东西正在靠近。我回头看见一个巨大无比的黑影跟在我的身后。虽然我当时吓坏了，却依旧清醒地意识到：尽管有各种各样的危险，我也必须守护住这盏小灯，以度过这个狂风肆虐的夜晚。当我醒来后，马上想到这个黑色的人影就是“布罗肯峰的鬼魂”[1]，也就是我自己的影子，透过我带来的小灯的灯光，投射在飞旋的浓雾上形成的。我还清楚地知道，这盏小灯就是我的

[1] 或称“布罗肯现象”，中国称之为“佛光”，是气象学中的一种光环现象：阳光经过云雾的反射，与云雾中的水滴发生反应，形成彩虹光环，而在光环中时常能看到观察者自己的影子。歌德在《浮士德》中将其描述为“女巫群聚的场所”。

个人意识，这是我所拥有的唯一一盏灯。我的理解力也是我所拥有的唯一的最大的财富。虽然相较黑暗的威力，这盏灯显得无比渺小和脆弱，但它仍是一盏灯，我唯一的灯。

这个梦对我来说是个很大的启示。如今我才了解到，第一人格就是提灯的人，而第二人格则像个追随着他的影子。我的任务是守护着灯，不回头看那永存的生命力，后者显然是另一种光所照耀着的一个王国的禁地。我必须逆着风暴前行，而风暴则正试图竭力将我推回到一个无限黑暗的世界里，在那个世界中，我除了各种背景中的事物表象，什么也意识不到。在第一人格的角色中，我必须继续前进——学习、赚钱、承担各种责任、承受各种拖累、遭遇迷惑、犯错、忍辱负重、经历失败等。时间，便是把我向后推的风暴，它一刻不停地流向过去，紧紧地跟在我们后面。它有一股强大的吸力，贪婪地把一切生命体吸入体内。只有费力地前进，才能暂时逃脱它的魔爪。过去是存在着的，真实得叫人可怕，它会一把抓住那些不能提供一个令人满意的答案的人。

我的世界观再次发生了一百八十度大转弯，我清楚地意识到，我的道路不可扭转地通向外部世界，进入具有三维特征的、有限的黑暗区域之中。我想，亚当肯定也是以这种方式离开伊甸园的，伊甸园对他来说成了一个幽灵，而大汗淋漓地耕耘满是石头的庄稼地，算是清闲的活儿了。

我问自己："这样的梦到底来自何方？"在此之前，我还理所当然地认为，这样的梦应该是上帝直接送来的。但如今的我已经接受了大量认识论的观点，这些观点使我疑虑重重。比如，人们常说顿悟需要耗费很长一段时间，最后突然地以梦的形式破茧而出。实际上，它确实是那么来的。但是以上的解释只是一种描述罢了。真正的问题在于，发生这个过程的原因，以及它为什么是以意识的形式破茧而出。我没有刻意做过任何事情来为任何一种发展态势加速；正相反，我的关注点在另一边。因此，这些景象的背后一定有某种东西在起作用，可能是某种理智，或者至少，某种比我更加理智的东西。在意识之光的照耀下，内心王国的光芒就会像一个巨大无比的影子一样显现出来，这一离奇的想法确实不属于我自发想到的东西。突然间，我明白了许多在以前难以解释的事情——特别是每当我间接提到任何能使人们联想起内心王国的事情时，人们的脸上便会露出尴尬、疏远、冰冷、阴郁的表情。

我必须得把第二人格抛到脑后，这一点是毫无疑问的。但无论如何，我都得否认这种想法，并宣判它是无效的。这等同于自残，只会使我不可能再去解释梦的起源。因为在我心中，第二人格无疑与梦的创造有某种联系，而我可以很容易地认为他拥有必要的更优越的智力。但我却感觉自己越来越与第一人格相同，而且后来证明，这种状态只是更全面的第二人格的一部分；正是出于这一原因，我觉得自己不再与他同为一体了。他的确是一个幽灵，一个能与黑暗世界对抗的灵魂。这是我在做这个梦之前尚不清楚的东西，甚至在此时——回想起来我非常确信——我只是朦朦胧胧地意识到了他，尽管我毫不怀疑自己在情感上是认识他的。

无论如何，我与第二人格之间发生了分裂，结果是“我”被分给了第一人格，并与第二人格分隔开来，可以说第二人格就此获得了一种自发独立的性质。我不会把这与任何一种绝对的、个性的想法联系起来，这种人格可能为一个幽灵所有。由于我在乡下长大，所以在我看来这种可能性本不应该显得奇怪。在乡下，人们会根据不同的情况相信这些事物，其实他们有时候信，有时候也不信。这个灵魂唯一明显的特征就是他的历史性，即他在时间上具有延展性，或者说是无限性。当然，我不用如此赘述来告诉自己这一点，对他存在于空间中也没有形成任何概念。他在第一人格存在的背景中扮演着重要的作用，从没有被清晰地界定，但又绝对地存在着。

小孩子对于大人说话的反应，远比不上他们对无法估量的周围环境所做出的反应。小孩潜意识地使自己适应它们，而且他们身上产生了具有补偿性质的种种关联。甚至在我幼童时期便形成了某种特定的“宗教”观念，它是一种自发性的产物，只能理解为我对父母给予我的环境，以及对时代精神所做出的反应。我父亲对宗教的种种怀疑在他身上潜伏了很长一段时间，后来他自然地向它们屈服了。父亲的内心世界以及整个外部世界发生的翻天覆地的变化，将其影响慢慢推进，影响的时间越长，我父亲有意识的头脑便越会不顾一切地反抗它的权威。父亲的预感使他长期处于不安的状态，之后又将它们转移到我的身上，这一点也不奇怪了。

我从来不认为这些影响来源于我的母亲，因为虽然她以某种方式深深地扎根于看不见的土地，但在我看来，她对基督教的信仰远没有那么坚定。对我来说，这土地与动物、树木、山川、草地及流水具有某种联系，这一切都与她信仰基督教的外表以及她对信仰一贯的维护形成了无比怪异的对比。这一背景与我的态度形成了很好的呼应，因而没有给我造成任何不适。相反，它赋予了我一种自信和安全感，使我相信，这就是我可以站稳脚跟的坚实地面，我从来不觉得这一基础带有浓重的“异教徒色彩”。我母亲的第二人格在这种冲突中给了我最有力的支持，在那时，这一冲突已经在父亲的传统观念和我奇怪的补偿性产物间展开了，这一产物的产生一直受到我潜意识的刺激。

回顾过去，我现在终于明白，童年时的发展经历，已经在相当大的程度上预示了我的未来，也帮助我适应了父亲在宗教信仰上的崩溃，适应了有关这个世界的令人震惊的启示——如今我们都熟知的新发现并不是在短时间内就形成的，它的影响在很早的时候就已经存在了。尽管人类拥有自己的生活，但我们在很大程度上却是一个集体精神（以世纪来计算时间）的代表者、受害者和促进者，我们可能终生都坚信自己向来凭的是真本事，而且可能永远不会发现，其实在大多数情况下，我们都只不过是世界戏剧舞台上的小配角而已。有些因素，虽然并不为我们所知，却影响着我们的生活。这些因素越是不被察觉，对我们的影响就越大。因此，我认为我们生命中至少有一部分时间是生活在几个世纪中的——我给这一部分（只供我自己使用）起了个名字叫“第二人格”。它并不是被西方宗教证实的一种个人的好奇心。西方的宗教明确地把自己施加到这个内在的人身上，并在两千年中一直竭力使他了解有关表面意识（带有主观成见）的知识，“不用去外面寻找，真理就隐藏在内在的人身上”。

1892 到 1894 年间，我曾与父亲有过一些相当激烈的讨论。他曾在哥廷根学习过好几种东方语言，并根据阿拉伯版的《所罗门之歌》完成了他的学位论文。但他的光辉岁月随着最后的考试的结束也一去不复返了。此后，他埋没了自己在语言上的才华。作为一名乡村牧师，他陷入了一种感伤的理想主义中，陷入了对大学黄金时代的回忆中，于是他继续用大学时代的长柄烟斗吸烟，他还发现他的婚姻并没有之前想象的那么美满幸福。他做过许多好事——数不胜数——而结果常常令人气恼。父母两人都竭尽全力，过着虔诚的生活，但结果两人总是怒目以待。这些困境，虽然能够被理解，但在后来粉碎了父亲的信仰。

那时候，他的愤怒和不满日益增多，他的状况也让我非常担忧。母亲避开所有可能会刺激他的事，不再与他争执。尽管我觉得这是最明智的做法，我却经常控制不住自己的脾气。在他大发雷霆时，我总是默不作声，而在他比较平和的时候，我便想办法找些话题与他交谈，希望了解一点他内心的想法以及他对自己的认知。毫无疑问，有些非常特别的事情正折磨着他，我认为这些事必然与他的信仰有关。从他无意识的几个暗示中我可以确定，他正在忍受着由于对宗教的疑惑而产生的痛苦。我想他一定经历了某种必要的体验。从尝试着与父亲谈话这件事上我发现，事实上，某种必要的体验是缺失了的，因为面对所有我提出的问题，他都报以相同的、陈腐的、死气沉沉并合乎神学规范的回答，再或者就是无奈地耸耸肩，而这却使我产生了一种矛盾的心情。我不理解他为什么不在吵架时把握这些机会，与这些情形妥协。我知道，自己那些批判性的问题令他很难过，但尽管这样，我还是希望能与他进行一次建设性的对话，因为我认为他没有体验过上帝这最直白的体验，实在令人难以置信。我对认识论了解不少，因而便意识到，这样一种知识是无法被证明的，而且我也清楚，这确实也没必要被证明，就像落日之美和黑夜之恐怖一样无须证明。我曾笨拙地想方设法向他传达这些显而易见的真理，满怀希望地企图帮助他承受这不可避免的灾难。他不得不和别人争吵，于是便与自己及家人吵了起来。但他为什么不跟创造万物的上帝争吵呢？只有上帝才应该为世上的种种苦难负责。上帝一定会让他做一个奇妙的、深奥的梦，并为他揭晓答案。尽管我没有向上帝请求，上帝却让我做了那个梦，并让它决定我的命运。我并不知晓其中的原因，但就是这样而已。对呀，上帝甚至让我瞥见他自己的形态。我不敢也无法向父亲揭示这个重大的秘密。如果父亲能理解上帝的直接体验，我本可以向他揭示这个秘密，但在我们的谈话中，我却从未能涉及得如此之远，甚至从来都不曾触碰过这一问题，因为我总是以一种理智的、非心理学的方式来处理它，尽一切可能避免触及感情的方方面面。这种方法每次都像对着公牛的那块红布，导致我无法理解种种愤怒的反应。我实在想不通，一场完全理性的争辩，竟引起了如此强烈的感情上的抵触。

这些毫无结果的讨论激怒了父亲和我，我们只好放弃了这些争论，背负起自己独有的自卑感。神学使父亲和我彼此疏远。尽管我并不觉得孤单，我却感到自己遭受了一个致命的失败。我模糊地预感到，父亲正不可避免地屈服于自己的命运。他是孤独的，没有一个朋友可以交谈。至少就我所知的，我们的熟人中，找不到一个值得我信赖的人，能说些帮助的话，救救我父亲。有一次，我听见父亲在祈祷。他挣扎着要坚持自己的信仰。我心里为之一震，同时又很愤怒，因为我看出他是多么无助地陷入了教会和神学思想而无法自拔。它们挡住了一切本可能直接接触上帝的通道，然而随后又背信弃义地将他抛弃。现在我终于明白早期体验的深层含意了：上帝已拒绝为神学负责，拒绝为建立在神学之上的教会负责。另一方面，他对这种神学表示了宽恕，就像他宽恕过其他神学一样。在我看来，人们应为这些发展负责的设想实在荒谬可笑。人类到底是什么呢？“他们就像小狗，生下来又聋又瞎，”我想道，“就像上帝所造的其他一切生物一样，只拥有最模糊的一丝光线，而这光绝不足以照亮他们在摸索前进时遇到的黑暗。”我同样确信，我所认识的神学家中没有一人曾亲眼看见过“那照亮黑暗的光明”，因为假如那是真的，他们就不可能去传授“神学宗教”了。这种宗教在我看来有明显的缺陷，因为没有东西与它相关，但它却要求人们不抱希望地信奉它。我父亲曾经奋不顾身地尝试过，结果却失败了。他甚至无法抵御那荒唐功利的精神病医生的侵犯。这也像神学一样，是人们不得不相信的某种东西，只是意义相反罢了。我比过去任何时候都更肯定，它们二者都缺乏认识论的批判及经验。

显然，我父亲受了这种印象的影响，那就是精神病医生已经在人脑中发现了某种物质，它证明了在本应该有精神的地方却只有物质，而没有任何“精神性”的东西。之所以这么想是因为他预感到，如果我要学医，我就应该以上天的名义发誓，绝不成为一个唯物主义者。这种警告意味着我什么也不应该相信，因为我所知道的唯物主义者只相信他们自己的定义，就像神学者相信他们自己的定义一样。而我那令人同情的父亲简直就是从油锅又跳进了火坑。我意识到，他这一著名的信仰曾经狠狠地捉弄过他，不只是他，还有大部分我认识的严肃而有教养的人。在我看来，信仰的罪过主要在于它排斥经验。神学家们是怎么知道在上帝刻意地安排了某些事物的同时，又“允许”另一些事物存在呢；精神病学家们又怎么知道事物也被赋予了人类的某些特质呢？我要是屈服于唯物主义，是不会有危险的，但我父亲绝对不可能这么做。显然，有人低声“暗示”了什么，因为我发现，他正在读伯恩海姆翻译的西格蒙德·弗洛伊德有关“暗示”的那本书[1]。这是一个崭新而重要的开始，因为父亲平时除了读读小说，偶尔翻翻游记，从来没有读过其他读物。一切“有智慧”的和有趣的书都在他的禁忌之列。但是阅读精神病学方面的书根本不能使他变得更加愉快。他的沮丧程度与日俱增，情况也越来越糟糕，他患的臆想症也是愈来愈严重。好几年里，他一直在抱怨自己得了各种各样的肠胃病，然而那位给他看病

[1] 指 1888 年莱比锡与维也纳出版的《联想及其治疗作用》。

的医生却一直不能确诊他到底得了什么病。现在他又抱怨，感觉自己“腹腔内有结石”。好长一段时间，我们都没把它当回事儿，但后来连医生也怀疑起来。这大约是在 1895 年的夏末。

那年春天，我已经开始在巴塞尔大学学习。我上高中的日子终于结束了——那是我人生当中最最无聊的一段时光。我的面前正敞开着通向“文科大学”与学术自由的金色大门。如今，我可以聆听大自然的真理，至少是最本质的真理了。我将会学到前人已经掌握的，有关人体解剖和生理学方面的知识，并掌握各种与疾病相关的知识。除此之外，我还加入了一个父亲过去加入过的佩戴彩色徽章的兄弟会。在我大一的时候，他赶来参加了一次兄弟会组织的远足，他们聚集在马克格拉芬县下属的一个酿葡萄酒的村子，他还在那里发表了一场异想天开的演讲。让我高兴的是，他大学时代的那种愉悦精神在他的演说中再次体现出来。那一刹那我突然意识到，在他毕业之际，他的生活就停滞不前了，一曲大学生歌谣开始在我的耳际回响：

他们迈着步子垂头丧气，
慢慢返回世俗的土地，
往昔情景一去不回，
啊，我的上帝，我的上帝！

这些话重重地压在了我的灵魂上。他大学一年级时也像我一样，是个充满激情的学生；世界的大门向他敞开过，就像现在为我敞开一样；知识的无穷财富展现在他的面前，就像现在展现在我面前一样。后来，一切在他眼中都枯萎了，变得辛酸苦楚。这种情形是怎么发生的？我找不到答案，又或者是答案太多了。那个夏夜，他喝过葡萄酒后发表的演说是最后一次机会，能使他跳出回忆，度过一段自己本应该拥有的时光。不久之后，他的病情恶化了。1895 年秋末时，他倒在床上一卧不起，1896 年年初便去世了。

课程结束后我回了趟家，询问了他当时的病情。“哦，还是老样子。他很虚弱。”母亲回答。他呢喃地向她说了点什么，她为我做了转述，然后跟我使了个眼色，提醒我他已经神志昏迷。“他想知道你通没通过国家级别的考试。”我明白我这次必须撒谎：“考过了，考得很不错。”他松了口气，然后闭上了眼睛。过了没多久，我再次进到屋内。他独自躺在床上，母亲在隔壁收拾东西。他的喉咙里发出嘎嘎的响声。我知道他已经处于濒死的痛苦之中。我站在他的床边，竟然看得呆住了。过去我从来没有目睹过任何人死去。他在一瞬间停止了呼吸。我等啊等啊，等着他下一次呼吸，却再也没等来。于是，我想到了母亲，便跑到另一间屋子，看见她正坐在窗前织毛衣。“他快不行了。”我说道。于是她跟着我来到父亲的床边，结果发现他已经去世了。她仿佛觉得非常奇妙：“一切这么快就过去了。”

随后的几天笼罩着忧伤和痛苦的氛围，但我没记住多少。母亲有一次用她“第二个”声音对我，或者是对她周围的空气说：“他为了你及时地死去了。”这句话的言下之意似乎是：你们并不理解彼此，而他可能已经成了你的障碍。在我看来，这种想法相当符合母亲的第二人格。

“为你”这个词给了我可怕、沉重的一击，我感到昨日的一小部分已经永远地结束了。但同时，我身上开始生出一股男子汉和自由的感觉。父亲去世不久后，我搬进了他的房间，取代了他在家中的地位。例如，我每周都把家庭生活用的钱亲手交给母亲，因为她不知道怎么计划开销，也没有理财意识。

在父亲去世六个星期后，他对我来说显得像一场梦一样。他会突然站在我面前，告诉我他快要度假回来了。他的身体已经恢复得很不错了，现在正打算回家。我以为自己将他的房间占为己有，他可能会因此讨厌我。但是事情并非如此！尽管这样，我的内心还是感到愧疚，因为在我的想象中他已经去世了。两天之后，这个梦又出现了。父亲恢复了健康，正在回家的路上，于是我再次自责起来，因为我认为他已经去世了。后来，我一遍遍地自问:“在梦里，父亲回到家中，样子又是那么逼真，这到底意味着什么呢？”这是一次令我难忘的体验，迫使我第一次思考起死后的生活。

父亲去世之后，我如何继续在大学读书便成了一个难题。母亲的一些亲戚认为，我应该在商行里当个小职员，以便尽快有能力赚钱养家。母亲的小弟弟提议要资助她，因为母亲的经济来源几乎无法养活自己。父亲这边的一位叔叔同意资助我。我在完成学业的时候，欠了他三千法郎。此外，我还一边当助教，一边帮一位老姑妈出售她收集的为数不多的古董，以此赚取剩余的学费和生活费。我以高价把古董一件件卖出，便可从中抽取价格不菲的提成。

我绝对忘不了这段穷困潦倒的时期，这时，一个人便懂得了珍惜廉价的东西。我到现在还记得，有一次，别人送了我一盒雪茄当作礼物，我简直爱不释手。这盒雪茄我抽了整整一年，因为我只准许自己在星期天的时候才抽上一根。

在我看来，大学时代是一段美好的时光，一切都是理智的、充满生机的。这也是一个结交朋友的时期。在兄弟会的几次会议中，我做了几次关于神学和心理学方面的演讲，我们还就不止医学方面进行了许多热烈的讨论。我们就叔本华和康德进行辩论，对西塞罗的文体美了如指掌，还对神学和哲学充满兴趣。

大学时，我在宗教的问题上深受启发。在家时，我得到了一个绝佳的机会，与一位神学家谈过一次话，他曾经是我父亲所在教区的大主教。他不但以独到的见解闻名，而且博学多识，这些都是我望尘莫及的。从他身上，我学到了许多关于神父和教义历史的知识。他还给我大致地讲了有关新教神学的新的知识体系。里敕尔神学在当时非常流行。这种神学的历史相对论使我感到气愤，尤其是用铁路火车做的比较[1]。兄弟会中，与我进行多次讨论的神学系学生们，对“耶稣一生所产生的影响”这一理论似乎

[1] 阿尔布雷克特·里敕尔称基督降临好比火车的分流。引擎从后面推了一下，于是整个火车都在运动，从最前面的车厢开始移动。与此相同，基督给我们的动力代代相传。

全都显得非常满意，但这种看法在我看来不但相当愚蠢，而且没有丝毫生气。我同样无法苟同把耶稣推到台前的倾向，这使他在属于上帝与人类的戏剧中充当了一个决定性的角色。在我看来，这无疑掩盖了耶稣本人的观点：创造他的圣灵，会在他死后接替他在人间的地位。

我认为，圣灵是难以想象的上帝的化身。他的活动不仅崇高庄严，而且还带有某种怪异甚至是令人怀疑的特征，而这种特征又是耶和华神的行为所特有的。至于耶和华，我曾天真地把他和上帝的基督形象等同起来，这是我在坚信礼上所接受的教导（那时我还不知道，严格说来，魔鬼与耶稣一同产生）。我认为我主耶稣无疑是一个人，因而也会犯错，或者就只是圣灵的喉舌。这种极不正统的看法，跟神学上的看法相去甚远，自然使人觉得完全不能理解。我对此感到的失望，逐渐产生了一种麻木不仁的态度，并坚定了我的信仰：在宗教问题上，只有经验才是最重要的。

我发现在大学一年级期间，科学虽然打开了通往渊博知识的大门，却很少能提供真正的洞见。而总的来说，这种洞见具有一种特殊的性质，我从哲学著作的阅读中得知，灵魂的存在是造成这种情况的原因。没有灵魂，也就没有了知识和洞见。然而关于灵魂，哲学著作中却只字未提。无论在任何地方，人们都心照不宣地认为它是理所应当的，甚至有人——例如，C.G. 卡鲁斯——提及它的时候，其实并没有真正地理解灵魂，而只是做了哲学式的沉思，然而做出这种沉思实在是再容易不过了。我实在无法理解这种奇怪的言论。

在第二学期快要结束时，我又有了新的发现，而它又引出重大的结论。我无意间在一位同学的父亲的藏书室中发现了一本 70 年代出版的论述唯心论现象的小书。这本书的作者是一位神学家，他在其中描述了唯心论的起源。我最开始的怀疑很快就消失了，因为看完这本书我便顿悟了。大体说来，书中所描述的事，与我童年时期在乡下反复听到的故事几乎如出一辙，这些材料毋庸置疑是真实的，但是对于这些故事是否是真人真事这一问题的回答却令我不满意。虽然如此，但能确定的是，无论在哪个时代，无论身处世界的哪一个角落，同样的故事都被反复报道过。其中必然存在某种原因，但显然又不是最突出的原因，即世界各地拥有相同的宗教观念。相反，它必须与人类灵魂的客观行为相联系。但就这个主要问题——灵魂的客观性而言，我绝对找不出不在哲学家们所说的范畴之内的其他东西了。

唯心主义者的观点在我看来既古怪又值得怀疑，然而就客观唯心现象而言，这些观点却是我最先了解到的。比如左尔纳和克鲁克斯的名字就给我留下了深刻的印象，因此我实际上读完了我能够读到的所有文学著作。很自然，我把这些事情说给朋友们听，然而他们的反应不是嘲笑就是怀疑，也有的急忙起来争辩。这着实令我大吃一惊，我奇怪的是他们竟敢断言说，不可能有鬼怪和转动桌子的事，那都是骗人的。在另一方面，我也很奇怪他们对自己的争辩又抱有犹豫的态度。我自己都不敢确定，这些报告是否准确无误，但是说到底，为什么就不能有鬼魂呢？我们怎么就能知道某些事是“不可能”的呢？最重要的是，这种焦急意味着什么？对我自己来说，这种种可能性极为有趣且吸引人。它们使我的生活又增添了一个新的可探索的维度，我眼中的世界获得了深度和背景。比如说，梦有没有可能与鬼魂有关？康德的《通灵者之梦》出版得非常及时，我还发现了卡尔·杜普雷尔，他从哲学和心理学的角度评价了这些观点。我还发现了埃申迈尔、帕萨旺、尤斯蒂努斯·克尔纳和格雷斯的著作，以及斯威登堡的七卷著作。

母亲的第二人格对我的热情表达了由衷的支持，但我认识的其他人显然使我泄气。在这之前，我只是在传统观念上碰了壁，但现在，我却狠狠地撞上了铜墙铁壁——人们对存在异常的事物抱有偏见甚至完全不承认。我甚至在最亲密的朋友中间也遭遇了这种情形。对他们而言，所有这一切都要比我痴迷神学还要糟糕得多。我感觉自己已经走到了世界的边缘，所有能激起我满腔热情和兴趣的东西，在别人眼里却枯燥空虚，甚至引起他们的恐惧。

有什么可恐惧的呢？对此我找不到任何解释。有的观点认为，存在着某些超越了空间、时间和因果关系范畴的东西。但这并不是什么荒谬可笑或惊天动地的想法啊。我们都知道，动物有能够预知暴风雨和地震的能力，而确实有一些梦预见了人的死亡，确实有钟表在人死亡的那一刻停了下来，确实有镜子在危险的时刻破碎。在我童年的世界里，所有这些事情都被认为理所应当。而如今，我显然成了唯一听闻这些事情的人。我非常认真地自问，自己跌跌撞撞地闯入的究竟是个怎样的世界？显然，城市的世界对乡村的世界是一无所知的，对山脉、树林、河流，对动物和“上帝的思想”（可理解为各种植物和晶体）的现实世界，也是一无所知的。我认为这样的解释能使人感到释然。不管怎样，这种解释坚固了我的自尊心，因为从中我有了这样的意识，即尽管城市是一个知识的宝库，但它在精神方面的知识却是十分有限的。事实证明，这种洞见是非常危险的，因为它诱发了我的一种优越感，使我经常盛气凌人，批评不当，让我变得非常讨厌。真是活该呀。而这导致我重新产生了过去常有的多疑、自卑和抑郁的情绪，我决心要不惜一切代价攻破这一恶性循环。我不愿再站在这个世界之外，忍受我是个怪人的难堪名声。

最初的引论课结束后，我当上了解剖学方面的初级助教，接下来一个学期的时间里，指导员让我负责组织学课程的讲授——我对此非常满意，那是不用说的。我个人主要对进化论和比较解剖学感兴趣，因此我还熟悉了新生机论。而最令我着迷的则是广义的形态学观点。形态学是与生理学完全相反的学科。由于生理学有活体解剖的要求，所以我对这门学科极为反感。而活体解剖的目的，只不过是示范罢了。热血动物跟我们人类相似，并非只有理性的动机，这种感觉一直使我无法释怀。因此，当我能不上示范课的时候，我就不去了。我认为我们用动物进行的实验相当可怕且野蛮，而且是非常没有必要的。仅仅通过描述，我就能想象出整个示范的过程。我对动物的热爱并非源于叔本华哲学那种装点门面的理论，而在于一种更加深厚的基础，即原始的态度，也来自潜意识里对动物的认同。当然，当时我完全不知道这一重要的心理学事实。我对生理学的深恶痛绝致使这门课的考试成绩也相应地变差了，不过幸好混了个及格。

随后两个有关临床课程的学期使我忙得不可开交，几乎没有多余的时间来涉猎其他领域的知识。只有在周日，我才能偷闲研究康德。我还勤奋地研读了爱德华·冯·哈特曼的作品。其间，尼采也被考虑加入我的计划，然而我一直没有开始阅读他的作品，因为我觉得自己还没有做好充分的准备。那时候，人们对他议论纷纷，不过大多是负面的评价，据说议论他的人大多是有能耐的哲学系学生；从这些负面评价中我可以推测，他在高层人士中间引起了巨大的敌意。非议中的最高权威当数雅各布·布克哈特，他对尼采的各种批判性评论随处可见。除此之外，我们大学中还有一些与尼采本人有些私交的人，此时正在到处散播有关他的谣言。但是对于尼采的作品，他们中的大多数人一个字都没读过，于是就他外在的怪癖大肆渲染，比如爱摆绅士的架子、他弹钢琴的方式、他夸张的文体——这些个人癖好使当时巴塞尔的上流人士都感到心神不宁。我延迟阅读尼采的作品当然不是因为这些事——相反，它们激起了我强烈的欲望。我之所以延迟了，是因为我暗暗害怕，怕自己也会像他那样，至少是在那种使自己和周围的环境隔绝的“秘密”方面像他那样。也许他曾有过内心的种种体验和种种想法，谁又会知道呢？而不幸的是他又试图谈论自己的内心活动，结果却发现自己不被任何人理解，很明显，他是个怪物。或者至少在别人眼里，他是个怪物，是大自然嘲弄的对象。而我，无论如何不想成为尼采那个样子。我担心自己会被迫承认，自己也是一个怪人。当然，他是个写出过大部头著作的教授，并因此达到了难以想象的高度。但是，他也和我一样，是个牧师的儿子。只不过不同的是，他出生在德国，国土辽阔远及大海，而我只不过是个出生在一个普普通通的牧师家庭的瑞士人，在边境的小村庄里长大。他讲的是优美的高地德语，知晓拉丁语和希腊语，可能还懂法语、意大利语和西班牙语，而我有自信能够运用自如的语言却只有瓦格斯－巴塞尔方言。他拥有了所有的荣耀，即使被当作怪人又有何妨，但我绝不允许自己被人发现那么像他。

尽管心里有这种种忧虑，但我还是感到十分好奇，最后终于下定决心拜读他的著作。《不合时宜的沉思》是我选择的第一本书。我被书中洋溢的热情牵引着，不久后我又读了《查拉图斯特拉如是说》。阅读它与阅读歌德的《浮士德》一样，是我的一次重大体验。《查拉图斯特拉如是说》便是尼采的《浮士德》，是尼采的第二人格，而我的第二人格如今与查拉图斯特拉一致了——尽管这个比喻像是将小土丘与勃朗峰相比，而毫无疑问，查拉图斯特拉是病态的，那我的第二人格也同样是病态的吗？对此我十分恐慌，好长时间里都拒绝承认这一点，但它总在不合时宜的时刻几次三番地出现在我的脑海中，吓得我一身冷汗，以至到最后，我不得不开始反思。尼采只是在人过中年之后才发现第二人格，而我自打童年时代就认识了自己的第二人格。尼采曾幼稚、轻率地谈到过阿尔希顿这不可言状的第二人格，仿佛它本身与当下是契合的。但很快我便注意到，这只会招致麻烦。尼采才华横溢，年轻时不用考虑太多，就来到巴塞尔大学当教授。既然他如此聪明，那就本该及时注意到有些事出了差错。我觉得，这就是他病态的误解：毫不担心、毫不怀疑地把自己的第二人格放进了这个世界——一个人们一无所知、毫不理解的世界。他被一种幼稚的希望打动，希望人们能够分享他的狂喜，理解他“重新评估所有价值观念”的思想，然而他只找到了受过教育的世俗之人——使他哭笑不得的是，他自己就是这样一个人啊。和他们当中余下的人一样，在他一头撞进那难言的神秘时，当他想赞美愚蠢堕落的大众时，他却对自己一无所知。这就是他夸夸其谈、暗喻堆砌如山，并怀有像赞美诗一样狂喜的心情的原因——全都是妄图引起这个世界的注意，而这世界为了换取大量毫无关联的事实，已经出卖了自己的灵魂。结果就是他一头掉进了超出自己想象的深渊——他声称自己是走钢丝表演者。在这个世界里，他并不认识回来的路，并且像个人们必须小心谨慎对待的着了魔的人。在我的朋友和熟人之中，我只知道两个人宣称自己是尼采的信徒，而他们都是同性恋，一个自杀了，另一个则自暴自弃，像个被误解的天才。我其余的朋友并没有被《查拉图斯特拉如是说》所受到的欢迎震惊，而是无动于衷。

和《浮士德》为我打开了一扇门相反，《查拉图斯特拉如是说》砰的一声给我关上了一扇门，而且在很长一段时间里，这扇门一直紧闭着。我觉得自己就像个老农夫，发现自己的两头牛的头被套在同一个笼子里，明显是受了诅咒。他的小儿子问道："这是怎么发生的呢？"农夫就回答说："孩子呀，人们是不会谈论这种事的。"

我意识到，跟人们谈论他们不知道的事，就像对牛弹琴一般。幼稚的人根本不会领悟，和朋友讨论他们完全不懂的东西是何等屈辱。只有当一个人的社会身份是作家、记者或诗人时，他们才有可能会原谅这种粗鲁的行为。我逐渐明白了，人与人只能基于站得住脚且不会稍纵即逝的事实来沟通一种新思想，甚至只是旧思想的不同寻常的一面。某个人早晚都会遇到它们，认识到自己发现的是什么。我意识到，自己之所以和别人交谈，是因为缺少更好的东西，认识到我应该提供事实，但这些事实恰恰是我完全缺乏的。我手中没有一件具体的东西。我经常发现，自己靠经验行事。我开始责怪哲学家们，他们毫无经验的时候喋喋不休，而该用事实应答的时候却沉默了。在这方面，他们看起来全与肤浅的神学家相差无几。我感到，在某个时候，我已经越过了一个满是钻石的山谷，但是我无法让任何人信服，我所带回来的样品不只是砾石而已，甚至当我更仔细地观察这些钻石的时候，我连自己都无法说服。

此时正值 1898 年，我开始更加认真地考虑把行医当成自己的事业。很快我就得出结论，我必须有自己的专长，也就是选择外科还是选择内科。我倾向于选外科，因为我接受过专门的解剖学训练，除此之外，我还很喜欢病理学，如果我足够有钱，便很有可能把外科当成自己的职业。为了学业而使自己债台高筑，一直使我苦不堪言。我知道，期末考试之后，我就必须尽早开始养活自己。我想象过在某个县级医院开始助理医师的生涯，比起一个诊所而言，在县级医院更有希望谋得一个有薪水的职位。此外，在诊所工作很大程度上由负责人的支持或个人利益决定。因为我人缘不太好，与人不太合群——这种体味经历得太多了——因此我不敢设想自己会在诊所交到好运，于是只好满足于在地方医院谋职，拥有一个普普通通的前景。其他的事便取决于努力工作，以及我的能力和实际应用了。

然而，暑假时发生了一件注定要深刻影响我的事。一天，我正坐在房间里学习。隔壁房间的门敞开着，母亲坐在隔壁织毛衣。那是我家的餐厅，里面摆着一张胡桃木圆餐桌，它是我祖母的嫁妆，大概已经有七十年的历史了。母亲坐在窗前，离桌大约有一码[1]远。我的妹妹在外上学，女佣则在厨房里。突然，我听见砰地一响，好像枪击声。我一下跳了起来，疾步冲进发出声响的房间，只看见母亲目瞪口呆地坐在扶手椅里，毛线团从手中掉落在地上。她结结巴巴地问："出……出……出什么事啦？就在我身边！"然后她的目光停留在那张桌上。我顺着她的目光，看到事故的原貌。桌子从边缘到中心裂开了一条缝，并且是直穿坚硬的木材裂开，而不是沿着接缝处。我惊呆了。怎么会发生这种事呢？这张硬胡桃木桌子风干了有七十年了，怎么会在一个湿度相对较高的夏天裂了缝呢？假如这是在寒冷干燥的冬天，将桌子摆在火炉旁边，发生这样的事倒还是能够想象的。到底为什么会爆裂呢？"一定有什么蹊跷之处。"我说道。母亲在一旁脸色阴沉地点头。"是啊，是啊，"她用她那第二人格说道，"这一定意味着什么。"虽然并非刻意，但我对此印象极深，并因为无话可说自生自气起来。

大约两周之后，我在傍晚 6 点时回到家中，结果发现我们全家——我的母亲、我十四岁的妹妹及女佣——都处于一种十分骚动不安的状态。原来大约在一小时之前，房间里又发出了震耳欲聋的响声。但是这一回，不再是那裂了缝的桌子，而是从餐具柜中传来的，这东西是一件可以追溯到 19 世纪初的笨重家具。她们已经从上到下地把它查看了一遍，但找不到任何裂缝的痕迹。我立刻将这个柜子的外部仔细检查了一番，连周围

---

[1] 英美制长度单位，1 码等于 3 英尺，合 0.9144 米。

的地方也没放过，但是依然毫无结果。然后，我开始检查柜子的内部。在柜子盛放面包的篮子里，我发现了一条面包，在面包旁边，放着一把面包刀。刀刃的大部分已经断裂成了几块碎片，刀把躺在长方形面包篮的一个角落里，刀刃则躺在其余的三个角落里。这刀子不久前在4点钟下午茶时刚刚被使用过，之后就被放到了一边。从那以后，就没有人去餐具柜取过东西。

第二天，我把这把断裂的面包刀拿到镇上最有名的一个刀具商那里。他用放大镜仔细检查了裂痕，然后摇了摇头对我说："这把刀子完全没有问题。"他接着说道："钢是没有毛病的，一定是有人有意一片一片地折断的。这是可以实现的，比如，把刀刃插进抽屉的裂缝中，然后一次折断一片，或者从很高的地方把它刀尖冲下扔到石头上。但好的钢是不会爆裂的，一定是有人在和您开玩笑吧。"我一直小心地保存着刀子的碎片，直到今天。

那时母亲和妹妹正好在那房间里，这突如其来的爆炸声把她们吓了一跳。母亲的第二人格意味深长地望着我，但我不知道说什么好。我完全感到不知所措，无法解释发生了什么，只得承认这件事使我印象深刻。桌子怎么会裂开了缝，刀子又怎么会碎成一片片的呢？假如说一切只是巧合，那这种巧合也太过分了。一次偶然的机会，莱茵河竟然倒流了，我以为这是极不可能发生的，但其他一切可能的解释都被自动驳倒了。那么，这究竟是怎么了？

几周以后，我听说有几个亲戚一直以来都在从事桌子转动的活动，他们认识一个灵媒，是个十五岁半的年轻女孩。他们一直想让我认识这个灵媒，据说她能使人进入梦游状态，并能招来灵魂。我一听到这个消息，便立刻联想到了发生在我家里的那些古怪现象，于是我便猜想，它们或多或少可能与这个灵媒有关。于是，我开始定期出席他们的会议，会议每周六傍晚在我亲戚家里举行。通过交流和敲击墙壁与桌子发出的声音，我们取得了些许成果。不依赖于灵媒，桌子会移动是令人生疑的，而且我很快发现，施加在这种实验上的限制性条件一般会产生妨碍性的效果。因此，我接受了敲击声明显的自主性，并将注意力转向了交流的内容上来。我在博士论文里列举了这些观察结果。大约经过了两年的实验，所有人都变得相当厌烦了。后来，我发现这个灵媒企图利用诡计使人产生幻象，而这促使我再也不参与这些实验了——不过我又感到十分后悔，因为我从中明白了第二人格形成的过程，明白了它是如何进入一个小孩的意识，最后使小孩的意识融合到自己的身体里。她是早熟的灵媒之一，二十六岁时患了肺结核。我在她二十四岁的时候又见过她一次，当时她给我留下了成熟、独立的长久印象。在她死后，我从她家里人那里听说，她的个性是在她生命的最后几个月里，一点儿一点儿地瓦解的，最终竟回到一个两岁孩子的状态。她在这种状态下离开了人间。

这归根结底是一次重要的经历，它把我早期的哲学理念一扫而光并使我获得了一些心理学上的观点。对于人的灵魂，我已经找到了一些客观的事实。然而这体验的本质是如此深奥，使我难以表达。我找不到一个人来讲述整个故事，于是只能再次搁置这个尚未解决的问题。直到两年之后，我的专题论文才最终问世[1]。

弗雷德里希·冯·穆勒取代了老伊姆曼在医务所中的位置。在他身上，我邂逅了一种吸引我的思想，我明白了一种敏锐的智慧，抓住问题的关键并提出疑问，而在这些疑问中，一半的问题已经迎刃而解了；而他似乎也在我身上看出了某种东西。我实习期接近尾声时，他接受任命到慕尼黑就职，并提议让我做他的助手，跟他一起去慕尼黑。这一邀请几乎使我决心献身内科，如果不是那件消除了我对未来职业所有顾虑的事，我大概就会接受他的邀请。

尽管我一直在学习精神病学和临床的课程，但当时那位精神病学的讲师却没有真正地激发起我的兴趣，而当回忆起精神病院的经历对我父亲的

---

[1] 论文标题为《论所谓神秘现象的心理学和病理学：一种精神病研究》(1902)，载于《精神病学研究》。

影响时，我便再也无法对精神病学产生好感了。因此在准备回家考试的期间，复习精神病学被我放在了最后。我并不期望有所收获，所以我仍然记得，当我打开克拉夫特·埃宾编著的教科书时，我突然想："好呀，那么让我们瞧瞧，一个精神病学家到底会为了自己说些什么话吧。"我对专题讲座和临床示范基本上没什么印象，回想起来的只有厌恶和恶心，而不是任何一例医院里所见到的病例。

我开始读序言，想看看一个精神病学家如何介绍自己的科目，或者如何证实其存在。在为我这种趾高气扬的态度辩护的同时，我必须清楚地指出，在当时的医疗界，精神病学是非常受人轻视的。但没有人真正了解精神病学，也没有一种心理学把人看作一个整体，并把人的各种病理变化包含到心理学的宏观图景当中。医院院长及其病人被关在同一个医院里，而医院又与世隔绝，就如同过去的麻风病院和麻风病人被隔离在城郊地区一般，没人愿意多看一眼。而医生们和门外汉一样对此一知半解，因而他们的感受也跟门外汉没什么两样。精神病是一种致命的疾病，没有治愈的希望，精神病学本身也深受这种看法的影响。在那时，精神病医生被当成怪人，而不久之后我就有了切身体验。

我读道："大概是这个科目的特殊性及其发展尚不完全的缘故，精神病学方面的教科书或多或少地带有主观色彩。"几行之后，作者将精神病称作"人格疾病"。我的心突然怦怦地猛跳起来，我只好站起来深呼吸。我变得激动异常，因为在转瞬即逝的启示中，我已经清晰地明白精神病学才可能是我为之奋斗的唯一目标。只有在这里，两股兴趣的激流才能融汇到一起，形成一条水流，冲撞出河床。这是一个与生物学和精神事实存在共性的经验性领域，而我一直在寻找这样一个领域，可是一直没找到。这里终于有了一方天地，一个由大自然和精神的冲撞形成的现实天地。

当克拉夫特·埃宾讲到精神病学教科书的"主观特性"时，我做出了激烈的反应。因此，我认为这本教科书的部分内容也是作者的主观坦白。他那特有的偏见和他自我存在的整体性，使他背弃了自己的客观经验，以自己的整个人格对这种“人格疾病”做出反应。在医院时，我从来没有听老师说起过这类事情。尽管克拉夫特·埃宾的教科书与其他教科书并没有什么本质上的区别，但这几点暗示使精神病学更加注重自身的转变，因此我无法抗拒地被它的魔力征服了。

我做出了决定。当我将我的意愿告诉那位对我青睐有加的内科老师时，他的脸上流露出了惊讶和失望。唉，我觉得自己是个局外人，疏远了其他人，我的伤疤又开始疼了。不过现在我终于明白了原因，包括我自己在内的所有人，都不曾想到我竟会对这一冷僻的学科感兴趣。对于我的选择，朋友们既感到惊讶，又感到困惑，认为我是个傻瓜，竟然放弃了内科，放弃了一个令人羡慕的机会，放弃了一份理智的职业，而选择了满嘴胡言乱语的精神病学。

我明白，自己又走进了一条死胡同。没人愿意，也没人能够追随我。但是我明白，任何人任何事都无法使我偏离自己的目标。我明白，我的决定是正确的，是我命中注定的选择。它就像由两条河流汇集而成一股滚滚洪流，毫不留情地挟我流向远方的目标。我是一个“双重性格合而为一”的人，这种自信的感觉犹如拥有魔力的波涛，帮我顺利地通过了考试，并且使我名列榜首。最具典型意义的事件是：我创造了不计其数的奇迹，然而潜藏着的绊脚石却使我在最拿手的病理解剖学上栽了跟头。那是一个可笑的错误：在玻璃切片上，除了各种各样的碎屑，我以为似乎只含有一些上皮细胞，没想到却漏掉了一些藏在角落里的霉菌。我甚至猜到了其他科目上，他们可能会问我的问题。正因为如此，我成功地躲过了几个危险的暗礁。但是报复接踵而至，在我以为最有把握的地方，却以最为莫名其妙的方式遭了殃。要不是因为这一点，我本可以在这次考试中取得高分。

结果，另一个候选人跟我得了一样的分数。他平时独来独往，所以我不太了解他的个性，但是怀疑他天资愚钝，除了“行话”，我根本无法与他交流。对于每一件事，他总是高深莫测地微微一笑，让我想起了埃伊纳岛的希腊雕像。他总是一副趾高气扬的样子，然而在这种外表下，他却显得十分尴尬，从来不应景。这难道不是一种愚蠢吗？但我从没有证明这一点。关于他，我唯一确信的是，他给我留下了带有偏执狂式野心的印象，这一野心使他对除纯粹的事实之外的任何事情都不感兴趣。数年后，他成了精神分裂症患者。我提到这个典型的例子，证明了凡事都有对应性。我的第一本书与早发性痴呆（精神分裂症）的心理有关。在这种心理中，我的人格或者“人格倾向”便对应于这种“人格疾病”。我向来认为，最广义的精神病学是病人心灵与医生（假设他是正常的）心灵之间的对话，是病人的人格与治疗者人格之间的一种妥协，两者在原则上都是同样主观的。我的目的是想表明，妄想和幻觉并非只会在精神病患者身上有所表现，而且还包含着一种普遍的意义。

在期末考试过后的那天晚上，我上戏院看了场戏，体验了平生第一次渴望已久的奢侈享受。直到此时，我的经济情况还不允许我如此铺张浪费，但靠卖古董挣来的钱还略有所余，有了这笔钱，我不但看了场歌剧，甚至还去慕尼黑和斯图加特旅游了一趟。

乔治·比才的歌剧使我陶醉，将我征服，令我在浩瀚大海上随波起伏。即使第二天，我坐着火车越过边境，来到一个更广阔的世界时，《卡门》那动听的旋律仍然萦绕耳际。在慕尼黑，我第一次领略到了真正的古典艺术。这种艺术与比才的音乐融合在一起，使我如沐春风，像是沉浸在新婚之夜般的快乐氛围中，其深意我只能朦朦胧胧地领会。然而从表面上看，1900 年 12 月的 1 日至 9 日是惨淡的一周。

我在斯图加特拜访了我的姑妈艾美尔·荣格夫人，她的丈夫是一位精神病学家，使我没想到的是，这竟是我与她的永别。她是我祖父第一次婚姻中，与弗吉尼亚·德·拉索尔所生的女儿。她是位迷人的老太太，蓝眼睛炯炯有神，性情活泼开朗。在我看来，她仿佛沉浸在一个捉摸不透的幻想世界，生活在拒绝消亡的回忆——一种即将消失又无法挽回的往事中。这次拜访使我永远地告别了我的童年。

1900 年 12 月 10 日，我在苏黎世的伯戈尔茨利精神病院担任助理医师的职位。我对于能在苏黎世工作感到很高兴，因为在巴塞尔的这几年里，我感到过分地枯燥乏味。在巴塞尔人眼中，除了自己所处的城镇，别的城镇都不存在，只有他们自己的城镇才是“文明开化”的，伯斯河的北岸，延伸下去便是蛮荒之地。朋友们无法理解我为何离开，都猜测我不久之后就会回来。但是他们大错特错了，因为在巴塞尔，不论何时，人们都把我看作保尔·荣格牧师的儿子以及卡尔·古斯塔夫·荣格教授的孙子。我在那里是个知识分子，属于某个社交圈。我对此颇为反感，因为我不想把自己归为某一类人之中。在我看来，巴塞尔知识界具有一种令人艳羡的统治性气氛，但传统观念的压力过大，使我难以忍受。来到苏黎世后，我立刻察觉到了这种差异。苏黎世并非通过知识，而是通过商业与世界相连，然而这里的气氛确实是自由的。我一贯看重的就是这一点。在这里，即使你不是来自书香门第，也不会受到千百年浓雾强烈的重压。时至今日，我对巴塞尔还有一种淡淡的怀念，尽管我知道它过去的风貌已然不再了。我至今仍然记得同巴霍芬和布克哈特在街上漫步的日子，仍然记得矗立在大教堂后面的古老牧师会礼堂，仍然记得那横跨莱茵河河面、半木质结构的古桥。

母亲难以接受我离开巴塞尔的事实。但是我知道自己无法分担她的苦痛，而她则勇敢地忍受住了这些苦痛。她那时和我妹妹住在一起。我妹妹娇小柔弱，一副病恹恹的样子，跟我一点也不一样。她仿佛天生注定要当老姑娘，所以终身未嫁。但她身上有一种非凡的个性，并且处事态度也令我十分钦佩。后来，她必须得经受一次据称并无大碍的手术，但未能幸免于难。之后当我发现，她事前早已把一切事情，甚至连细枝末节的地方都安排妥当的时候，我深深地感动了。在我的心底，她永远像个陌生人，但我非常尊敬她。我很爱动情，但她总是镇定自若，尽管她的内心深处其实非常敏感。我可以想象得出，她在妇女敬老院里是如何打发时光的，就像我祖父他唯一的妹妹那样。

随着我在伯戈尔茨利精神病院工作的开展，这里的生活使我不得不更加专心致志、精神集中、意识清醒、认真负责。我仿佛进入了一座世俗的修道院，必须屈服于誓言，屈服于可能有的、一般的、普通的、没有意义的东西，放弃一切奇特和有意义的东西，并把一切超凡脱俗的东西变得平淡无味。从此之后，有的只是空乏的表象，有的只是无法延续的开端，有的只是毫无关联的事件，有的只是越发狭窄的知识面，有的只是被称为问题的失败，有的只是使人颓废的狭隘眼界，有的只是日常琐事的无边沙漠。整整六个月，我把自己关在类似修道院的房间中，以便习惯这精神病院的生活习气。为了使自己熟悉精神病人的思想活动，我把五十卷的《精神病学概论》从头到尾仔细阅读了一遍。我想了解人类的心灵在面对自身毁灭时是如何做出反应的，因为我认为精神病学清楚地表达了一种生物学反应，这种反应在精神病发作时支配着所谓的健康头脑。我觉得自己的同事也跟精神病人同样有趣。在之后的几年时间中，我偷偷地编制了我的瑞士同事们遗传背景方面的统计数据，从中深受启发，获益良多。我这样做，一来是想使自己受到启迪，二来是为了更好地理解精神病人的思维方式。

我对研究工作的专心致志以及自我封闭，使我渐渐与同事们疏远，这自然不必说。他们当然不知道，精神病学对我而言是多么奇妙，而我又是多么急于洞悉其中的精髓。那时候，我尚未对治疗学方面产生兴趣，但是所谓的正常性病理变异却令我着迷，因为它使我获得了期盼已久的机会，可以更深入地观察具有普遍性的心灵了。

所以这些便是我开始精神病学生涯时的状况——从客观生活中产生主观实验。我既没有愿望也没有能力脱离自我，以真正客观的方式观察自己的命运。我会编织一个事情原本应该如何幻想，或者写一本为吾生辩护的书，以这种方式犯下一个为人熟知的自传式的错误。说到底，人无法判断自己的事件，是好是坏全都交由他人评判。

第四章
精神病治疗活动

我在伯戈尔茨利精神病医院几年的学徒生涯，有一个急切的问题决定了我的兴趣和研究工作：精神病人的内心深处到底发生了什么？我当时并不了解这个问题，我的同事中也没有人关心过这个问题。精神病学的教师只对如何做出诊断，或者如何描述病人的症状，编写统计数字感兴趣，对于病人要说的话一点也不感兴趣。以那时流行的临床观点解释，病人的人格，也就是个性，根本无关紧要。相反，医生根据长长的、剪贴好的诊断病历和有着详尽记录的症状看病。病人们被定了性，诊断书盖上了橡皮印章，大多数情况下，事情到此就算解决了。不管怎么说，精神病人的心理根本不起作用。

基于这点，弗洛伊德对我来说变得举足轻重，尤其是他在癔症和梦的心理学方面所进行的基础性研究。他的观点为我指明了一条道路，即对个别病例进行深入调查和了解。虽然弗洛伊德本人是位神经病学家，但他却将心理学的概念引入了精神病学。

我依然能非常清楚地回想起那时的一个病例，它极大地激发了我的兴趣。一个年轻妇女患上了“忧郁症”，被这家医院收治。医生和过去一样对她进行了检查：询问既往病史，进行各种检测和体检。结果诊断她为精神分裂症，那时的术语称其为“早发性痴呆”；预后：不良。

收治这位妇女的恰好是我所在的部门。开始，我并不敢质疑这一诊断结果。我那时还是个年轻的初学者，因此不敢鲁莽地提出异议。但是这个病例让我觉得很是奇怪，我认为这跟精神分裂症无关，而应该属于一般性的抑郁症，因此我决心使用自己的治疗方法。彼时我热衷于诊断性联想研究，于是我便与病人联手进行了一次联想实验。另外，我还与病人一起讨论她的梦境。我通过这些方法成功地揭开了她的过去，这是既往病史做不到的。我直接从她的潜意识中获取信息，而这些信息则揭示了一个阴暗凄惨的故事。

这位妇女结婚之前认识了一个男人，他是一个富有的企业家之子。邻近地区的姑娘们都对他感兴趣。由于这位妇女面容姣好，便认为很有机会将他追到手，但他并没有对她表示好感，于是她只好另嫁他人。

五年之后，她的一位老朋友前来拜访。他们一起追忆往事，他告诉她："在您结婚的时候，某个人——那位先生（那个富有的企业家之子）——相当吃惊。"就从那时开始，她的抑郁症发作了，几周之后便引发了一场大灾难。当时她住在乡下，那里的水源不太卫生，饮用的是纯净的泉水，但洗澡、洗衣服用的却是河里的脏水。她给孩子们洗澡，先是四岁的女儿，接着是她两岁的儿子。在给女儿洗澡时，她看见孩子正在吮吸海绵，却没有阻止她，她甚至还给小儿子一杯脏水喝。她这样做当然完全是无意识的，或者只是半意识的，因为她的意识已经受到了初期抑郁症的影响。

没过多久，在这种病的潜伏期过去之后，她女儿就因伤寒病倒了，接着便夭折了。女儿是她的掌上明珠，儿子却没有感染。这时，抑郁症已经到了急性阶段，于是这位妇女被送到了医院。

从这一联想实验里我得出了结论：她是一个谋杀犯，而我又知道了太多关于她秘密的细节。突然间真相大白了，这就是她患抑郁症的充分理由。从本质上说，这属于一种心理上的病理性错乱，而不是精神分裂症。

那么，现在又该采用何种治疗措施呢？直到此时，这位妇女一直注射麻醉剂，来与失眠症做斗争，同时还有人监护着她，防止她采取自杀的行为。但在其他方面并未采取任何措施。从生理上看，她的健康状况还不错。

如今我面临这样一个问题：我遇到了从未有过的职责上的矛盾。我要不要开诚布公地跟她讲明呢？我应该承担主要责任吗？在良知方面，我有一个难题需要回答，并且需要独自解决。要是请求同事们帮忙，他们大概会提醒我说："看在上帝的分儿上，千万不要把这种事情告诉这个女的。这只会让她疯得更厉害。"但我认为，效果可能恰好相反。一般来说，心理学上几乎没有明确的准则。一个问题既可以这样解答又可以那样解答，完全由我们是否考虑到了潜意识的因素决定。当然，我非常清楚自己所冒的个人风险：假如病人的病情加重，我也会陷入麻烦！

虽然结果很难说，但是我依旧决定试一试这种治疗方法。我把通过联想实验所发现的一切全告诉了她。不难想象，这样做是多么艰难，断然指控一个人是杀人犯绝非小事。对必须听取并接受这一指控的病人来说，也是悲痛万分的。结果两周之后，事情却证明她可以出院了，从此以后，她再也没进过精神病医院。

在这个病历上，我对同事守口如瓶其实还有别的原因。我担心他们会对此大肆评论，甚至有可能引起法律问题，当然了，他们倒拿不出对病人不利的证据。然而对这位妇女来说，这样的一场讨论或许会产生毁灭性的影响。命运的惩罚已经够她受的了！她应该回到生活中去并在生活中赎罪，这才是更有意义的事情。她背负着沉重的思想负担出院，但这一负担是不得已才承受的呀，失去孩子对她来说已很可怕了，而她的救赎在患抑郁症、被医院监禁的时候就已经开始了。

在精神病学的许多案例中，病人就诊时都隐瞒了某个不为人知的故事。我想，只有对这个完全私人的故事进行过调查之后，才能真正开始对病人进行治疗。这些故事是病人藏在心中的秘密，是把他撞得粉身碎骨的岩石。如果能了解这些隐秘的故事，就掌握了治疗的关键，医生的职责就在于此。在大多数情况下，只探索意识材料还远远不够。有时候，进行联想实验能够为诊断开辟出路，对梦的解析，或长期耐心地接触病人也有裨益。在治疗上，永远要从病人的整体而绝非只从症状入手。我们必须提出触及整个人格的问题。

1905 年，我在苏黎世大学担任精神病学的讲师。同年，我又成为大学精神病院的高级医师，并在这一职位一待就是四年。随后在 1909 年，我越来越没有精力应付医院的工作，便离了职，因为在这几年间，我的私人诊所规模已经很庞大，日常的工作再也忙不过来了。然而我依然留任讲师，直至 1913 年。我教授心理病理学，同时讲授弗洛伊德的精神分析基础课程以及原始人心理学。这就是我所主讲的科目。在前两个学期里，我主要讲催眠术，也讲雅奈和弗劳内伊的理论。到了后来，我主要讲授的是弗洛伊德心理分析的问题。

在教授催眠术期间，我常常对病人（给学生做示范的病人）的既往病史进行周详的询问。其中有一个病例我至今记忆犹新。

一位中年妇女前来就诊，她的身上明显带有强烈的宗教气息。她当时已经五十八岁了，拄着拐棍，身后跟着她的女仆。十七年来，她一直饱受左腿瘫痪带来的折磨。我让她坐到一把舒适的椅子上，要求她讲述一下自己的病史。她开始给我讲了起来，那病史真是可怕极了——她把整个长长的病史和盘托出，细节详尽。最后，我打断了她：“好了，我们没有时间谈那么多了。我现在为您施催眠术吧。”

话还没说完，她就闭上眼睛，进入了深深的睡眠之中——我还一点也没有进行催眠呢！我对此迷惑不解，但没有打扰她。她继续滔滔不绝地说着，而且还讲到了最引人注目的梦境，这些梦代表了潜意识的相当深刻的体验。然而，我直到好几年之后才了解到这一点。当时，我认为她正处于狂热的状态。情况渐渐变得使我相当不舒服，当时在场的还有二十个学生，而我正要向他们演示催眠术！

这种状态持续了半小时之后，我想要把这位病人唤醒，可是她怎么也醒不过来。我惊呆了，我忽然想起，自己可能已经无意识地接触到了她潜在的精神病。我花了大约十分钟才把她唤醒。与此同时，我害怕学生们发现我神经紧张。这位中年妇女醒来之后，觉得头晕、迷糊。我告诉她："我是医生，您一切都很好。"听到这儿，她喊出声来："啊，我的病可算好了！"一把扔掉拐棍走了起来。我尴尬得满脸通红，却向学生们说道："现在你们该看出来催眠术有多厉害了吧！"可实际上，我根本不了解发生了什么。

我的很多经历促使我想要放弃催眠术，对这位中年妇女的诊疗便是其中之一。我不明白到底发生了什么，可她确实痊愈了，而且精神抖擞地走了。我请求她告知我后续的情况，因为我估计过不了二十四小时她就会旧病复发。但事实上，她的老毛病一直没有重犯，所以尽管我心有疑虑，却还是不得不接受她确已痊愈的事实。

第二年夏季开学后，在我教授第一堂课时，她又来了。这次，她抱怨后背剧痛难忍，据她说，这在最近才发生。很自然，我自问：这是否与我再次开始讲课有关？或许是她在报纸上看到了我讲课的通告吧。我问她后背的疼痛是从什么时候开始的，原因是什么。她回想不起来在任何特定的时间发生过任何事情，也丝毫不能解释发病的原因。最终，我得出结论：她后背疼痛的那天，正好从报纸上看到了我讲课的通告。我的猜想被证实了，但我仍然搞不懂，她的病怎么就神奇般地治愈了呢？我再次催眠了她，其实也就是，她再次自发地进入了昏睡中——然后疼痛就消失了。

这一次课后，我把她留了下来，想要进一步了解她的生活。结果发现，她的智障儿子，恰好在我所在的部门治疗。我对此毫不知情，因为她的名字里带的是第二个丈夫的姓，而儿子却是她第一次结婚时生的。他是她唯一的孩子，自然地，她本希望儿子才华出众、事业有成，没想到他在很小的时候就得了精神病，这对她来说绝对是可怕的一击。那时的我是个年轻的医生，代表了她对儿子的所有希冀。她盼望成为一位英雄的母亲的热切愿望，驱使她把希望转移到我的身上。她认我做干儿子，并四处传扬她奇迹般地痊愈出自我之手。

我在那里获得了“巫师”的名誉，事实上得归功于她，也正是因为她四处宣传这一神迹奇事，我才得到了第一批私人病人。我的心理疗法竟然始于一位母亲，我还取代了她精神病儿子的地位！自然，我把整件事的来龙去脉，包括细枝末节的地方都向她详细地解释了一遍。她很快便接受了我的阐述，而她的病也再没复发过。

这就是我经历的第一次真正的治疗，也可以说是我所做的第一次分析。至今，我仍然清晰地记得与那位中年妇女的谈话。她是个聪明人，对我表示了极大的感激，因为我曾认真地接待了她，并对她和她儿子的命运颇为关切，这的确对她帮助很大。

一开始在进行私人治疗的时候，我也采取催眠的方法，不过我不久之后就放弃这么做了，因为在实际使用它时，你只是在黑暗中摸索前行，你从不知道病情的改善或治疗的疗效能维持多久，我总对这种没有把握的工作方式感到良心不安。我也不喜欢自作主张命令病人做些什么。我更关心的是，从病人身上了解他天生的倾向会把他引向何方。为了弄个明白，我认为有必要对各种梦境和其他潜意识的表现进行仔细研究与分析。1904至1905年期间，我在精神病诊所开设了一个实验性精神病理学实验室。我请几个学生和我一起进行关于精神性反应（联想）的调研。弗兰茨·里克林是我的合作者。路德维格·宾斯旺格当时正专注于他的博士论文，内容是“与精神流电疗法效应有关的联想实验”，而我也在写我的论文，题目是《论对事实的心理学诊断》。我们的同事中也有一些美国人，例如弗雷德里克·彼特森和查尔斯·里克什等。他们的论文发表在美国的期刊上。正是这些联想研究，使我于1909年接到克拉克大学的邀请，他们让我就我的研究工作内容举办学术讲座。而与此同时，他们还邀请了弗洛伊德。我们两人都被授予了荣誉法学博士的学位。

联想实验和精神流电疗法实验使我在美国收获了一些名誉。不久之后，便有许多来自美国的病人找我来治疗。在第一批的病人中有一例让我记忆犹新。那是一位由美国同事为我介绍的病人，他的诊断结果是“酒精中毒性神经衰弱症”，预后是“无法治愈”。那位同行怕我的治疗不起作用，便建议患者也到柏林某位神经病权威专家那里看看，算是以防万一。患者前来就诊后，我与他谈了片刻便发现，这个人患的是一般性神经症，但他对病的心理起因守口如瓶。我对他进行了一次联想实验，之后的结果表明他正遭受着可怕的恋母情结所带来的影响。从外表上看，他出身富有的名门望族，有个可爱的妻子，生活无忧无虑。他只是酗酒，而这是他极力麻醉自己的方式，以便忘却那难以忍受的处境。当然，这对他毫无帮助。

他母亲拥有一家大公司，而这位才华横溢的儿子在公司里担任领导职位。他确实早应从母亲对自己的压迫性的从属关系中解脱出来，然而他却无法鼓起勇气舍弃优越的职位。因此，他便一直受制于母亲，受制于把他安置在公司里的母亲。每当两人在一起，或他不得不服从于她干涉他的工作时，他就开始喝酒，以此麻痹或消除自己的情感。一部分的他在潜意识中并不是真的想离开温暖舒适的家，这违背了他的本能，使他忍不住被财富和舒适诱惑。

经过短暂的治疗后，他把酒戒了，也觉得自己痊愈了。但我告诉他：“如果您回到以前的环境，我不敢保证您不会旧病复发。”他对我的警告不以为然，然后精神抖擞地回到了美国的家。

他一回到家中，重新处于母亲的影响之下，便又开始喝酒。因此，他母亲在瑞典逗留期间，便把我请去咨询治疗办法。她是个精明的女人，但是个彻头彻尾的“权力迷”。我明白了她儿子必须反抗的是什么，并且认识到，他根本没有力量进行反抗。他的身体也十分羸弱，根本无法与母亲抗衡。因此我采取了一种强迫性疗法。我背着他给他母亲开了一张医疗证明，说她儿子因酗酒而无法完成工作上的种种要求，建议她把她儿子解雇。我的建议被采纳了，而她儿子自然对我大发雷霆。

我在这里做了一件在医生看来不符合伦理道德的事。不过我知道，我是从病人的利益出发，不得不出此下策。

他的病情有何进展呢？自从脱离了母亲，他自己的个性便得到了解放，事业也有了发展。他拥有了光辉的职业生涯——也许正是我给他开了一服“烈性药”的缘故。他妻子对我十分感激，因为她丈夫不但克服了酗酒，还开拓了他自己的道路。

尽管如此，因为是我背着他开了那张证明，我一直对他有种良知上的负罪感，尽管我确信只有这样才能使他重获自由。事实确实如此，他一解脱出来，他的神经症就消失了。

在我行医期间，人的精神对潜意识犯罪的反应方式不断给我留下深刻的印象。毕竟，那个年轻妇女最初并没有意识到她是杀死自己孩子的凶手，但她落入了一种对罪恶极有意识的状态。

我还有一个与此类似的，使我永生难忘的病例。一位女士来到我的诊所，拒绝说出自己的姓名，认为这无关紧要，因为她只来这儿一次。很明显，她属于上流社会。她说她曾经当过医生，而她要告诉我的是她的忏悔：大约二十年前，她由于忌妒犯了谋杀罪——她毒死自己最好的朋友，因为她想嫁给这位朋友的丈夫。她原本以为，只要谋杀不被发现，她就会继续过安宁的日子。她要嫁给这个男人，最简单的方法就是除掉她的朋友。她认为对她来说，道德方面的考虑无关紧要。

结果是她的确如愿以偿，跟这个男人结了婚，但他不久之后就死了，当时还相对年轻。在之后的几年里，发生了一系列奇怪的事情：他们的女儿一长大就设法摆脱她；她女儿年纪轻轻就结了婚，然后从她眼前消失了，与她越来越疏远，直到最后，这位母亲失去了与女儿的一切联系。

这位夫人是位热情的女骑师，拥有几匹她钟爱的乘用马。有一天，她发现只要自己一跨上这些马，它们就开始变得焦躁不安，甚至是她最宠爱的马也躲着她，并试图把她甩下身去。最后，她不得已只好放弃骑马。从那以后，她转而养起了狗。她非常喜欢自己那只出奇漂亮的猎狼犬。而好像命中注定一般，这只狗不知怎么得了瘫痪症。现在可以说，没有比她更不幸的了。她感到，自己在道德上完全崩溃了。她需要忏悔，于是来到我这里。她是个杀人犯，但除此之外，她还杀了自己。因为凡是犯谋杀罪的人都毁灭了自己的灵魂。杀人者已经对自己做出了判决。如果某个人犯下了谋杀罪又被抓住的话，他是会受到法律制裁的。如果他是暗中所为，没有道德上的意识，也一直没被发现，惩罚就如病例中显示的一样，依旧会找到他。有时，连动物和植物似乎也“知道”他所犯下的罪行。

由于杀了人，这位富人便陷入了一种难以忍受的孤独中，甚至连动物都开始疏远她。为了摆脱这种孤独，她得让他人了解她的秘密。她得找个无罪的人来分担心头的秘密。她想找到一个人，不加偏见地接受她的忏悔，因为这样一来，她会再次获得某种感受，就像和人类建立关系那样。而且这个人必须是个医生，而非一个职业性的忏悔牧师。她认为牧师出于职责关系，不会就事论事，而只是从道德上来审判她的罪行，所以总是对倾听自己忏悔的牧师心存怀疑。她目睹了亲人和爱宠的日渐疏远，受过这种无声的判决，她再也无法忍受任何更深的谴责了。

我一直没能查出她的身份，也没有任何证据能证明，她的忏悔是真实的。有时候我忍不住问自己，她怎么能有如此下场，因为她的忏悔并不是她生命的终点呀。也许她最后会被迫自杀。我实在无法想象，她是如何在完全孤独的状态中生活下去的。

临床诊断的重要性在于它能给医生指引方向，但这点对病人来说却没什么帮助。最重要的是病人所讲述的故事，因为只有它才能揭示出病人的背景以及他遭受的痛苦，而只有这时，医生的治疗才刚刚开始发挥作用。下面有一个病例非常有力地证明了这一点。

这一病例与女性病室的一位老病人有关。如今她大概七十五岁，卧床不起已有四十年之久。她大约在五十年前住进医院，但医院里从那个时期起一直到现在还在的那些人都记不起她为什么会住院，那时在这医院里工作的人几乎都已经去世了。只有一位工作了三十五年的护士长，还依稀记得这位病人的故事。这位老病人已经不会说话了，只靠流质和半流质的营养物来维系生命。她用手指进食，让粘在手上的食物慢慢滴进嘴里。有时候，她喝一杯牛奶差不多要花两小时。不吃东西的时候，她的双手和胳膊就会做着古怪的律动式动作。我不理解这些动作是什么意思。我对精神病所造成的毁坏程度还是有着深刻印象的，但我看不出任何可能的解释。在讲授临床课时，她往往被当作精神分裂症中的一种紧张性精神病案例，但这对我并没有什么含义，因为这种话根本没法帮我弄清楚这些古怪的手势因何而起，又是什么意义。

这一病例给我的印象代表了我当时对精神病学的反应。当我成为助理医师时，我觉得自己对精神病学的真正含义一无所知。当我站在主治医师和同事们身边时，我总会感到极度不适，因为他们总是表现得胸有成竹，而我还茫然地在黑暗中摸索。因为我认为，精神病学的主要目的是了解病人的头脑里正在发生的事，然而到目前为止，我却对此一无所知。我在这里从事着助理医师的职业，可我对此一点也不在行！

一天深夜，当我走过病房时，发现那位老人仍在做着神秘的动作，于是我再次自问："为什么非要这样呢？"然后我找到那位老护士长，问她这位病人是否总是这样。"是的，"她答道，"但我的前一位护士长告诉我，她以前常做的是做鞋子的动作。"于是我再次翻阅了她那发黄的病历，确信无疑，上面表示她有做制作鞋子动作的习惯。过去，鞋匠习惯把鞋子夹在两膝之间，以这样的动作精准拉扯出穿过皮革的线（如今仍然可以见到乡下鞋匠这么做）。这位病人不久后便去世了，她的弟弟前来参加葬礼。我问他："您姐姐怎么得的精神失常呢？"他告诉我说，她爱上了一个鞋匠，但鞋匠出于某种原因不想娶她，而当他最后拒绝她时，她便"发作"了。鞋匠的动作暗示着她对恋人鞋匠身份的认同，一直持续到去世。这个病例使我对精神分裂症的心理起源有了初步的了解。从那时起，我便专注于精神病中有意义的种种关联。

另一个病人的故事为我揭示了精神病的心理学背景，尤其是"毫无意义"的妄想。从这个病例中，我第一次明白了精神分裂症患者的语言，在这之前它们一直被认为是没有意义的。她的名字叫作巴贝特，她的故事我已经在别的地方发表过了[1]。1908 年，我还在苏黎世的市政厅举办了有关她的讲座。

她出生在苏黎世旧城，在贫困、狭窄、肮脏的街道出生，在卑贱的环境中长大。她的姐姐是个妓女，父亲是个酒鬼。她在三十九岁那年死于偏执狂式早发性痴呆症，带有典型性夸大狂特征。我见到她时，她已经住院二十年了。医生将她当作教学课的客体，向数百个医学院的学生展示。他们在她的身上目睹了精神分裂神秘离奇的过程。可以说她是个典型病例。巴贝特精神完全失常，说些毫无意义的、最疯癫的话。我竭尽全力想要弄明白，她那些莫名其妙的话语到底是什么意思。比如她会说："我就是罗蕾莱。"她这样说是因为每当医生想弄清楚她的病况时，总是会说："我不知道这是什么意思。"[2] 或者她会放声痛哭道："我是苏格拉底的代理人。"我发现这句话的意思就是："我像苏格拉底那样遭受了不公正的指控。"她也会突然说出荒唐的话，比如"我是两个工艺学校不可取代的人""我是玉米面底下的葡萄干蛋糕""我是日耳曼和赫尔维希亚特别甜的黄油""我和那不勒斯必须为世界供应面条"，这些话都意味着她对自我评估的提升，也就是说，是一种对自卑感的补偿。

我对巴贝特和其他类似病例的关注使我相信，很多我们今天认为没有意义的话并不像我们想象中的那样疯狂。我不止一次地看出，即使在这种病人的背后也存在着所谓的正常人格。也就是说，这种人格在袖手旁观。这种人格偶尔也会——通常是以声音或梦的方式——提出完全理智的评论和异议。它甚至还能在肉体生病时，再次进入前方引人注目的位置，使病人看上去和正常人别无二致。

我曾经治疗过一位患精神分裂症的老太太，她向我清晰地展示了她背后的"正常的"人格，我们无法治愈这样的病人，只能对她表示关心。毕

[1] 荣格在《早发性痴呆心理学》和《精神病的内容》中提到过这个病例，两篇文章都载于《精神病的心理发生》。

[2] 这是海涅的著名诗歌《罗蕾莱》中的第一行诗句。

竟，每个医生都会碰到自己治愈不了的病人，对于这种病人，医生只能尽力使他们通往死亡的道路变得平坦。这位老太太听见了分散于她整个身体的种种声音，而那个位于胸膛中央的声音便是“上帝的声音”。

我对她说：“我们必须相信那个声音。”我对自己说这番话时的勇气感到吃惊。一般情况下，这个声音会说出非常理智的话，而借助它，我能够更好地对待这个病人。有一次那声音对她说：“让医生考验一下您对《圣经》的信念！”于是她带来一本很破旧的、翻阅过很多次的《圣经》，每次巡房时，我都指定其中一章让她阅读。接下来，我又对她进行了这种考验。我一连考验了她七年，每隔两周就会进行一次。开始时，我对于扮演这样的角色感到困惑，但不久之后，我明白了我为她布置这项功课的意义，通过这样的考验，她的注意力保持在活跃的状态，因此她不会在精神分裂的梦境中越陷越深。结果证明，六年以后，原本活跃在她整个身体的种种声音，已经退到左半身，而右半身的声音完全消失了。在左半身，声音的强度也没有倍增，而是跟过去一模一样了。因此，我得出结论，这个病人被治好了——至少是治好了一半。这次的成功出人意料，因为我从没有想过，这些考验竟然能起到治疗作用。

通过对病人的治疗，我认识到偏执狂患者的思想和幻觉有那么一点含义。精神病的背后隐藏着一种人格、一部生活史、一种希望与欲望的模式。不了解他们是我们的错。我第一次渐渐明白，人格的一般性心理潜藏在精神病当中，甚至就在其中，我们依旧会遇到远古人类的心理冲突。尽管病人可能表现得异常麻木、冷漠，或是彻底痴呆，但是他们的思想仍在活跃着，思想中有意义的东西也比看起来的要多。从本质上说，我们不会在精神病中发现什么新鲜的和一无所知的东西，正相反，我们所遇到的正是我们自己本性的根基。

一直使我感到震惊的是，精神病学竟然花了那么长的时间，来研究精神病所要包含的内容。没有人愿意费心去理解幻想的含义，或者想要询问一下这个病人为什么会产生这种幻想，而另一个病人却幻想完全不同的内容。例如，一个病人幻想自己遭受了耶稣会会士的迫害，另一个想象的却是犹太人企图毒死他，第三个则确信自己正遭到警察的追捕，这些想象到底意味着什么呢？当时的医生对这样的问题没有一点兴趣。这些幻想只是以一般的名义——例如“受迫害妄想”——被堆砌到了一起。同样令我感到古怪的是，如今已经几乎没人记得我那时的调查研究了。我在 20 世纪初就已经开始使用心理疗法来治疗精神分裂症。因此，心理疗法并不是刚刚发现的新东西。然而，人们开始把心理学引入精神病学，则经过了一段漫长的时间。

我还在医院工作，医治那些精神分裂症患者的时候，不得不小心谨慎，否则便可能被人指责，说我心不在焉。因为精神分裂症一直以来是公认的不治之症，所以如果一个精神分裂症患者的病情有所改善，就会有人认为那人患的并不是真正的精神分裂症。

弗洛伊德 1908 年的时候，来到苏黎世看望我，我把巴贝特的例子给他看了一下。后来，他对我说道：“荣格，您在这个病人身上肯定发现了很多有意思的东西。但您到底是怎么忍受这个面容丑陋的女人，并在她身上花了那么多时间呢？”我轻蔑地看了他一眼，因为我从来没这么想过，我甚至认为她是个令人愉快的老精灵，因为她竟有如此可爱的妄想，又说了那么多有趣的事情。不管怎样，甚至当她疯疯癫癫的时候，人性还是会从怪诞荒谬的浓云中透射出来。从治疗的角度来看，巴贝特病情并没有好转——她患精神分裂症的时间实在太长了。但是在我看过的其他病例中，这种深入病人人格的关怀，能够产生长久的疗效。

我们从表面上看到的，精神病人所表现出来的都是他们悲惨的毁灭，但背对我们的、心灵的另一面，却是我们极少能看到的。表象一向具有欺骗性。我在一个年轻的紧张性精神症患者身上惊奇地发现了这一点。她那时只有十八岁，出生在一个有教养的家庭。她在十五岁时遭受哥哥诱奸，后又受到一个同学的凌辱。从十六岁时起，她退避到孤独之中，与众人疏远，到了最后她所剩下的仅有的感情维系对象是邻居的一只恶狗，她一直试图把这只狗争取过来。她变得越来越古怪，十七岁时被送进了精神病院，在医院里接受治疗，时间长达一年半。她听到各种声音，绝食，变得完全沉默了（即不再说话）。我第一次见到她时，她正处于一种典型的紧张性精神症中。

过了好几个星期，我才渐渐说服她开口说话。克服了重重障碍之后，她告诉我，自己一直住在月亮上。月亮上似乎有人居住，但她在那里最先只发现了男人。他们立刻把她放到月亮下面的一个住处，里面还住着这些男人的孩子和妻子。而原因就在于，位于月亮的高山上居住着一个吸血鬼，专门绑架杀害女人和孩子们，月亮上的人便受到了灭绝的威胁。所以月亮的下面才住满了占人口半数的女人们。

这位病人决定为月球人做点什么，并计划杀死吸血鬼。她经过漫长的准备，最终在许多个晚上后，在专门为吸血鬼而建的塔楼的平台上等到了吸血鬼。她看见吸血鬼像一只黑色的大鸟，扇着翅膀从远处向她飞近。而她拿着一把祭祀用的藏在长袍底下的长刀，等着吸血鬼的来临。突然间，他站在了她的面前。他有好几对翅膀，遮住了脸和整个身体，因此除了他的羽毛，她什么也看不见。她感到非常奇怪，于是在好奇心的驱使之下，她想一探究竟，看看吸血鬼的真正面容。她走了过去，手里握着刀子。突然，翅膀张开了，一个超凡脱俗的美男子出现在她的面前。他长有羽翼的双臂像铁钳一样将她紧紧夹住，使她无法再挥动长刀。总之，她完全被吸血鬼的容貌迷惑住了，因此总是无法向他发起攻击。结果他把她从平台上抓了起来，夹着她飞走了。

经过这一番披露，她又能无拘无束地说话了，但这时，她又开始反抗了。看起来我好像制止了她返回月球的欲望，她再也没有可能逃离地球。她说，这个世界并不美丽，月亮上却很美丽，月亮上的生活也是富有意义的。不久之后，她的紧张性精神症复发了，我只能将她送进一所疗养院。有好一阵子，她简直处于极端疯癫的状态。

大约两个月之后她出院了，我也得以再次跟她谈话。她渐渐明白过来，她在地球上生活不可避免，于是开始拼命地反抗这一结论及其后果，结果她再次被送进了疗养院。有一次，我到她的病房里看望她，对她说："这一切对您不会有任何好处，您没机会再回到月亮上去了！"她神情冷漠，沉默着接受了这一点。这一次，她在疗养院待了不久就出院了，后来奔赴自己的前程去了。

她在一家疗养院当了一段时间护士。有一次，那里的一位助理医生略微粗暴地斥责了她，结果她用左轮手枪朝他开了一枪。幸运的是，那人只受了点轻伤。但从这件事中可以看出，她总会随身携带一把左轮手枪。在此之前，还有人看见她拿了一把上了膛的来复枪。在最后一次会见中，也就是治疗结束以后，她把枪交给了我。我惊愕地问她要干什么，她答道："假如您骗了我，我就开枪！"

那次枪击事件的激动心情平复下来以后，她回到了自己的老家，结了婚，还生了几个孩子，在东部地区经历了两次世界大战，并且幸存了下来，重要的是，她的旧病再也没有复发过。

通过解释这些幻想，我们可以得出哪些结论呢？在少年时被哥哥诱奸，这让她感觉在世人眼里受尽屈辱，但在幻想的王国变得高尚了。她转而投入了一个虚构的神秘国度，因为从传统的角度来看，乱伦是只有众神和王室才拥有的特权，这使她与世界完全疏远，并处于一种精神分裂的状态——她便变得"超凡脱俗"，失去了与人类的联系；她陷入遥远的宇宙当中，进入了相对于这个世界的外层空间，在那里遇到了长着翅膀的魔鬼。依循着此事的规律，她和其他病人一样，在治疗期间将心中敌人的形象，也就是魔鬼的形象安置在了我的身上。因此，我自然会和所有劝她回到正常人的生活中的人一样，受到来自她的死亡的威胁。而她为我讲述她的故事，这在某种意义上出卖了魔鬼，并让自己依附在了一个世人身上。这样，她就能够回到正常的生活，甚至结婚生子。

从此之后，我开始以另一种眼光来看待精神病人正在遭受的痛苦，因为我已经洞察到他们的内心体验有多么丰富、重要。

我经常被问到有关自己的心理疗法或分析疗法的问题，我无法对这类问题做出明确的解答，疗法在不同的病例中也有所不同。当我听到一个医生说，他严格坚持某个疗法时，我会对他的疗效产生怀疑。有一涉及了很多病人抵抗治疗的文献资料显示，仿佛医生是在想方设法把某物强加到病人身上。但事实上，治疗应该根据病人的情况自然地形成，心理疗法和心理分析因人而异。我尽可能区别对待每一个接治的病患，因为每一个问题的解决方法向来就是独一无二的。即使有通用的法则，使用起来也该有所保留。心理学上的真理只有在可以颠倒过来时才有效。对我来说完全不可能有成效的解决办法，别人用来却有可能刚好合适。

一位医生自然必须熟悉他所谓的“方法”，但他必须小心，以防落入特定的、循规蹈矩的方法之中。一般而言，一个人必须对各种理论意义上的假设保持谨慎，它们当下可能是正确的，但到了明天，就有变成其他假设的对立面的可能。在我的分析中，它们不会发挥作用。我刻意不从属于任何体系的做法。我认为与每个个体打交道时，只有了解他们，这些方法才会是适合的。对于不同的病人，我们需要使用不同的语言。这次分析中，我可能用阿德勒学派的语言与之对话，下一次我可能又采用弗洛伊德的语言。

关键在于，我以一个个体对另一个个体的态度对待每一个病人。分析是一个需要双方参与完成的对话的过程。分析师与病人面对面地坐着，四目相对，病人和医生一样，对方有话要说，他同样有话要说。

既然心理治疗的本质不是方法的应用，那么单单进行精神病学方面的剖析还远远不够。我本人就是经过长时间的工作后，才掌握了心理疗法的技能。早在 1909 年，我就意识到，如果不了解它们的象征含义，我就无法治疗隐性的精神病患者。正是在那时，我开始研究神学。

对有教养和高智商的病人来说，精神病学家所要掌握的，不应只局限于专业知识。除去一切理论假设，他还必须清楚，究竟是什么促使病人发病的。否则，医生便会激起病人不必要的反感。毕竟关键不在于一种理论是否能得到证明，而是病人是否能明白自己是个个体。但假如不参照集体性的观点，则无法做到这一点。对于这些，医生必须有所涉猎，因此，仅进行医疗性训练是不够的，因为人类的心灵包罗万象，并不仅限于医生诊室的有限范围。

心灵显然比肉体更复杂，更难以接近。也就是说，它是只有我们有所察觉时才会显现出来的半边世界。因此，心灵并不只是个人性的问题，也是世界性问题。精神病学家所要面对处理的是整个世界。

今天，我们比以往任何时候都更加清楚地看见，威胁着我们的危险不是来自自然，而是来自人类自己，来自个体以及大众的心灵。个人的精神失常便是危险所在。关键在于我们的精神能否正常运作。如今，假如某些人失去理智，氢弹就会爆炸。

但是，心理治疗师不仅需要了解病人，了解自己也非常重要。也就是说，分析者的自我分析，即训练性分析是“必要条件”。可以说，病人的治疗从医生对自己的治疗开始，只有当医生学会面对自己，并处理自己的问题时，才有教导病人也这样做的可能。也只有到了这时，才可以进行治疗。在分析中，医生必须学会认识自己的心灵并严肃地对待它，否则，病人就不会学着去做，他将失去自己那部分心灵，就像医生不加理解便失去了自己的心灵一样。因此，训练性分析仅仅掌握一套概念体系是不够的。精神分析的对象必须对分析与他本人有关的概念有清晰的认识，训练性分析是真实生活的一小部分，而不是一种死记硬背就能掌握的方法。如果学习者在自己的训练性分析中认识不到这一点，他必将会为未来的失败付出沉重的代价。

虽然有种叫作附属心理疗法的治疗方法，但在任何全面彻底深入的分析中，病人和医生的整个人格都要调动起来。有许多病例，没有医生的介入根本无法治愈。事关重大，医生是否把自己看成这出戏的一部分，或者摆出一副权威的样子，结果会大相径庭。当生命处于紧要关头时，当生死存亡的决定性时刻来临之时，玩点小把戏，给一点点建议，则一点忙都帮不上。此时，医生的整个身心都受到了挑战。

治疗医师在任何时候都必须密切注意自己的行为，以及自己对待病人的方式，因为我们并不只对自己的意识做出反应。我们还必须不断地问自己：“我们的潜意识如何经历这种情况？”因此，我们必须像小心对待病人一样，密切观察自己的梦境，密切关注和研究自己。否则，整个治疗就会出错。下面我就这一点来举例说明。

我治疗过一个智商很高的女病人，但出于种种原因，她引起了我的怀疑。开始时，分析进行得很顺畅，但没过多久，我开始察觉到自己无法正确解析她的梦境，还觉得我们之间的谈话变得越来越空洞。因此我决定就这个问题与我的病人好好聊一聊，当然她也觉得肯定有什么地方出了差错。在交流的前一天夜里，我做了下面这个梦。

我沐浴着午后的阳光，沿着一条穿过山谷的公路前行。我的右面是一座陡峭的小山，一座城堡矗立在山上，城堡最高的塔楼上一个女人正在一根栏杆上坐着。为了看清楚她，我只好拼命地把头往后仰。一从梦中醒来，我就感到脖子后部产生了痉挛。甚至在梦里，我就认出那栏杆上的女人就是我的病人。

梦的解析突然间变得豁然开朗。如果在梦中我是以仰着头的方式看我的病人，那么在实际中我可能是俯身去看她的。毕竟，梦境是对有意识的态度的补偿。我将这个梦以及我对梦的解析告诉了她。她的情境立即发生了改变，治疗得以再次向前推进。

身为医生，我常常问自己：病人正在向我传递一种什么样的信息？他对我来说又有什么意义？假如他对我毫无意义可言，那我就无法打开治疗的突破口。医生只有自己受到感染时，才会发挥作用。“只有受过伤的医生才懂得如何治疗。”要是医生的个性像铁甲一般刚硬，治疗也起不了作用。我认真对待病人。我也许也会遇到他们所遇到的问题。有时，病人恰好是医治医生痛处的一服良药，这种情况经常发生。正因为这种情况的存在，医生也会遭遇困境——或者说，这种困境是医生的专利。

为使自己欣然接受另一种观点，每个治疗医师都应拥有一个第三者来控制自己，甚至教皇保罗也有一位忏悔师。我总是建议心理分析者："找个男忏悔师前辈，或找个女忏悔师前辈吧！"妇女在扮演这种角色上具有独特的天赋。她们往往具有敏锐的直觉和犀利的批判性见地，可以看出男人心里的秘密，有时甚至还能看穿男人们灵魂的诡计。她们能看出某些男人忽视的方面，这就是为什么没有一个女人相信自己的丈夫是超人！

不难理解，假如一个人得了精神病，他就应该进行一下心理分析，但是如果他自觉是正常的，那就没有必要逼他去做。但是，我可以确定地说，我有过一些令人震惊的有关所谓"正常"的体验。有一次，我遇到一位所谓完全"正常"的学者，他是我的老同事介绍来的一位医生，还随身带着这位同事写的评价颇高的推荐信。他曾经为我这位同事做助理医师，后来接替了我同事在诊所的工作。现在，他正常出诊，取得了不错的成就，和一位正常的妻子以及几个正常的孩子生活在一个正常的小镇，拥有一幢正常的小房子。他收支正常，大概饮食也正常。他希望成为一位心理分析学家。我告诉他："您知道那意味着什么吗？它意味着您首先得学着了解您自己。您本人就是治病的工具。如果您出了问题，您怎么可能把病人矫正过来呢？如果您都不相信自己，又怎么能让病人信服呢？您本人必须货真价实。否则，就求上帝帮帮您吧，您会把病人引入歧途。所以，您本人首先必须接受心理分析。""没问题。"那人说道，但马上又说了一句："我根本没有什么问题跟您说呀。"这对我来说应该是个警告了。我说道："很好，让我们来检查一下您的梦境吧。""我不做梦啊。"他回答。"您很快就会做梦的。"我回答道。任何人在晚上大概都会做梦，但是他回忆不起任何一个梦。这样的情况持续了大概两周，而我开始对整件事感到相当不痛快。

最后，一个让他印象深刻的梦出现了。我准备把这个梦讲述一下，因为它证明在实践性精神病学中，了解梦境有多么重要。他梦见自己坐着火车去旅行。这列火车在行驶两小时后停靠在某个城市的车站。他并不了解这座城市，又想浏览一番，于是出发向市中心走去。在那里他发现了一座中世纪的建筑，他猜想那大概是市政厅，随后便进去了。他顺着长长的走廊游荡着，看到一些非常美观的房间，房间四壁上悬挂着各种古画和精美的壁毯，珍贵的古董随处可见。后来他突然意识到，天色已经暗了下来，太阳也早就落山了。于是他想："我必须回到火车站去。"而就在此时，他发现自己迷路了，不知道出口在哪儿。他吓了一跳，同时还发现，在这座建筑物里空无一人。他开始感到不安，于是加紧步伐，希望能碰上什么人。但他还是一个人也没有看见。这时，他来到一处大门，好不容易松了口气，想道："这里就是出口了。"他打开门，发现自己跌跌撞撞地进了一个硕大无比的房间。里面又大又黑，他连对面的墙都看不清。梦中人深感恐慌，于是狂奔着横穿这间又大又空的房间，希望在另一边发现出口。这时，他看见在房间正中央的地板上，有个白色的东西。他走近才发现，这是个两岁左右的智障小孩。小孩坐在一个夜壶上，夜壶沾满了屎尿。就在此时，他大喊着醒来，吓出一身冷汗。

我知道了需要知道的一切——这是一个隐性的精神病患者！我必须承认，当我试图把他引出梦境的时候，我都满头大汗。我不得不跟他解释说这没什么害处，并掩盖了所有危险的细节。

这个梦的大致意思如下：他动身出发开始苏黎世之行，然而他在那里只做了短暂的停留。房间地板中央坐在夜壶上的那个小孩，就是两岁时候的他自己。小孩子不讲卫生的行为倒是有点不寻常，不过依然有这种可能。他们可能对自己的排泄物感兴趣，因为这些东西有颜色而且还有股奇怪的气味。在城市环境里长大的孩子，受到严格看管后，很容易对这种错误感到羞愧。

但这个做梦的人，即那位医生，是个大人，根本不是小孩。因此，位于房间中央的梦的意象是一种邪恶的象征。他把这梦告诉我时，我便意识到他在现实世界中所表现出来的正常是对此的一种补偿。我在最危险的一刻挽救了他，因为这位隐性的精神病患者的病情差一点点就变成显性的了。我必须对此加以阻止。最后，借助他的另一个梦，我成功地找到了一个可以接受的借口来结束我们之间的训练性分析。对于结束训练性分析，我们俩都很高兴。我并没有把诊断结果告诉他，不过他也大概猜到自己已经处于致命恐慌的边缘，因为此后他又做了一个梦，梦中他正被一个危险的疯子追赶。在这之后他立刻回了家，从此再也不敢去刺激自己的潜意识了。他身上这种典型的正常性告诉我们，一种不会在现实中发展的人格只有在遭遇潜意识时才会被击得粉碎。精神治疗医师不喜欢这些隐性精神病患者，因为他们往往很难被确诊。

由于这个案例，我们得聊聊外行分析的问题了。我赞同由非医学专业的人士研究心理疗法并进行诊断，但隐性精神病患者却有极大的风险会犯重大错误。因此，我赞成由外行人来做分析工作，但必须在职业医师的指导下进行。只要外行人察觉到哪怕一点点不确定，就应该向自己的导师咨询。即使对医生来讲，要确诊并医治一个隐性精神病患者也不容易，更别说外行人了。但我多次发现，一些从事多年心理分析治疗，并对自己进行过心理分析的门外汉，都很精明能干。此外，从事心理治疗的医生还远远不够。为了从事这种工作，医生必须进行长期而彻底的训练，此外还要掌握稀缺的广博学识。

医生与病患的关系，尤其是病患发生移情时，或是医生与病患在潜意识上有或多或少的认同时，能够导致灵学现象的出现。我曾频繁地遇到这种情况。有这样一个病例给我留下了难以磨灭的印象。我曾帮助这位患者摆脱了精神性抑郁症，他康复后回家结婚，但我并不喜欢他的妻子。我见到她的第一眼，便产生了一种不自在的感觉。她丈夫倒对我十分感激，不过我看得出，由于我对她丈夫的深远影响，我成了她的眼中钉。这种情况频频出现，那些并不真心爱自己丈夫的女人心存妒忌，而且还会破坏丈夫与他人的友谊。她们因为自己不属于丈夫，而希望丈夫完完全全属于自己。所有嫉妒的症结便是缺乏爱情。

妻子的态度给病患造成了难以承受的沉重负担。他在这样的压力下，婚后一年便又旧病复发，陷入一种与以往不同的沮丧状态中。我早已预见到了这种可能性，便事先告诉过他，只要自己一感到精神沮丧，便立刻与我取得联系。但因为他的妻子总是嘲笑他萎靡不振的状态，他竟然忘了与我联系。因而，我对他的情况也就毫不知情。

就在那时，我去B市办了一场讲座，回到旅馆时已接近午夜。讲座结束后我与朋友们坐下聊了会儿天，接着就上床睡觉了，但是不知道为什么，我辗转反侧，久不能寐。在2点钟左右——我一定是刚刚睡着——我突然惊醒，感觉有人进入了我的房间。甚至在我的印象中，门是被匆匆忙忙打开的。我立刻打开了灯，可是什么东西也没有。我想，大概是有人走错门了吧，接着向走廊望了一眼，同样是一片死寂。“怪了，”我想，“的确有人进过这屋啊！”然后我试着仔细地回忆究竟发生了什么，突然之间我才发觉，自己是被隐隐的疼痛唤醒的，好像有什么东西击打了我的额头，然后又在后脑勺敲了一下。第二天，我收到一封电报，上面说我那位先前的病人开枪自杀了。后来我才知道，那颗子弹从他的前额穿过，留在了后脑勺部位的颅骨里。

这次的经历是一次真正的同步现象，当它与一种原型性情境（这一次是死亡）联系在一起时，我们便会经常发生这种现象。通过潜意识中时空的相关性，我很有可能会感知到一些实际上正发生在别处的事情。集体潜意识是人类所共有的，它是古人所说的“万物皆有的同情心”的基础。在这个案例中，我的潜意识了解病人的状况。实际上在那天，我一整晚都感到莫名其妙的紧张与不安，这种情绪与我平日的状态截然相反。

我从不试图改变病人的信仰，也绝不强加任何命令。病人应该获得自己对事物的看法，这对我来说才是最重要的。在我的治疗下，异教徒还是异教徒，基督徒还是基督徒，犹太教徒也还是犹太教徒，一切遵循命运的安排。

有一个犹太妇女的病例令我记忆犹新。她是个丢失了信仰的病人。我在开始时做了一个梦，梦见一个我不认识的年轻姑娘找我看病，她大概向我描述了一下自己的病情，正当她说话的时候，我心里想：“我根本不知道她说了些什么，也不知道这是怎么回事。”但没想到我恍然大悟，她一定是患有一种不同寻常的恋父情结。

第二天，我的预约门诊一直忙到下午 4 点，这时一位年轻妇女出现了。她是位富有的犹太银行家的女儿，长得漂亮，穿着时尚，智商颇高。她做过一次心理分析，但是那位医生却移情于她，最后只好恳求她再也别到他那儿看病了，因为她一来，便意味着他的婚姻会破裂。

这位姑娘多年来一直患有严重的忧虑性神经症，而她那次心理分析的经历，自然加重了她的病情。我先从既往病史入手，但并没有发现什么特殊的东西。她是个适应性极强，已然西化了的犹太人，是个彻彻底底的文明人。起初，我并不知道她遇到了什么麻烦，但是我突然间想起了自己做过的梦，于是想道：“天哪，原来她就是我梦境中的小姑娘。”但是由于我仍然无法从她身上发现恋父情结的蛛丝马迹，便开始询问她的祖父，这是我在处理类似病例时的习惯。这时，她闭了一会儿眼睛，然后我马上意识到了问题的关键所在。因此，我要求她谈一谈自己的祖父，进而了解到她祖父是个犹太教教士并且隶属于一个犹太教派。“您是说哈西德派[1]吗？”我问道。她说：“是的。”我就此继续提问：“要是他是犹太教教士，那他有过机会当圣徒吗？”“有过，”她回答道，“据说他是某种圣人，拥有第二视力。但那都是无稽之谈，根本没有这回事！”

听到这里，我已经对她的既往病史做了推测，也理解了她的精神病史。我向她解释：“现在，我要告诉您一件您有可能无法接受的事情。您认为您的爷爷是个圣徒，而您父亲却背叛了犹太教，他出卖了某种秘密并背弃了上帝。于是您便得了精神病，因为您对上帝的恐惧已经深入骨髓。”这席话给了她犹如晴天霹雳般的一击。

第二天，我又做了一个梦。梦中我正在家中举行招待会，天哪，她也在场！她走到我面前问我：“您有雨伞吗？雨下得正大呢。”我真的找来了

[1] 即虔诚派，犹太教正统派的一支。

一把雨伞，乱摸一通想把它打开。正当我要把伞给她时，我竟然跪了下来，仿佛她是个天神。

我把这个梦告诉了她，一周以后，她的精神病痊愈了。这个梦向我揭示，她并非肤浅的小姑娘，在她的外表下隐藏着一个圣人。她不了解神学观念，这导致她天性中最本质的特征找不到表达自己的方式，她所有有意识的活动都被引到了卖弄风情、穿衣打扮和性的方面，因为她对这之外的一切一无所知。她只懂得理智，过着一种毫无意义的生活。但实际上，她是上帝的孩子，命中注定要完成上帝神秘的意愿。我要唤醒她身上的神学和宗教意识，因为精神活动对她来说不可或缺。这样一来，她的生活才会有意义，而精神病的痕迹也随即消失了。

我在这个病例中没有用任何“方法”，只是觉察到了一种“内在的指导力量”。我向她解释这种力量，她的病便痊愈了。方法在此并不重要，重要的是“她对上帝的敬畏”。

我常常看到有人因为满足于对人生问题做出的不充分或错误的回答，从而患上了精神病。他们执着地寻求地位、婚姻、名誉、外在的成功和财富，虽然他们获得了所寻求的一切，可生活仍然不幸福，自己还得了精神病。这种人的精神视野通常极为狭窄，他们的生活缺乏内容和意义。如果他们能够发展出丰富多样的个性，他们的精神病一般来说会自行消失。因此，发展的观念向来对我意义重大。

来找我医治的患者大部分不是信徒，而是失去信仰的人，是些迷途的羔羊。即使在这个时代，信徒仍然有机会在教堂里过着“象征性的生活”。针对这一点，我们只需回想弥撒、洗礼，效法基督以及宗教其他方面的体验，便会一目了然。但是信徒必须首先参与其中，才能体验这些象征，并生活在这些象征里面。现今的人们却往往缺乏这种参与，精神病人在实际当中更是一直缺乏这种参与。在这样的病例中，我们需要观察，潜意识是否会自发地带来种种象征，来取代所缺乏的东西。但直到此时，有一个问题还是尚待解决：一个拥有象征性梦境或幻象的人是否能够理解它们的含义，并承担起随之而来的后果。

比如说，我曾在《集体潜意识原型》中描述过一个有关神学家的病例。他做过一个梦，而这个梦境反反复复出现了很多次。他梦见自己站在一个山坡上，将树木茂密的山谷美景尽收眼底。在梦里他知道，树林的中央有一个湖泊，他还知道，迄今为止，某种东西一直在阻止他走向那里。但这一回他想将走过去的计划付诸行动。当他走近湖边时，气氛就变得神秘起来，突然之间，一阵微风掠过湖面，湖水泛起了昏暗的涟漪。他便在惊叫声中醒了过来。

最初，这个梦显得难以理解。但他作为一个神学家，本应记得这个被一阵微风拂动水面的“池塘”，就是他受洗的水塘——贝塞斯达水塘。一位天使降临人间触碰了水面，因此，这个池塘的水便有了治病的功能。那阵微风就是随处吹拂的圣灵，而这却吓坏了做梦的人。这暗示了一种看不见的存在，一位守护神，过着自己的生活，一旦现身就吓得人浑身发抖。这个做梦的人却不愿接受“贝塞斯达水塘”的联想，因为只有在《圣经》里才可能遇到这种事情，最多也只是作为周日早晨布道的题目被谈到，与心理学毫无关系。在有些场合中提到圣灵自然很好——但这并不是一种能够体验到的现象！

我知道，这位做梦者应该克服他的害怕与恐慌。如果他不愿意走为他指明的道路，不愿意承担后果，那我也绝不会把问题强加给他。我并不赞同那种肤浅的假设，认为病人只是由于普通的反抗才受到了阻碍。反抗，特别是顽固的反抗，更值得我们注意，因为它们往往是不可小觑的警告。药物可以用来治疗，但对某些人却是毒药；手术可以用来治疗，但那些禁忌的手术同样是致命的。

每当人们深入最内在的体验，深入人格的核心时，大多数人会惊慌失措，许多人甚至会逃之夭夭。这位神学家就是如此。我当然知道，比起其他人，神学家们的处境更为艰难。一方面，他们比普通人更接近宗教，而另一方面，他们同时还受到教会和教规的束缚。内心体验的冒险以及灵魂的冒险，无论在何种情况下，对大多数人来说都是难以接受的。而这种体验可能具有的精神上的真实性，对他们来说仿佛厄运。如果这种体验具有一种超自然的或至少是“历史性的”根基，一切就会变得十分顺利。那么心灵上的东西呢？如果直面这一问题，病人往往会对心灵怀有一种毫不怀疑但却藐视的态度。

在当代的心理疗法中，医生或精神治疗医师往往被要求“顺从”病人和病人的情感。我倒觉得，采取何种方法不应一成不变。有时候，的确需要医生进行积极的干预。

有一次一位贵族夫人来我这里就诊，她习惯用巴掌扇仆人——甚至连她的医生也不放过。她患有强迫性精神病，一直在一家疗养院里治疗。自然地，她很快就给那里的主治医生一记不可避免的耳光。在她看来，医生只不过是个高级跟班而已。她给他付了工资，不是吗？这位医生便把她送到了另一家医院，在那里，同样的情形再次发生了。因为这位夫人并非真疯，而是需要得到医生温和的关心，于是那位倒霉的医生就把她送到我这儿来了。

她是个端庄威严的女人，足有六英尺高——我敢说，她那巴掌扇起人来，力气可真不小！她来后与我谈得很畅快。然而，终于到了对她说点难听话的时候了。她听了暴跳如雷，一跃而起，威胁要扇我耳光。我也跳了起来，说道:“太好了，您是女士，女士优先！不过一会儿我可要还手的！”我是说真的。她倒在椅子上，在我眼前泄了气。“从来没有人敢这样跟我说话！”她抗议道。从那刻起，我的治疗便初见成效了。

这位病人所需要的是一种富有男子气概的反应。在这个病例中，要是“顺从”病人，可就大错特错了，甚至比无所作为更糟。她患上强迫性精神病的原因在于，她无法用道德约束自己的行为。因此，我们对这类人需要通过施加其他的约束力，并伴随着由此产生的强迫症状来实现治疗的目的。

多年以前，我曾经统计过自己的治疗结果。虽然回忆不起准确的数字，但保守估计，我的病人当中，有三分之一确实痊愈了，三分之一病情有所缓解，还有三分之一没有本质上的效果。但恰恰是这些没有得到改善的病例才是最难判断的，因为许多事情直到多年以后才被病人发现并理解，而这些事情只有到了那个时候，才能发挥作用。我过去的病人经常写信告诉我:“治疗过去十年之后，我才认识到这一切究竟是怎么回事。”

确实有几个病人中断了在我这里的治疗，这种情况实属罕见，但他们中的一些人送来了积极的反馈。这就是为什么我们很难对治疗结果成功与否下结论。

当然了，医生在行医过程中也会遇到几个对自己产生重大影响的人。那些人，无论是好人坏人，都绝不会引起公众的兴趣，正因如此，他们身上具有非同寻常的资质，或命中注定要经受些空前的发展与灾难。有时他们才华横溢，技艺超群，也许会刺激另一个人为他们献出自己的生命。而这些才华横溢的人可能先天便具有古怪的、不受欢迎的精神气质，使得我们分不出来这究竟是天才的表现，还是成长过程中精神发展的缺陷。当然在这片贫瘠的土地上，时有罕见的心灵之花怒放，但在社会的平原上，我们从未见其踪影。只有建立密切的联系——密切到医生不应对人的或惨烈或深切的各种疾苦视而不见——心理疗法才能有所成效。毕竟，这种融洽是在不断的比较和相互理解中，在两种对立的精神现实的辩证对抗中形成的。若是出于某种原因，这些彼此间产生的印象无法相互影响，那么整个心理治疗的过程就永远不会有成效，病人的症状也就不会好转。除非医生和病患之间产生关系，否则没有解决的办法。

如果在别的时代，我们今天许多所谓的精神病人便不会患病，他们之所以成了精神病人，正是因为人格的分裂。如果人们通过神话能与祖先的世界取得联系，并且从本质上而非外在体验到这种联系，如果他们生活在这样一个时代和世界的话，他们本可以避免自身的人格分裂。这里所说的是那些无法忍受神话遗失的人，另外还有这样一类人：他们既无法生活于一个纯粹的外部世界、一个由科学审视的世界，同时又不满足于玩弄文字、自欺欺人，因为这样做无论如何都与智慧毫不相关。

我们这个时代的精神分裂受害者都仅仅是一些非强制性的精神病患者。一旦跨越自我与潜意识之间的鸿沟，他们身上明显的病态就会消失。对于这种分裂有着切身感触的医生，能够更好地理解潜意识的精神过程，不会染上心理学家沾沾自喜的通病。医生若不从自身的体验中了解原型的神圣性，在他治疗病人的时候就难以避免消极性的疗效。他将会高估或低估原型的神圣性，因为他只持有理智的观点而非经验准则。这就是那些危险的精神失常的开始——企图用理智支配一切。这就实现了两个隐秘性的目的：其一，将医生和病人与本源性作用，也就是实际经验远远隔离开来；其二，用明显安全、人为、纯粹二维的观念世界取代心理现实。在这样的世界中，生活的真实性被所谓的清晰概念完全掩盖。经验被剥夺了它的本质，被空洞的名称取代，而这些名称从此取代了现实。谁也不必对一种概念承担任何责任，这就是它如此受人欢迎的原因——它承诺保护人类免受经验的伤害。但是精神并不存在于概念里，而是存在于行为和事实中。花言巧语是无用的。但是尽管如此，人们依旧在反反复复地实践这种徒劳的做法。

因此据我的经验而言，除了说谎成性的人，最难对付、最忘恩负义的病人就是那所谓的知识分子了。对他们来说，理智和情感没有任何关联，他们养成了一种“分隔心理”，只要理智摆脱感情的控制，任何事情都可以靠它解决——然而要是感情不够坚定，知识分子仍然会得上精神病。

我从与病人及种种心灵现象（其以无穷的形象之流展现在我面前）的接触中，学到了极其丰富的知识，最重要的是我学会了洞悉自我本性。我从自己的错误和失败中也学到了不少。我的患者中女性占大多数，她们往往以卓越的自觉性、理解力和天分配合着我的工作。从本质上说，正是因为她们的帮助，我才有机会在治疗方面开辟新的途径。

一些病人后来成了我坚定的追随者，并在全世界传播我的想法。之后的日子里，我与他们建立了几十年的友谊。

我的病人使我洞悉了人生现实，我也从他们身上懂得了不少本质性的东西。对我来说，与遇见形形色色的人物，了解种类庞杂的心理水平相比，与名人们只言片语的交谈简直是微不足道。与默默无闻之人的谈话成了我一生中最美好、最有意义的谈话。

第五章 西格蒙德·弗洛伊德

通过成为一位精神病学家，我开始了对自身智力发展的探索。在最初什么都不懂的时候，我天真地从临床和外部的角度来观察精神病患者，因此发现了具有显著特征的心理过程。尽管我此时一点也不明白它们的内容，但我还是把它们记录下来，做了分类；人们认为已经充分地对这些事进行了分析和评价，就把它们当作“病理学上的问题”抛到了一边。随着时间的推移，我的兴趣日趋集中在一些病例上，从中我体验到了某些我可以理解的东西，也就是偏执狂症、狂躁抑郁性精神病以及心理性精神障碍。自从开始精神治疗的职业生涯，我便研读了布洛伊尔、弗洛伊德和皮埃尔·让内的作品，它们给了我极大的启发与刺激。最重要的是，我发现弗洛伊德对梦进行解析与阐释的方法，对精神分裂症的各种表达方式有着宝贵的影响。早在1900年，我就拜读过弗洛伊德的《梦的解析》。那时候，我把这书放到了一边，因为读完后我仍然无法理解它的含义。在我二十五岁的时候，我仍然没有欣赏弗洛伊德理论的能力。直到后来，1903年的时候，我重新拜读《梦的解析》，才发现它与我自己的想法不谋而合。最使我感兴趣的是它把压抑机制的概念应用到梦境中，这个概念源于神经症的心理学。这对我来说非常重要，因为我经常在词语联想测验中遭遇压抑机制的阻碍。对于某些激发性词语，病人要么根本不做联想性回答，要么就是反应时间过长。后来我才发现，每次发生这种障碍，原因就在于治疗中所使用到的激发性词语触碰到了病人心里的创伤或矛盾。病人在大多数情况下都意识不到这种障碍。当被问及产生障碍的原因时，他经常会以一种特别不自然的方式来回答。我读弗洛伊德的《梦的解析》时发现，压抑机制在这个地方起着作用，而我在现实中观察到的事实也与他书中的理论一致。这样，我便能够证实弗洛伊德的一系列论点了。

但在所受压抑的内容上，我们的观点有所不同。在这方面我不同意弗洛伊德的观点，他认为压抑的原因是一种性方面的创伤。然而，从我的实践经验来看，在许多我所熟悉的精神病病例中，性方面的创伤只起到次要作用，其他问题却相对突出，比如说，对社会的适应、生活中悲惨事件带来的压迫感、声誉方面的考虑等。后来，我把这些病例展示给弗洛伊德，他却仍认为性才是真正的起因。我对此十分不满。

最初，我很难在生活中留出一块适当的位置给弗洛伊德，也很难以一种正确的态度面对他。在我逐步阅读他的著作的那段时间里，我正在规划自己的学术生涯，还要完成一篇论文以便在大学获得晋升，而弗洛伊德在当时的学术界是个非常不受欢迎的人，因而在学术界，与他产生任何的关系都只会有损名声。“显耀人士”最多只会偷偷提到他，在代表大会上，人们也只在过道的闲谈中讨论他，而在会场里，人们对他只字不提。因此，当我发现自己的联想测验竟与弗洛伊德的理论一致时，我根本高兴不起来。

有一次，我在实验室打算再次思考这些问题时，魔鬼却悄悄凑到我的耳边，告诉我在发表实验结果和结论时，不要提及弗洛伊德，这样做才是合适的。因为说白了，早在我读懂他的著作前，我就已经得出实验结果了。但后来我听到了第二人格的声音：“要是假装弗洛伊德不存在就发表结果，那就是在撒谎。你不能将生活建立在谎言之上！”听到了第二人格的声音，这个问题便迎刃而解了。从那时候起，我开始公开支持弗洛伊德，并为他斗争。

我第一次为弗洛伊德辩护，是在慕尼黑举办的一次代表大会之后。在大会上，一个发言人谈及强迫性神经症，但刻意避开弗洛伊德的名字。1906 年，关于这一事件，我为《慕尼黑医学周报》写了一篇论文，论述弗洛伊德的精神病理论，强调其对了解强迫性神经症起到了巨大的作用。看了这篇文章后，有两个德国教授写信给我，警告我说如果我继续支持弗洛伊德并为他辩护，那么我的学术生涯将处于危险的边缘。我回信说道："如果弗洛伊德所说的是事实，我就会继续支持他。如果学术发展一定要基于限制探索、回避真理的基础，那我根本就不在乎这样的学术生涯。"我继续为弗洛伊德及其思想斗争。但是根据我自己的研究，我仍然不认为一切精神病都是由性压抑或性创伤造成的。某些病例的确如此，但在其他病例中则不然。尽管如此，在我看来，与弗洛伊德在调查研究方面的另辟蹊径相比，当时人们对他的叫嚣指责简直是荒谬可笑。

我在《早发性痴呆心理学》中表达的观点得到了寥寥无几的赞同。并且，实际上，我的同事还嘲笑过我。但我和弗洛伊德却通过这本书渐渐熟悉起来。他邀请我去看望他，后来到了 1907 年 3 月，我们终于在维也纳见了第一面。我们下午 1 点见的面，实际上一连聊了十三个小时。弗洛伊德是我见过的第一个真正重要的人，他在我那时的经历中无人能及。他的谈吐中没有丝毫浅薄的东西。我发现他相当聪明、机敏、出类拔萃。然而他给我的第一印象多多少少有些混乱，所以我无法清楚地将他描述出来。

我对他的性理论产生了浓厚的兴趣，但是他的话无法彻底消除我的犹豫和怀疑。有好几次我都尝试着把自己的保留意见提出来，但每次他都觉得，我之所以提出这些看法是由于缺乏经验。弗洛伊德的判断是有理由的，是对的，因为在那些日子里，我确实还没有足够的经验来支撑我的反对意见。我可以理解，无论在个人方面还是哲学方面，他的性理论对他来说都是至关重要的。这一点使我印象深刻，不过我不敢确定他对性如此强调，在多大程度上源于他自己的主观偏见，又在多大程度上源于有证可查的经验。

但最重要的是，我认为弗洛伊德对待精神的态度相当值得怀疑。只要在一个人或一件艺术品身上表现出灵性（呈现在智力方面而非超自然意义上的灵性），他便产生怀疑，并含沙射影地暗示对方受到了性欲的压抑；任何无法直接阐释为性欲的事物，他都会将之称为“精神性性欲”。我反对这一假设，如果这一假设得出逻辑推论，便会导致对文化的毁灭性的判断——文化像是一场闹剧，只是受性欲压制的病态结果。“没错，”他表示赞同，“事实就是如此，这就是命运的诅咒，我们无力抗争。”我对此一点也不赞同，或者不想争辩下去，但是我仍然感到自己能力不济，不能和他争个明白。

在与弗洛伊德第一次见面时出现了一些对我意义非凡的东西。这与一些事情有关，而这些事情只有当我们的友谊破裂之后，我才能想起来，并加以理解。在非常大的程度上，弗洛伊德已经将自己的情感卷入他的性理论当中，这一点是不会错的。当他提到性理论时，他的语气会变得急切，甚至焦急，而他正常的、批判怀疑的态度却消失得无影无踪。这时不知为何，他摆出一副奇怪的、深受感动的表情。我强烈的直觉告诉我，性对他而言已变成了一种既敬畏又向往的东西。三年后，也就是1910年，我们在维也纳的一次谈话也证实了我的看法。

弗洛伊德对我说话的情景，如今回忆起来依然生动得仿佛就在眼前。“亲爱的荣格，请您答应我您永远不会放弃性理论。这是万物之根本。您知道，我们得使它成为一种信条，一座坚定不移的堡垒。”说这话时，他非常动情，语气像是一位父亲，“亲爱的孩子，请答应我，您每个周日都要上教堂去。”我有点惊讶，忍不住问他：“一座堡垒——防御的是什么呢？”他回答道：“防御的是黑色的泥潮。”说到这里，他犹豫了一下，补充了一句：“关于神秘主义的。”首先我对“堡垒”和“信条”两个词感到震惊，因为“信条”意味着一种不加辩驳就笃信的信仰，设立信条就是为了一劳永逸地压制种种怀疑。但这与科学的判断没有任何关系，而只与个人的冲动有关。

这就是深深系在我们友谊当中的难以解开的结。我知道自己绝不会接受这样一种态度。弗洛伊德所说的“神秘主义”，实际上就是宗教与哲学，其中包括正在兴起的了解心灵的当代心灵学。对我来说，性理论真的很神秘，也就是说，它和许多其他的猜测性观点一样，是一种未加证明的假设。在我看来，科学的真理是一种短暂存在的假设，不能被当作一种信仰永远保留。

尽管我当时对它的了解并不是很彻底，但我观察到，弗洛伊德身上显现了潜意识的宗教因素。很显然，他是要我帮他建立起一道防线，来抵御这些有威胁的潜意识内容。

这次对话留给我的印象使我更加困惑，直到现在我仍不认为性是一种人人必须信奉的宝贵而又危险的概念。很显然，性的重要性对弗洛伊德来说要远甚于别人。对他来说，人们要以对待宗教的虔诚态度来观察性。一般来说面对如此坚定的信念，一个人就只好退却沉默了。我结结巴巴地，总想尝试着说些什么，但总是欲言又止，不久，我们的对话便结束了。

我既迷惑又尴尬。我有一种感觉，我已经瞥见了一个崭新的、未知的国度，成群的新思想正向我涌来。有一点很清楚：一向宣扬无神论的弗洛伊德，如今却建立了一种信条。更准确地说，他失去了一个善妒的上帝，用另一个引人注目的性的形象取代了上帝的形象。与原先的形象相比，前者同样固执、苛刻、专横与凶险，在道德上也同样自相矛盾。正如心灵上更强大的力量被冠以“神圣的”或“恶魔的”的属性，“性欲”便取代了一个隐蔽的神的角色。对弗洛伊德来说，这种转换的好处显然在于，他可以认为这一精神上的新原则在科学上是无可挑剔的，而且消除了一切宗教色彩。然而，说到底，这种神秘性，即两种在合理性上不可比较的对立面——耶和华和性——的心理特质，仍然是相同的，只是名字变了而已，当然随着名称的改变，观点也改变了，失去的神如今需要在人间寻求，而不是天上。但是最终，对更强大的力量来说，一会儿叫这个名字，一会儿又叫那个名字，又能有什么区别呢？如果心理学并不存在，只存在具体物体的话，那其中一个便会被另一个毁灭、取代。但其实在心理上，所体会到的急迫、焦虑和强迫并没有丝毫减弱。如何去克服或摆脱我们的焦虑、内疚、罪过、冲动、潜意识和本能的问题还没有得到解决。假如我们无法从光明的理想主义方面做到这一点，那从黑暗的生物学方面来解决这个问题，也许更有希望。

这些想法像燃烧的火焰在我脑中猛然闪过。很久之后，当我开始回顾弗洛伊德的性格时，它们也显示了自己的意义。最重要的是，我被他身上的一个性格特点深深地吸引着，那就是他的痛苦。在我们第一次会面时，弗洛伊德的性格特点就让我印象深刻，但我一直无法解释其中的原因，直到我把他的性格与他对待性的态度联系起来时，我才恍然大悟。对于弗洛伊德，尽管性无疑是神秘的，但他定义性时所用的术语和理论，仅仅把性当作了一种生理功能。只有当他谈及性时所带有的感情色彩，才能揭示出他内心深处回响着的更加深刻的感受。从根本上说——至少对我来说——他想教授给人们一个理论，那就是从内心而言，性欲包含了灵性，并有一种固有的意义。但是他的具体化的术语过于狭隘，无法表达这种观点。他给我的印象是：从本质上说，他所做的事其实违背了自己，也违背了自己的目标。自己变成了自己最大的敌人，没有什么比这更加痛苦了。用他自己的话来说，他察觉到自己受到了“黑色的泥潮”的威胁——他比任何人都想屈服于那黑潮。

弗洛伊德从不反问自己，为什么会情不自禁地不停谈论性，又为什么对性如此着迷。他一直没有意识到，他那“单调的阐释”表达了一种自我逃避，或是为了逃避他身上可以被称作神秘性的另一面。只要他一直拒绝承认这一方面的存在，就没有与自己妥协的可能。他对潜意识内容的矛盾和含糊视而不见，并且不知道一切在潜意识中产生的东西都有顶有底、有内有外。我们在谈到潜意识的外部时——弗洛伊德正是这样做的——所考虑的只是整体的一半，结果产生了一种从潜意识中生发的反作用。

我对弗洛伊德的这种片面性一点办法也没有。也许他的某种内心经历会使他明白过来。不过这时候他的才智会将他所看到的任何类似经历都归因于“纯性欲”或“精神性性欲”。他仍然是他所能认识到的那一面的牺牲品，由于这种原因，我将他看成一个悲剧性的人物——他是个伟人，同时又被恶魔控制着。

经过维也纳的第二次交谈，我也了解了阿尔弗雷德·阿德勒的权力假说，到目前为止，我还很少注意它。像许多孩子一样，阿德勒所学的，并不是“父亲”的言语，而是对父亲行为的一种模仿。很快，爱（厄洛斯）和权力的问题像铅一样重重地压在了我的心头。弗洛伊德亲口对我说，他从未读过尼采的作品，而现在我却把弗洛伊德的心理学视作一种通往理性历史的捷径，以此来弥补尼采对权力原则的神化。这个问题显然应该改头换面，变成“弗洛伊德对尼采”，而不是“弗洛伊德对阿德勒”。因此，我认为这远不只是一场国内精神病理学范畴的争论。我突然觉得似乎在某种意义上，爱和权力驱动力的关系有点像父亲的两个持不同意见的儿子，或者像激励性的精神力量的产物，这一精神力量非常有经验地以对抗的方式展现自己，就像正负电子一样，爱在其中是被动的一方，权力驱动力则占据主导地位，或恰好相反。爱对权力驱动力有很大的需求，而权力驱动力也很需要爱。没有一方，哪来的另一方？一方面，人向驱动力屈服；另一方面，人又企图掌控它。弗洛伊德的理论表明了客体如何屈服于驱动力，而阿德勒的理论则表明人如何利用驱动力将自己的意志强加给客体。尼采无法掌控自己的命运，只好为自己创造一个“超人”的形象。我得出结论，认为弗洛伊德本人一定在很大程度上受到厄洛斯的影响，才会希望把它提高到一种信条的层面——如同宗教守护神一般的“永恒精灵”。“查拉图斯特拉”是福音的布道者，这已经不再是秘密了，而弗洛伊德在这里也试图超越教会并将他的理论神化。可以肯定，他并非大张旗鼓地行事，相反，他涉嫌想成为一个先知。他提出了他那惨烈的主张，但同时又把它驳倒。人们往往如此对待神秘的事物，而且这样做是有道理的，因为从一方面看它们是真实的，另一方面却又不是。神秘的经历既崇高又卑微。如果弗洛伊德对性欲是神秘的这种心理事实——既神圣又邪恶——稍加考虑，他就不会一直被局限在生物学的观念上了。如果尼采更为坚定地立足于人类生存的基础之上，他也就不会因过度理智而走上极端了。

只要神秘经历使精神处于猛烈震荡的状态，那么支撑一个人重量的绳子就有断掉的危险。如果发生了这种情况，便会有人落入绝对肯定或绝对否定的状态。东方人对此的解决办法是涅槃（即摆脱对立物），我没有忘记这一点。精神的钟摆在理智与非理智之间来回摆动，而不是在对错之间。那种使人既敬畏又向往的感情之所以危险，原因就在于它会将人引向极端，所以只要是一种适度的真理都会被看作真理，而次要的错误会被看作致命的错误。一切都会消逝——昨天的真理到了今天却成了骗局，而昨天虚假的推论却可能成为明天的启迪。在心理学方面情况更是如此，说实话，我们在这一方面仍然知之甚少。万事皆空，除非微小而转瞬即逝的意识注意到它，否则我们还远不能理解这到底意味着什么。

从与弗洛伊德的谈话中可以看出，他担心自己对性的洞见这一神秘之光会因“黑色的泥潮”而熄灭。由此产生了这种神话：光明与黑暗进行斗争。这解释了它的神秘性，以及为何弗洛伊德能立刻利用信条，将它当作宗教性的辩护手段。在我的另一部作品《力比多的变化与象征》中，我论述了英雄人物为自由而斗争，弗洛伊德对此的古怪反应使我进一步对这一原型主题及其神话背景进行了研究。一方面他对性的解释影响了我，另一方面我又受到信条驱动力的影响，因此那几年，我开始考虑象征论。那么就有必要研究一下精神的极端性和驱动力学。我还开始研究持续了几十年的“神秘主义的黑色泥潮”，也就是说，我想弄明白当代心理学基础上的意识和潜意识方面的历史性假设。

我很想听听弗洛伊德对预知和一般性心灵学的观点。1909 年时我到维也纳拜访他，问过他对这些事情的看法。出于实利主义的偏见，他批驳了所有的观点，认为它们简直是胡说八道，而且还以相当浅薄的实证主义方式进行批判，因而我不得不把就在嘴边的尖锐反驳的话咽了回去。过了好几年，他才认识到心灵学的严肃性，而且承认了“神秘现象”真实存在。

当弗洛伊德以这种方式继续说着的时候，我产生了一种奇异的感觉。我的膈像是铁打的一般，变成一个炽热的、红光闪闪的拱顶。就在这时，我们身边的书架突然发出砰的一声巨响，把我俩吓了一跳，害怕这东西从上面倒下来砸在我们身上。我对弗洛伊德说道：“瞧，这就是一个‘催化现象’的例子。”

“哦，”他叫道，“这简直是胡扯。”

“不，这不是胡扯，”我答道，“您错了，教授先生。为了验证我的观点，我现在就预言，过一会儿还会有另一声巨响！”果然，我刚一说完，书柜再次发出同样一声巨响。

直至今日，我仍然不知道是什么使我那么肯定。但我坚信，这巨响一定会再响一次。弗洛伊德目瞪口呆地看着我。我不知道他在想什么，也不知道他的眼神意味着什么。无论如何，这件事导致了他对我的不信任，而我认为自己干了一件反对他的事。从那以后，我再也没有同他讨论过这件事。

1909 年是对我们的关系起到决定性作用的一年。这一年我受邀到麻省伍斯特市的克拉克大学进行关于联想实验的讲座。巧的是，弗洛伊德也接到了邀请，于是我们决定一同前往。我们在不来梅会合，费伦齐也加入了我们。在不来梅，发生了后来人们议论纷纷的弗洛伊德晕倒的事，我对泥煤沼尸体的兴趣是引发这件事的间接原因。我知道，在位于德国北部的某些地区，时而会发现泥煤沼尸体，那是远古人类的尸体，有的是淹死在沼泽里的，有的是死后被埋葬在那里的。浸泡尸体的泥沼水含有腐殖酸，能够腐蚀骨质并使皮肤变成黝黑色，皮肤和头发因此得以完好地保存下来。这个过程从本质上说是一种自然木乃伊化的过程，在这期间，尸体被泥煤的重量压扁了。在荷尔斯泰因、丹麦和瑞典，泥煤采挖者经常能挖到这些尸体的残骸。

我在报上读到有关这种泥煤沼尸体的报道，便想起了我们在不来梅时见到的尸体，但由于搞不太清楚具体情况，我便把它们跟该市铅窖里的木乃伊混为一谈了。我对尸体的兴趣引起了弗洛伊德的不快。“您为什么要对这些尸体如此关心呢？”他这样问过我好几次。他对整个事件感到非常恼火，有一次我们在吃饭时谈起这事，谈着谈着他突然就晕倒了。后来他对我说，他确信我跟他谈论这些尸体是希望他早点死掉。这样的解释实在令我难以置信。对他这样强烈的幻想我实感震惊——竟然这样强烈，怪不得晕倒了。

在一个类似的事件中，弗洛伊德再次当着我的面晕倒。那是1912年在慕尼黑举办的一次心理分析大会期间。会议上有人把话题转向了阿蒙诺菲斯四世（依克纳顿）方面。他们认为因为阿蒙诺菲斯对他的父亲抱有一种否定的态度，导致他摧毁了父亲摆放在石柱上的装饰花框，而在他创立独神教宗教的壮举背后，实则游荡着一种仇父情结。我被这种观点激怒，于是试图说明，阿蒙诺菲斯是个有着虔诚的宗教信仰，极富创造力的人，我们不能通过他对父亲的反对来解释他的行为。相反，他一直深切怀念着自己的父亲，而他对破坏的热情仅仅是为了针对“阿蒙神”这个名字，只要一有这个名字，他就把它销毁，甚至将他父亲阿蒙霍特普摆放在石柱上的装饰花框上的“阿蒙”两个字凿去。此外，其他法老也用他们自己的名字代替纪念碑和雕像上真实的或神话性的祖先的名字，因为他们认为自己身为这同一个神的化身，就有这样的权利。然而他们既没有开创全新的风格，也没有建立新的宗教。

这时，弗洛伊德从椅子上滑落下来，昏厥过去。大家手足无措地把他围了起来。我把他扶到了隔壁的房间，让他躺在一张沙发上。他在我扶着他的时候，恢复了一半的知觉，然而我永远不能忘记他对我投来的眼神。他虚弱地瞧着我，好像我就是他的父亲。无论还有什么东西使他昏厥过去——现场的气氛是十分紧张的——但至少这两次晕倒里显然都有对弑父的幻觉这一因子。

那时候，弗洛伊德频繁暗示我，把我看作他的继承者。但是这些暗示使我相当尴尬，因为我知道，我绝对不会像他希望的那样，恰如其分地坚持他的观点。另一方面，我的批评在他看来没什么分量，在这一点上我没有成功。但我又十分敬重他，因而不想强迫他理解我的观点。实际上在我心里，我无意成为党派领袖，也不想背上思想的包袱。第一，这种事情与我的天性不符；第二，我不想牺牲思想的独立；第三，我并不想要这种荣誉，因为它只会使我偏离我的真正目的。我所关心的是探索真理，而非个人的声望。

我们在 1909 年的时候，从不来梅出发，开始了为期七周的美国之旅。我们每天都聚在一起对彼此的梦境进行解析。那时候，我做了好多重要的梦，弗洛伊德却无法解释它们。我并不觉得这是什么需要责备的事，因为有时候最好的分析者恰巧也无法破解一个梦的谜底。人们都会经历这种失败，而且我也绝不想因此就停止我们对梦的解析，相反，这种解析对我来说意义非凡，而且我发现我们的关系也因此变得弥足珍贵，我视弗洛伊德为自己的长辈，他更加成熟，更有经验，在这些方面我感觉自己是个晚辈。但之后发生的一件事无疑对我们的关系造成了重创。

弗洛伊德做了一个梦（我认为不该将它公之于众）。我竭尽所能加以阐释，不过我又补充了一句说，假如他能补充私生活方面的细节，我还能做出更多解释。听到我这么说，弗洛伊德古怪地瞧了我一眼——脸上带着十分怀疑的表情。然后，他说："我不能拿我的权威来冒险！"但是在他说出这话的一刻，他就已经完全失去自己的权威了。这句话在我的脑海里留下了深刻的印象，并且这句话已经预示了我们关系的结束。弗洛伊德已经把权威置于真理之上了。

正如我之前提过的，弗洛伊德或许可以分析我那时做的不连贯的梦，又或许根本不能。这些梦包括了集体性内容，含有大量象征性材料。比如，其中一个梦对我尤其重要，因为是它使我想到了"集体潜意识"，所以它后来构成了我那本《力比多的变化与象征》的序言。

这个梦的内容是这样的：我在一个陌生的两层楼房里，它是“我的家”。我发现自己在二楼一个看着像是客厅的房间里，其中摆放着洛可可风格的精致老式家具，墙上悬挂着一些名贵的古画。我很奇怪这竟会是我的家，想着：“真不错。”但我后来发现，自己不知道一楼是什么样子，于是走下楼梯到了一楼。一楼的东西比二楼的看起来更加古老，因而我认为房子的一楼可以追溯到15或16世纪。所有的家具都是中世纪的，地板上铺的是红砖。四下十分昏暗。我穿梭在各个房间，心里想道：“我要好好探索一下整个屋子。”我停在一道厚重的门前，用尽全力推开它，在门的另一边，我发现了一道通往地下室的石阶。我再次走下去，然后发现自己身处一个带有美丽拱顶，看起来极其古老的房间当中。我仔细检查了墙壁，在普通的石块中发现了一层层的砖，在灰泥中也发现了砖的碎片。一看到这个景象，我便知道这墙壁最早可以追溯至罗马时代。我的兴趣越来越浓厚。我更加仔细地观察地板，发现它是由石板组成的，石板之间还有一个环，拉动圆环后，石板便抬了起来，我又看到一道通往更深处的狭窄石阶。我又走了下去，最后走进一个从岩石里凿出来的矮洞。矮洞的地面上覆盖着一层厚厚的尘土，其中散布着一些骨头和破碎的陶片，仿佛是原始文化的遗迹。我发现了两个半破碎的头盖骨，年代显然非常久远。这时，我醒了过来。

在这个梦中，那两个头盖骨成了弗洛伊德的关注点。他在两个头盖骨上来来回回地绕，并催促我找到一种与之相关的“愿望”。对这两个头盖骨我的想法是什么？这是谁的头盖骨？我当然十分清楚他的用意，那就是隐藏在梦中的死亡愿望。“他究竟想从我这里知道些什么？”我心里想道。我想让谁死呢？我对所有类似的解释都感到不适。对于这个梦究竟可能在暗示什么，其实我的心里也有些想法。但那时我觉得自己的判断并不可靠，更希望听到弗洛伊德的看法，希望可以从他身上学到点什么。因此，我屈服于他的意图，说道：“我的妻子和嫂子——”毕竟，我提出的名字要能够匹配这个愿望啊！

我那时刚刚结婚，所以我很清楚自己从没有过这样的愿望。但我认为假如我把自己的分析告诉弗洛伊德，肯定会引起他的误解以及激烈的反驳，而我不想跟他吵架，而且我也怕一旦把自己的见解告诉了他，我将会失去他这个朋友。另一方面，我也很想知道他能从我的回答中得出什么结论，如果我用某种迎合他理论的东西来应付他，他又会有什么反应。于是我对他撒了谎。

我明白自己的行为无可厚非，只不过是不得已而为之！因为我们之间的鸿沟难以跨越，所以要让他了解我的内心世界实属不易。事实上，弗洛伊德听了我的回答后似乎松了一口气。从这次的谈话中，我明白他是没有能力阐释某些梦的，这种时候他便只好寻求信条的庇护。我意识到，必须由我来找寻这个梦的真正意义。

很明显，对我来说屋子代表着一种精神形象——换而言之，就是我那时的意识状态以及到现在为止的潜意识附加物。客厅象征意识，尽管其建筑风格古朴，但有居住过的痕迹。

地板象征潜意识的第一层，我走得越深，景象就变得越来越生疏、黑暗。我在那洞穴里发现的原始文化的遗迹，也就是我身上的属于原始人的世界，它是理智几乎无法接近并照亮的世界。人的原始精神与动物灵魂相近，就像史前的洞穴在有人类居住之前通常被野兽占据。

在这段时间里，我慢慢认识到，弗洛伊德与我对待理智的态度着实相去甚远。19 世纪末，我是在历史氛围浓郁的巴塞尔长大的，读了些古代哲学家的著作，掌握了一些心理学史的知识。每当我想到梦和潜意识的内容时，就忍不住想做点历史性的比较；上大学时我一直在使用库克那本老哲学词典。我非常熟悉 18 世纪和 19 世纪初期的作家，他们的世界构成了二楼大厅的气氛。通过对比我得到了这样的印象：弗洛伊德的知识系统源于毕希纳、莫勒斯·霍特、杜波依斯·莱蒙德和达尔文。

这个梦表明，我刚才描述的意识状态，存在更深远的层面：中世纪风格、无人居住、有长长地板的房间，以及那罗马人的地窖和史前洞穴。它们象征着意识的各个时代及阶段。

这个梦发生前的好几天里，我一直在思考许多问题，大致是：弗洛伊德的心理学建立在什么基础之上？他的理论属于人类思想的哪一个范畴？他几乎排他的个人主义与一般的历史假设有什么关系？我的梦为我做出了解答。它显然指向了文化史的基础——意识的具有层级连续性的历史。因此我的梦便呈现出一种人类精神的结构图，它假定这种精神下面隐藏着某种完全无人格的本性。正如英国人所说的那样，咔嗒一声，这个梦就成了我的指导性形象，在后来的日子里，它很快得到了验证，其程度是我一开始无法想象的。

这就是最初我对隐藏在个人精神之下的集体性和先验性的模糊概念。我最初将它看作早期功能方式的迹象。后来，随着经验不断增加，依据的知识也越来越可靠，我才意识到它们是本能的多种存在形式，也就是说，种种原型。

我一直都不能对弗洛伊德的观点表示苟同，他说梦是一面“幕墙”，梦的含义隐藏在幕墙之后——虽然这种含义已经为意识所了解，但可以说被恶意地隐藏在意识中。而我认为，梦是自然的一部分，它无意欺骗，而是尽可能地通过自身来表达某些信息，就像植物尽可能地生长，动物尽可能地觅食一样。生命的这些形式也没有企图欺骗我们，但是我们却有可能欺骗自己，因为我们的眼睛患了近视，也许是我们听错了，因为我们充耳不闻——但不是我们的耳朵想要欺骗我们。早在我遇见弗洛伊德之前，我就认为潜意识和那些直接阐释潜意识的梦都是自然过程，我们不能将其归咎于无端的说法，更不能归咎于巧妙的花招。我找不到任何理由，可以假定意识的花招是可以外延到潜意识的自然过程。正好相反，我从日常经验中了解到，潜意识对意识的头脑的种种倾向，会报以强烈的抵制。

屋子的梦对我产生了一种奇怪的影响：它重新激起了我对考古学的兴趣。回到苏黎世后，我开始阅读一本有关巴比伦考古发掘品的书，除此之外还有各种关于神话的著作。在这段时间里，我无意中发现的弗里德里希·克鲁泽的《古代民族的象征主义与神话》点燃了我的激情！我读得如痴如醉，并兴致勃勃地读完了海量的神学资料，接着又读了诺斯替教派的著作，最后却全然迷惑，发现自己处在一种迷茫的状态之中，这种状态与我在诊所里的经历类似，当时我致力于揭示精神病患者的心理状态。我感觉自己仿佛身处一所虚构的疯人院里，开始像诊治我的病人那样治疗和分析克鲁泽著作中的所有半人马、山林仙女和男神、女神。就在我忙得不亦乐乎的时候，我无意中发现，古代神话和原始人的心理有着密切的联系，而这促使我对原始人的心理进行深入研究。

在进行这些研究的期间，我无意间看到了一则关于一位美国青年米勒小姐的幻想的报道。这则报道刊载在日内瓦版的《心理学档案》上，作者是我尊敬、慈祥的朋友西奥多·弗洛诺伊。这些幻想所具备的神话特征立刻将我捕获，它们像催化剂一样激发了我内心积存着的、杂乱无章的想法。渐渐地，从这些想法和研究中了解到的神话知识成为我的出发点，促使我写就了《潜意识心理学》。

就在我写这本书的时候，我又做了几个梦，这些梦预示了我和弗洛伊德即将到来的分道扬镳。最重要的一个梦发生在一个位于瑞士和奥地利交界处的山区，那时天快黑了，我的身旁走过一位穿着奥地利帝国海关制服的老人，他有点驼背，路过时对我爱搭不理。他一脸易怒的表情，忧愁烦恼。梦中还有其他人在场，其中一个告诉我这个老人不是真的活人，而是一个死去多年的海关官员的鬼魂。“他属于那些仍然不愿死去的人。”这就是梦境的第一部分。

我开始分析这个梦。提起“海关”，我立刻想到的是“检查”。联系到“边界”，我一方面想到的是意识和潜意识之间的界限，另一方面则想到了我与弗洛伊德两个人各自观点的边界。在我看来，边境海关极为严苛的检查暗喻着分析。在边境海关，需要打开手提包来检查有无违禁品，潜意识的假设便在这种过程中揭示了出来。至于那位年老的海关官员，他的工作显然很少使他感到愉悦和满意，因此他便对这个世界抱有一种厌烦的态度。

对此，我认为年老的海关官员与弗洛伊德有着某些类似的地方。

此时的弗洛伊德在我心目中已经失去了不少权威性。但对我来说，他仍意味着一个更优越的人格，我曾在他身上投射了一种父亲的形象，而在那个时期的梦中，这种形象依然存在。只要发生这种投射，我们就不可能是客观的，就会一直处于意见不合的状态。一方面，我们相互依赖，而另一方面我们又相互抵制。在这个梦发生的时候，我依然对弗洛伊德做出了高度的评价，但同时我对他又抱有批评态度。这种分裂的态度表明，我还没有意识到这种局面的存在，也没有下过任何决心来解决它。这是所有形象投射的特点。这个梦促使我意识到这种局面的存在。

在弗洛伊德个性的影响下，我尽可能地抛开自己的判断，也尽量压制自己对他的批评性观点，这是与他合作的前提条件。我告诉自己："弗洛伊德可比你聪明多了，老练多了。当下，你必须听从他并向他学习。"然而在我的梦中，他竟然是奥地利王国里一位脾气焦躁的官员，一位已经死去但鬼魂仍在游荡的海关检查员，这不禁令我大吃一惊。难道这就是弗洛伊德暗示的我想让他死去的愿望吗？但我发现自己一切正常，根本不会产生这种愿望，因为我确实不惜一切代价希望能与弗洛伊德合作。老实说，假如我有私心杂念的话，也是希望可以分享他丰富的经验而已。我们的友情对我意义非凡，我实在不希望他死掉啊。但这个梦也有可能是一种集体意识的反映，是对我意识中赞扬钦佩他的一种补偿或矫正方法。因此，这个梦建议我以一种更富批判性的态度面对弗洛伊德。虽然在我看来，梦里的最后一句话暗示了弗洛伊德有可能得到永生，但这个梦显然使我倍感震惊。

这个梦并没有结束在海关官员这一部分。过了一段时间，我又做了第二个更吸引人的梦。梦中我正身处一个意大利城市，时间在正午 12 点到 1 点之间，炙热的阳光直射在狭窄的街道上，这个城市建在山边，不禁使我想起一个位于巴塞尔的地方——科伦堡。羊肠小路向下延伸到山谷区，横穿博斯塔尔城，而街道有些部分则是一级级台阶。梦中有一道向下的台阶，它通往巴弗塞普拉兹。这个城市就是巴塞尔，但它也是一个有点类似于贝加莫市的意大利城市。正是烈日炎炎的夏日，万物都暴晒在正午耀眼的阳光之下。人群川流不息，朝我的方向拥来，我意识到商店正打算歇业，路人们步履匆匆，都赶着回家吃饭，在这人流中间，一位全身穿着盔甲的骑士走下台阶朝我而来。他头戴轻钢盔，眼睛处露出一道缝隙，身穿锁子甲，锁子甲上罩有一件白色的外套，外套的前胸后背上都织有一个大红十字。

你可以很容易地想象出我的感受：在一个现代城市，正值中午下班的高峰时刻，突然发现一个向我走来的古代十字军骑士。我觉得奇怪的是，走来走去的路人们似乎都没注意到他，没有人转头回看他或从后面盯着他看。他仿佛完全隐身了，只对我一个人现身。我便问自己，这个幽灵到底意味着什么？然后好像有人在回答我的问题——但实际上在场没人说话："没错，这是一个准时出现的幽灵。他总是在12点和1点之间经过这里，几个世纪以来都是如此，大家也就见怪不怪了。"

骑士和海关官员是两个形成了鲜明对比的人物形象。海关官员是虚无的，是个"仍然不能算是彻底死了的人"——一个正在消逝的幽灵。另一方面，骑士却生气勃勃、完全真实。这个梦的第二部分显得极为神秘，而发生在边界上的梦境却相当平凡，本身也并没有给人留下深刻的印象，使我有这种感觉的是我对这个梦的分析思考而不是梦本身。

两个梦结束后，我对骑士这个神秘的人物进行了很多思考。但我对这个梦冥想了很长时间，才对它的含义有了某种想法。甚至在梦里，我就已知道这个骑士来自12世纪，那是炼金术开始兴起的时期，并且也是寻找圣杯的时期。自从我十五岁时第一次读到圣杯故事，它们对我来说就显得尤为重要。我隐约知道，这些故事的背后仍然隐藏着巨大的秘密。因此，我很自然地就能由这个梦联想起圣杯骑士世界和骑士们追寻圣杯的过程——因为从最深层的意义来说，这里是只属于我的世界，而这个世界与弗洛伊德的世界几乎没有任何瓜葛。我的一生始终在寻找着某种仍然未知的东西，它有极大的可能赋予平庸的生活以意义。

这对我来说是一种巨大的失落，因为喜欢探索的头脑，费尽千辛万苦成功地在心灵深处发现的东西，显然不过是为人熟悉的和“极富人性的”种种局限而已。我在乡下，在农民身边长大，我无法从马厩中学到的，却从拉伯雷式的智慧及民间流传的、自由自在的幻想中找到了。乱伦和性变态对我来说并不新奇，也无须任何特殊的解释。它们与犯罪一样，一起构成了破坏生活情趣的阴暗面，它清楚地向我展示了人类存在的丑陋和毫无意义。我一直想当然地认为，青菜只有长在粪堆里才会茂盛。实事求是地说，我并没有发现对这种知识有启发的洞见。“只有城里人才会对大自然和人的污点毫不知情。”一想到这些丑陋的事情我就感到恶心与厌烦。

那些人由于对大自然一无所知，所以难以适应现实，自然会得上神经病，因为他们天真得像小孩子，因此需要有人告诉他们生活中的真实情况，比如让他们知道自己与他人无异。如此的启发当然不能彻底治愈精神病人，他们只有爬出那些司空见惯的事物的泥沼，才有可能好转，但他们过于留恋自己先前受压抑的状态。当某些理论极有可能说服他们，但只想提供一些合理的或是“有道理的”忠告，使他们抛弃如此天真的想法时，如果分析无法使他们意识到前方有什么不同于现在甚至更好的情况存在，他们又怎么能摆脱这种状态呢？这恰恰是他们做不到的，而如果他们找不到可以依靠的东西，又应该怎么做呢？一种生活方式不可以被简单地放弃，除非它可以改换成另一种方式。正如经验所示，世界上根本不存在一种完全理性的生活方式，尤其是在一个人天生就如同精神病人一样无理取闹的时候。

如今，我终于明白为什么弗洛伊德的个人心理学激发了我如此强烈的兴趣，因为我急切地想知道有关他“合理解决方案”的真实情况，而且为了获得答案，我准备好了做出重大牺牲。现在，我觉得自己仍然在追索这一目标。弗洛伊德本人也是一个精神病人，他的病症无疑是能被诊断出来的，而且有着十分令人担忧的症状，我在美国之行的时候便已发现了这些。当然，他曾经告诉我，每个人都多少有点精神病的症状，因此我们必须试着容忍。但是我对这并不满足，相反，我还是想知道一个人如何才能不得精神病，原因很明显，如果连导师都无法应付自己的精神病，那不论是弗洛伊德还是他的弟子，事实上都并不真正理解精神分析的理论与实践的含义。因此，当弗洛伊德宣布他试图把理论与方法结合起来，并使它们成为某种信条时，我们便再也没有合作的可能了。因此，除了放弃，我别无选择。

当我正在写那本有关性欲的书，并马上完成《献祭》这一章时，我就已经有了预感，即这本书的出版问世将导致我们之间友谊的毁灭。因为我打算在这一章中写我对乱伦的观点，写到性欲观念的决定性变革，以及其他许多与弗洛伊德相左的观点。我认为乱伦只有在极少数的情况下，才能解释为个体的精神错乱。通常来说，乱伦具有高度宗教性的一面。因此，乱伦的情节在所有的宇宙起源以及众多神话故事中几乎都起到了决定性作用。但是弗洛伊德却坚持对它进行字面上的阐释，而不是将乱伦作为一种象征来阐述它在精神方面的意义。所以我十分了解在这个主题上，他绝不会接受我的任何观点。

我和妻子谈及此事时把我的担忧告诉了她。她试图让我安心，因为她觉得弗洛伊德不会介意，即使不太可能接受我的观点，也不会提出什么异议。我本人也坚信他不会那样做。但是一连两个月，我都难以下笔写作，一直受到内心冲突的折磨。我应该隐藏自己的想法呢，还是冒着失去一位重要朋友的风险完成我的书呢？最终，我决定继续完成它——而这本书确实使我失去了和他的友情。

与弗洛伊德决裂之后，我所有熟识的朋友纷纷离我而去。他们宣布我的书是一派胡言，说我是个神秘主义者，事情就这么定性了。只有克林与梅达支持我。不过我早就料到自己会被孤立，也没有对我所谓的朋友的反应抱任何幻想。这一点我事先就充分地考虑过。我知道，所有事情都要冒些风险，而且我也要立场坚定地表达自己的信念。我认识到，《献祭》那一章意味着我个人的牺牲。想明白这一点，即使知道自己的观点不会被众人理解接受，我也能有力量继续写下去。

回想起来，我可以说，只有我在逻辑上研究了弗洛伊德最感兴趣的两个问题："古代遗迹"与性欲。把自己看作一个看不到性欲价值的人，这着实是一种普遍的错误。恰恰相反，虽然性欲并不是精神完整性的唯一表达方式，但却是一种本质的表达。在我的心理学中，性欲起着重大的作用。但是我关心的重点是越过性欲本身的意义和它生物学上的功能，研究性在精神层面的意义，从而得以解释弗洛伊德如此着迷但又无法彻底理解的东西。我把有关这一方面的观点写进了《移情心理学》和《神秘的结合》。性欲作为神秘精神的表达，其地位举足轻重，这一精神是"上帝的另一面"，也就是上帝形象的阴暗面。自从我开始钻研炼金术的世界，精神的阴暗面问题就一直在我心里挥之不去。从根本上来说，由于早期与弗洛伊德进行了一次谈话，这一兴趣再次活跃了起来，但在当时我只是对他被性欲现象深深地打动这件事感到迷惑不解。

弗洛伊德的最大成就可能就在于他认真对待精神病人，深入研究他们个人的怪癖心理。他有勇气让病例自己说话，并通过这种方式深入病人真实的心理。例如，他用病人的眼光来看待世界，因此他对精神病的理解比过去任何时候都要深刻。在这方面，他勇敢，不受偏见的搅扰，此外，甚至成功地纠正了许多偏见。他如同《圣经・旧约》中的一位推翻了虚假的神灵的先知，撕碎了掩盖种种欺骗与虚伪的面纱，无情地揭露了当代精神的堕落现状。尽管这一事业遭到了人们的冷落，但他没有踌躇畏缩。他发现了一条通往潜意识的大道，从而有力地推动了我们文明的进程。他将梦视为推动潜意识进程的最重要的信息源，从而把一种丢失了的、看起来无法挽回的工具重新交给人类。他用经验证明了潜意识的精神的存在，这种精神迄今为止只是作为一种哲学假设存在着，尤其是在 C.G. 卡鲁斯和爱德华・冯・哈特曼的哲学之中。

完全可以这么说，尽管潜意识的概念已经在现代存在超过了半个世纪，但是当代文化观念依旧将潜意识的概念及其含义排除在一般哲学外。由此可见，吸收消化精神生活拥有两极性的基本观念仍然是未来需要努力的方向之一。

第六章
正视潜意识

与弗洛伊德分道扬镳后，有一段时间我总觉得心里十分不安定，毫不夸张地说，这是一种失去方向感的状态。我感觉自己完全悬在了半空中，因为那时我一直都没有找到自己的立足点。最重要的是，我意识到必须以新的态度对待病患。我决定暂时不再将任何理论性的前提强加在他们身上，而是保留意见，静观他们的内心会说些什么。我希望事物能够顺其自然地发生。结果，病人就主动地向我反馈了他们的梦境和幻象，而对此，我只是向他们提问，问题大多是“在您身上有没有发生过与此相关的事？”或“您为什么这么看？”“您的想法是从哪来的？”及“您对此怎么看？”于是对梦的解析好像在病人的回答和联想中自然而然地进行了下去。我避免做出一切理论性的解释，只是从一旁帮助病人自己理解梦的含义，并不应用任何法则和理论。

不久之后我就意识到，把这种方法作为解释梦境的基础是正确的，因为这就是梦境试图达到的目的。我们必须从这些事实出发。当然，这一方法也导致了大量的、多方面的问题，因此我们便愈发迫切地需要一种标准——几乎可以这样说，就是需要某种初始的方向。

大约就在此时，我经历了异常清醒的时刻，清晰地回顾了自己一直以来走过的路。我想：“现在您已经拥有了打开神话学大门的钥匙，可以自由地打开所有潜意识的大门。”但在这时候，有个东西却向我低声细语：“为什么要把所有大门都打开呢？”于是，一个问题突然间涌上心头：我究竟取得了什么成就呢？我解释了古人的种种神话，还写了一本书，关于英雄以及人们永远生活其中的神话。但是如今，人们又生活在什么神话中呢？答案有可能是：基督教的神话。“你也生活在其中吗？”我问自己。实话实说，答案是否定的。因为对我来说，根本不存在以何为生的问题。“那么我们就不再有任何神话了？”“是的，显然，我们不再有任何神话。”“但是，你的神话——你生活在其中的神话——又是什么呢？”关于这个问题，我同自己的对话开始变得不那么舒服了，于是我没再想下去。我陷入了死胡同。

然后，1912 年圣诞节前后，我做了一个梦。在梦里，我身处一座宏伟壮丽的意大利凉廊中，凉廊用柱子支撑，地板和栏杆都是大理石材质。当时我坐在一把追溯到文艺复兴时期的金色椅子上，摆在我面前的是一张美得无与伦比的桌子。桌子的材质是类似于绿宝石的石头。凉廊建在一座城堡的塔楼之上，我坐在椅子上向外远眺。我的孩子们也坐在桌旁。突然，一只白鸟从天而降，可能是只小海鸥或是鸽子。它优雅地伏在桌子上歇息，我示意孩子们不要轻举妄动，以免把这只漂亮的白鸟吓跑。转瞬间，这只白鸟变成了一个小姑娘，大约八岁，梳着一头金发。她跟孩子们一起跑开了，和他们在城堡的柱廊间玩耍。

我陷入了深思，琢磨着我刚刚所经历的意味着什么。小姑娘回来后，双臂温柔地搂住我的脖子，然后突然间小姑娘就消失了。她重新变回了白鸟，却用人声向我娓娓道来：“只有在晚上的前几小时里我才能变成人形，因为这时雄鸽正忙着埋葬那十二个死去的人。”说着她便飞向了蔚蓝的天空，随后我就醒了过来。

我变得非常激动。一只雄鸽和十二个死人有什么联系？那张类似绿宝石材质的桌子使我联想到塔布拉·斯玛拉格丁娜的故事，使我想起了炼金术传说中赫耳墨斯·特里斯墨吉斯忒斯那张绿宝石做的桌子。据说他死后将炼金术的基本教义用希腊文刻在自己留下的一张桌子上。

我还联想到了耶稣的十二个门徒，一年里的十二个月，黄道带上的十二个星宫等。但我揭不开谜底，最后只好放弃了徒劳的努力。但是我敢肯定，这个梦暗示了潜意识的一种异常活跃的状态。我没能掌握一门技术，来探究我内心活动的过程，因而我能做的只有等待，一如既往地生活，并密切注意自己产生的各种幻觉。

有一个幻觉总是反反复复地出现：某个东西死了，但它依旧活着。比如说，尸体被投入焚化炉，随后人们却发现这个人仍然活着。这些幻觉进入我的脑海中，并同时在梦中体现。

我身处靠近阿尔的阿尔斯冈墓区。在那里有一排雕刻精美的大理石石棺，可追溯到墨洛温王朝时代。在梦中，我正从城中走出来，看见前方有一条类似于普通巷道，由长排坟墓组成的小道。这些坟墓的基座是一些石板，石板上摆着死者。这使我想到了教堂里埋葬用的古老墓穴，身穿盔甲的骑士们伸展着四肢躺在那里。梦中的死者就这样躺着，他们身着古代服饰，双手紧握，只不过他们不是用石头凿出来的，而是通过某种怪异的方式变成了木乃伊。我静止不动地站在第一座坟墓前望着那位死者，他生活在 18 世纪 30 年代，我兴致勃勃地观察着他的服饰，而就在这时，他的身体突然动起来，似乎恢复了活力。他松开了紧握的双手，但只是因为我望着他，他才这样做的。我感到一阵不快，于是离开他来到另一具尸体旁边。这位死者属于 18 世纪，在他身上，一模一样的事情发生了：当我望着他的时候，他活了过来并动了动自己的双手。于是，我沿着这一整排的尸体走了过去，一路走到 12 世纪的尸体旁边——那是一具穿着锁子甲的十字军尸体，双手紧握地躺在那里。他的身体仿佛是用木头雕刻成的，我看了他好长一段时间，心想他肯定是死了。没想到突然间，我瞥到他左手的一根手指在轻微地活动。

当然，我起初持有弗洛伊德的观点，认为古代经验的种种痕迹存在于潜意识当中[1]。但是如此的梦境以及我对潜意识的切身体验都告诉我，这

[1] 弗洛伊德曾经谈论过“古代经验的种种痕迹”。

样的经验并非死去的、过时的形式，而是属于像我们一样拥有生命力的存在。我的研究已证实了这一假设，并在之后的几年里逐渐根据这个原型发展出各种理论。

然而，这些梦境不能在帮助我克服失去方向感的状态上起到很大的作用。相反，我却好像生活在持续的内心压力之下。这种感觉时不时地变得异常强烈，以致我对自己是否有某种精神障碍产生怀疑。因此，我曾两次彻彻底底地回顾了一生的所有细节，尤其注重童年时的记忆，因为我觉得，在过去的生活中可能有过某些我无法理解的事情，而那很有可能是导致我产生精神障碍的根源。但这种回顾只会让我重新认识到自己的无知，除此之外，并没有产生任何结果。这时我告诉自己："既然我什么也不知道，那我就做点儿自己想做的事儿。"因此，我便主动顺从于潜意识的种种冲动。

我首先想起的是我十或十一岁时的童年记忆。那时候，我特别喜欢玩积木。我依然清晰地记得自己用积木搭建小房子和小城堡，用瓶子装饰门窗和拱顶。没过多久我就能用普通的石头建房，用泥作砂浆。这些建筑使我心醉神迷了很长一段时间。令我诧异的是，这段记忆伴随有大量的情感。"哈哈，"我自言自语，"这些东西还有生命力呢。那个小男孩的形象就在眼前，他还具有我现在所缺乏的创造性的生命力。不过我怎样才能找到一条捷径，找回这种创造力呢？"因为作为成年人，我看起来根本不可能搭建一座桥梁，现在的我和十一岁时的我之间，需要跨越巨大的鸿沟。然而如果我想要与孩童时期重新建立联系的话，我只能回到那个时期，过上孩子的生活，玩着幼稚的游戏，除此之外，别无选择。这一刻是我命运的转折点，但我是进行了无穷无尽的思想上的抵抗，带着一种屈从的感情，最后才做了让步。因为我认识到，除了玩幼稚的游戏之外真的无计可施，这实在是一种既痛苦又丢脸的经历。

尽管如此，我还是从湖边捡来或从湖里捞起适用的石子，然后开始建造各式各样的建筑物，例如别墅、城堡、整个村庄等。它们中间仍然少一座教堂，于是我造了一个正方形的建筑，上面是一个六角形的圆顶。一座教堂还需要一个祭坛，但在建造时我却有些迟疑。

就在我冥思苦想如何才能完成任务时，有一天，我又像往常一样一边在湖边散步一边在岸上的砾石中挑选满意的石子。突然间，我看见一颗红色的石子，是块四个面的菱形石，长约一英寸半。它原本是块碎石，在湖水的冲刷下被打磨成了现在的模样——它的产生纯属偶然。我恍然大悟：这就是教堂需要的祭坛！我把它放在圆顶的正下方，就在此时，我又回想起童年梦境里位于地下室的男性生殖器。这样的联想给予我一种满足感。

只要天气情况允许，我就在每天午饭之后进行建造游戏。一吃完饭，我就马上玩了起来，一直玩到有病人来就诊，要是傍晚治疗工作结束得早，我就又回去继续建房子。这整个活动的过程中，我的想法变得十分清晰，也能够把握住隐隐约约出现在我脑中的种种幻觉背后的意义了。

我自然会想，自己正在做的事情有什么意义，于是我自己问自己："说实在的，你现在干了些什么呢？你正在建造一座小镇，好像在进行一种祭祀活动！"对于这个问题，我没有答案，但我内心十分笃定，我正在探索自己的神话，因为建筑游戏对我来说仅仅是个开始，它释放出了一段幻觉，后来我把它们仔细地记录了下来。

这类事情在我的生命中具有连贯性，在我的晚年生活中，每当我想穿越一堵阻挡前路的墙，我就会画画或者雕刻石头。后来证明，对于所有难以深入的想法和工作来说，这些事情就像是一种"入门礼"。今年[1]和去年我所写的全部作品，例如《未发现的自我》《飞碟：一个现代的神话》和《心理学看良知》等，都是在我妻子去世后，我从做的石雕中获得的启发。死亡以及死亡给我的领悟，猛烈地将我与本我分离开来。我费了很大的劲才重新站稳脚跟，而在雕刻石头时，与石头的接触帮了我不少忙。

临近 1913 年秋天的时候，我察觉到自身内部的压力仿佛正在外移，

[1] 即 1957 年。

好像空气里有什么东西，周遭的氛围相比之前沉闷了不少，就像压迫感并不仅仅产生于心理，而是产生于具体的现实，并且在我身上这种感觉越发强烈。

10月份，当我行进在孤独的旅途中时，一次势不可当的幻觉突然将我俘虏：我看见了一场大洪水，淹没了大西洋北海和阿尔卑斯山北部及地势低洼地带的所有土地。当汹涌的洪水奔向瑞士时，我看到连绵的山脉变得越来越高，阻挡洪水侵犯我们的国土。我意识到一场可怕的大灾难正在上演。我看见了巨大的黄色波浪、漂浮着的文明废墟、无数被淹死的尸体，随后，一片汪洋变成了血海。这一幻觉持续了大概有一小时。我感到既迷惑又恶心，同时又为自己的无能为力感到惭愧。

两周后，在相同的情形下，这一幻觉再次浮现眼前，那场面甚至比上次更加生动形象，血海也显得更加突出。于是我内心的一个声音说："好好看看吧，这景象完全真实并将继续下去。对此你不必怀疑。"那年冬天的时候，有人询问我有关未来世界政治局势的看法。我回答说，我并没有考虑过这一问题，但是我看见了血流成河的景象。

我问自己，这些幻觉是否预示了一场革命，但是实际上，我无法想象可能会发生这样的事。于是我得出结论，这些幻觉只与我个人有关，我确定自己正在面临精神病的威胁。我根本没想到会发生战争。

不久之后，在1914年的整个春天和初夏，我一连三次做了同一个梦，那时正值仲夏，一股来自北极的寒流南下袭来，冰封了大地。比如，我目睹整个洛林地区及其运河全被冻得死死的，人们四散而逃，整个地区一片荒芜。寒霜冻死了所有活着的绿色植物。我在1914年4月和5月做了这个梦，最后又在6月做了一次。

在第三次梦中，可怕的严寒再次从天而降，然而与以往的情况不同，这个梦有一个出乎意料的结局。严寒中出现了一棵只长叶不结果的树（我猜测这是我的生命之树），在寒霜的作用下，树叶变成了甘甜的葡萄，而葡萄丰富的汁水还有治愈疾病的功效。我摘下一串，送给一大群在树下等待着的人。

我在1914年7月末受邀出席英国医学协会在阿伯丁举行的学术大会，并做了题为《潜意识在精神病理学上的重要性》的学术报告。对于可能会发生的坏事，我做足了准备，因为我认为有了这样的幻觉和梦境，一切都是命中注定。我那时精神状态欠佳，感到种种恐惧正对我穷追不舍，我竟要在这样的情况下就潜意识的重要性做学术报告，那仿佛就是命运的召唤！

世界大战在8月1日这天爆发。现在我的任务已经明了：我要竭力了解发生了什么事，我还要搞清楚自己的经历与人类普遍的经历究竟一致到了什么程度。因此，我的第一个职责便是探究自己的心灵深处。我把建筑游戏期间浮现在脑海的种种幻觉记了下来，从此开始了探究过程。比起任何其他事来说，这是首先要做的工作。

各种幻觉接连不断地涌现，我尽力让自己保持头脑清醒，并想方设法去理解这些怪异的事情。我束手无策地站在一个陌生世界面前，那里的一切都显得既复杂又难以理解。我正生活在一种持续紧张的状态中，我经常感到，硕大的石块正翻滚着向我砸来，雷鸣闪电接二连三。我必须要有野兽的力量才能经受得起这些狂风暴雨。暴风雨也曾击倒过其他人——包括尼采、荷尔德林等许许多多的人。但是我的体内有股恶魔般的力量，因此，我从一开始就明白，我必须了解我经历的所有幻觉究竟有何含义，这一点是毫无疑问的。当我经受潜意识的猛烈冲击时，我仍坚定不移地相信，我正在遵从一种更高的意志，这种感觉一直支撑着我，直到我完成了这一任务。

我常常精神紧绷，因此我只好做些瑜伽来控制自己的情绪。但由于我的目的是想知道自己身上到底发生了什么事，因此我一直练习瑜伽，直到足以平复心境，继续开展我对潜意识的研究工作为止。我一旦感觉自己平静下来，便放弃了对情感的束缚，并开始让种种意象和内心的声音开口说话。而印度人练瑜伽恰恰相反，目的是彻底忘却大量的心灵内容和意象。

当我能够把各种感情转化为意象的时候——即发现隐藏在情感中的意象——我的内心便会平和安宁下来。如果我刻意将意象埋藏在情感中，我很有可能会被它们撕得粉碎。我只有一次机会将它们逐一分离开来，但在这种情形下，我将彻彻底底地变成一个精神病人，最终被它们毁灭。我的一个实验结论是：找到情感背后潜藏着的特定意象，对治疗是极为有利的。

我尽可能地记录下自己的幻觉，并对导致这些幻觉产生的精神条件加以认真分析。但我只能通过笨拙的语言来表达：起初，我经常用“夸张的语言”阐述我幻觉中出现的事物，因为这与原型的风格相呼应。原型的表达辞藻华丽而空洞，这种风格使我感到尴尬，它刺激着我的神经，就像有人在灰泥墙面上向下刮指甲，或是在石板上磨刀一样。但是既然我并不知道正在发生什么事情，我别无选择，只能使用潜意识本身选择的语言风格记录并描述这一切。有时候，仿佛我是在用耳朵聆听它的话语，用嘴巴感知它的存在，用舌头编写词语，我时不时地便会听见自己在大声嘟囔。在意识的局限下，万物都沸腾活跃了起来。

我从一开始就将自己主动与潜意识对抗看作一种科学实验，我本人自发地进行这项实验，而且我对它的结果饶有兴趣。今天，我同样可以问心无愧地说，这是一场在我身上进行的实验。对我来说，其中最大的一个困难就是应对自己的负面感受。那时我正自愿地服从于自己难以真正赞同的情感，而我时常会觉得，自己当时记下的幻觉都是些胡言乱语，而且我对它们极为反感，因为只要我不明白它们的含义，它们便成为崇高与荒谬的邪恶混合体。我竭尽全力才忍受住它们，但是我却受到了命运的挑战，直到拼尽了全力，才从迷宫里走了出来。

为了抓住“暗地里”在我身上活跃着的幻觉，我知道必须让自己全心全意地沉浸其中。我对此不仅抱有强烈的抵触，还明显感到恐惧。因为我担心无法控制自己的想法，从而变成幻觉的牺牲品——作为一名精神病专家我非常清楚这究竟意味着什么。但是经过长期的犹豫，我终于明白，除了深入幻觉之中，没有其他的选择，如果我不去冒这个险，它们的权力便会凌驾于我之上。因为我坚信，医生自己都不敢做的事，更无法要求病人去做。这便是我试图冒险的有力动机。不能仰赖有帮手来帮他们的借口，因为我非常明白，这个所谓的帮手——也就是我自己——帮不了他们，除非他们根据自己的直接体验，掌握他们的幻觉材料，而当下这个帮手拥有的，只不过是可疑的理论偏见。我不但是为了自己，而且为了自己的病人，献身于一项危险的事业，正是这一想法帮我度过了好几个关键的阶段。

正值1913年基督降临之时，我下定决心采取决定性的一步。这天我正坐在桌子旁边，翻来覆去地思考着自己的恐惧。然后，我自己摔下了椅子。突然之间，仿佛脚下的地面裂开了，我落入了黑暗的深渊。我不禁感到恐惧。在并不太深的地方，我的脚猛地一下踩到了一团又软又黏的东西。我长长地舒了口气，虽然自己还完全处于黑暗之中。不久，我的眼睛慢慢地习惯了这种如深沉暮色般的黑暗。我的面前出现了一个阴森森的洞穴入口，洞口中央站着一个侏儒，皮肤呈皮革色，就跟木乃伊似的。我从他身边挤过狭窄的入口，走进了洞内，然后蹚过没膝的冰水来到洞穴的另一端，我在一块突出的岩石上面发现了一颗闪着光的红色水晶石。我双手抓住并搬起石头，一个空穴出现在眼前。最初我什么也看不出来，然而没过多久，空穴当中开始流水。一具尸体顺着水流漂过去，这是个年轻人，满头金发，头上还有一处伤口。跟着尸体漂来的是一只巨大无比的黑色圣甲虫，然后从深水中冉冉升起一轮朝阳。阳光照得我头晕目眩，于是我想把石头放回洞口，但此时一股液体满溢出来，竟然是血水。一大股浓稠血水喷涌而出，我感到一阵阵的恶心。我感觉喷涌的时间长得令人难以忍受，仿佛这血会无穷无尽地喷涌下去。最后喷涌终于停止了，而这幻觉也跟着消失了。

我被这一幻觉惊吓得不知所措。当然，我意识到，这是关于英雄与太阳的神话，是关于死亡与重生的戏剧，那只圣甲虫象征着重生。在幻觉的结尾，本来应该是象征着新一天的黎明，取而代之的却是那令人无法忍受的、无穷无尽地喷涌的血水——在我看来这是一种完全反常的现象。然后我开始回想那年秋天产生过的所有关于血的幻觉，于是放弃了一切进一步理解的尝试。

六天之后，我做了一个梦。我梦见自己与一个棕黑皮肤、不具名的圣人身处一座人迹罕至、景色宜人的石山。此时黎明未至，但东方的天空已经白得如同鱼肚，群星忽隐忽现。随后，我听到了齐格弗里德[1]的号角声在山间响起，我知道我们必须杀了他。我们带着来复枪，埋伏在一条狭窄的岩石小道上。

齐格弗里德出现在山巅，沐浴着朝阳的第一道金光。他驾着一辆由死人骨头组成的战车，猛冲下陡峭的山坡。我们趁他拐弯的时候朝他开枪，于是他中枪倒地而死。

想到自己摧毁了如此伟大而美丽的东西，我的内心充满了厌恶和懊悔，于是拔腿就跑，生怕这一谋杀被人发现。但此时突然下起了倾盆大雨，我知道雨水会冲刷掉关于死者的一切痕迹。我已经躲过了被发现的危险，生活仍然继续，但一种难以忍受的罪恶感在我心头挥之不去。

从梦中醒来之后，我在心里反复琢磨着这一幻象，但始终未得其意。因此我想再次入睡，心中一个声音却对我说："你一定得弄清楚这个梦，必须马上行动！"内心的紧迫感越发强烈，直到可怕的时刻终于来临，我听到这个声音说："你要是搞不清楚这个梦，你就必须开枪自尽！"恰巧在我晚上用的这张桌子的抽屉里就放着一把上了膛的左轮手枪，这可把我吓坏了。然后我再次陷入了深思，突然间，梦的意义浮现出来。"这不正是在世界上演的问题吗？"我想，齐格弗里德代表德国人渴望获得的东西，也就是英勇地、随心所欲地把自己的意志强加到别人身上。"有志者事竟成！"我也早就想这么做了。但如今已经不可能了，因为这个梦表明

[1] 也叫齐格飞，是德国中世纪叙事诗《尼伯龙根之歌》第一部分《齐格飞之死》中的屠龙英雄。

了英雄齐格弗里德所代表的态度已经不再适合我了，因此这种态度必将被消灭。

那件事之后，我感受到了无法抗拒的同情，仿佛遭到枪杀的是我。这是我暗中将自己等同于齐格弗里德的表现，以及一个人被迫牺牲理想和意识态度时所感受到的悲伤。我们要抛弃这种同一性和英雄理想主义，因为有些事情比自我的意志更加崇高，面对它们，一个人必须表现得恭顺服从。

到目前为止，这些想法已经足够了，于是我再次进入了梦乡。

那个身材矮小、棕黑皮肤的侏儒一直在我身边，实际上是他主动提议杀人的，他是原始阴影的象征。那场雨表明存在于意识和潜意识之间的紧张关系正在得到解决。虽然当时我除了这几点暗示外，并没有掌握更多这个梦的含义，但我的身上却释放出一股股新的力量，帮助我得出了有关潜意识实验的结论。

为了牢牢抓住这些幻觉，我常常想象自己走在一段陡峭的下坡路上。我甚至还做了多次尝试，想查个水落石出。例如，第一次尝试到达深度约一千英尺的地方，第二次我却发现自己身处宇宙深渊的边缘，就像踏上通往月球的旅程，又像是落入了空空如也的空间。最先出现的是一个火山口的意象，我感觉自己仿佛身处一片死人的国土。在一块陡峭的岩石附近，我看见了两个人，一个是白胡子老头，另一个则是年轻漂亮的姑娘。我鼓足勇气走上前去，像对待活人一样，专心致志地听他们对我说话。老人向我解释说他就是以利亚，这已经使我大吃一惊了，但更令我瞠目结舌的是那个年轻的盲人姑娘，因为她竟然自称是莎乐美！多么奇怪的夫妻啊，莎乐美和以利亚。但是以利亚向我保证，他和莎乐美从世界初始到结束，都将永永远远是夫妻，这完全使我惊愕了……一条黑蛇与他们生活在一起，它展示出一副明显青睐于我的模样。我紧紧靠着以利亚，因为他看起来像是三者当中最明理的人，也是最明智的人。对于莎乐美，我仍心存疑虑。以利亚与我长谈一番，然而我却不理解他的话。

我很自然地提醒自己，父亲曾经就是一个牧师，以便为出现在我幻觉中的两个属于《圣经》的角色找到合理的解释。但这根本不能解释那老人究竟象征什么，莎乐美又象征什么，他们两人为什么会在一起。直到多年以后，当我比现在懂得更多的时候，我才觉得老人和年轻姑娘之间的关系是完全自然的。

人们经常在这样的梦境中遇见一个老人，身边有个年轻姑娘，而在许多神话故事中可以找到许多这样的例子。因而，依照诺斯替教派的传统，西蒙・马格斯会随身带着一位从妓院里挑来的姑娘，她的名字叫海伦，而人们认为她就是特洛伊战争中海伦的化身。这一类女性中还包括克林索与昆德丽、劳泽与舞女等。

我在上面提到过，我的幻觉中除了以利亚和莎乐美之外还有第三个形象——那条黑蛇。在各种神话中，蛇往往代表着英雄。神话中数不胜数的故事都证明了两者间的相似性。比如说，英雄拥有一双蛇一般的眼睛，或者说英雄死后变成了一条蛇，被敬为蛇，再或者英雄的母亲是蛇，等等。因此，在我的幻觉中蛇的出现暗示着一个英雄的神话。

莎乐美是一个女性的形象。她眼盲是因为她不明白事物的意义。以利亚则是智慧年长的先知形象，他代表了智力和知识，而莎乐美所代表的则是性欲。可以认为这两个形象分别是逻各斯（理性）与厄洛斯（性爱）的体现，但这样的定义未免过于理念化。而暂时让它们以本来的面貌出现，也就是以事件和经验的原貌出现，对我来说反而更有意义。

这一幻觉出现后不久，另一个形象又从潜意识中跑了出来。他由以利亚的形象发展而来，我称他腓利门。腓利门是个异教徒，他带了一种含有诺斯替教派色彩的埃及—希腊气氛。这一形象的初次登场是在我以下的梦境中——

有一片蔚蓝得如同大海的天空，天空中飘浮着的不是云朵，而是扁平的棕色土块。土块似乎正在分裂，湛蓝的海水从这些土块间露出，但这湛蓝的海水其实是蔚蓝的天空。突然间，一个长着翅膀的人翱翔而过。能看出来这是一位长着牛角的老者。他拿着穿成一串的四把钥匙，紧紧握着其中一把，好像要打开一把锁似的。他长着有如翠鸟羽翼般形状和颜色的翅膀。

我不太明白这梦中的意象，于是把它画了下来，以便深深地印在脑海中。当我正埋头画画的那几天，竟然在自家靠湖边的花园里发现了一只死去的翠鸟！我惊愕不已，因为翠鸟在苏黎世一带极为罕见，而在这之前，我也从未发现过一只死了的翠鸟。这只翠鸟死了没多久——至多也就两三天——而且身上也没有外伤。

幻觉中的腓利门以及其他形象使我恍然大悟：心灵中存在的事物并不是我创造的，而是它们创造了自我并拥有了生命。腓利门代表了一种并不属于我的力量。我在幻觉中与他交谈，而他却说了一些我意识不到的东西，因为我清楚地观察到，这话出自他之口而不是我。他说："我对待思想就像它们是由我创造的一样。"但他认为，实际上，思想像森林里的动物，或像房间里的人们、天空中的鸟儿，他接着说："如果您看到了房间里的人们，您便不会认为是您创造了他们，或认为您应该为他们负责。"正是他，教会了我精神上的客观性，也就是精神的现实性。通过他，我自己与我思考对象之间的区别变得清晰了。他以一种客观的态度面对我，使我明白自己身上有着某种东西会说些我不知道以及我无法说出口的事，甚至是反对我的东西。

从心理学上讲，腓利门代表了卓越的洞察力。他对我来说十分神秘，有时候他显得很真实，像个活生生的人。我与他在花园里漫步，对我来说他就是印度人所说的古鲁（印度教等宗教的宗师或领袖）。

每当一种新象征的轮廓出现时，我便觉得这几乎是我个人的失败。它代表着直到现在我还不理解的另一种东西！我感到一阵恐惧，害怕这样一连串的形象可能是无穷无尽的，而我也可能会在无知的无底深渊迷失自己。我的自我受到了贬损——尽管我在世俗事务上的成功可能会使我安心。在我的黑暗中（"把我们头脑里可怕的黑暗清除掉。"——《曙光乍现》[1]），

[1] 托马斯·阿基纳斯的一篇关于炼金术的论文。

我多么希望能有一个真实的、活生生的古鲁，希望有某个人掌握了更广博的知识，更高超的能力，愿意帮助我厘清无意识中创造的东西。腓利门承担了这一任务，在这方面，不管我愿不愿意，我必须得承认他是我的导师。而且实际上，他向我传达了许多具有启发性的观点。

十五年后，一位修养极高的印度老者前来看望我，他是甘地的朋友。我们讨论了印度的教育——尤其是有关宗教导师和门徒之间的关系。我迟疑地问他，能否透露一点他的宗教导师的人品和性格，对此他用一种实事求是的口吻回答道："可以，没问题，他就是商羯罗[1]。"

"您难道指的是评论《吠陀经》的那个死了好几百年的人？"我问道。

"没错，就是他。"他针对我的惊诧回答道。

"那您指的是一种精神？"我问道。

"当然是他的精神。"他表示同意。

这时候，我想到了腓利门。

"还有幽灵宗教导师呢，"他接着说道，"大多数古鲁都是活着的，但也有些人让鬼魂当导师。"

这一消息既启发了我，又使我安心。所以很显然，我并没有完全脱离尘世，而只是体验到了那些做出类似努力的人可能会遇到的东西。

后来，出现了另一个我称之为"灵魂"的形象，腓利门因此变得有相对性了。在古埃及，"国王的灵魂"就是他尘世的形态，也就是具体化的灵魂。在我的幻觉里，灵魂来自下方，来自大地，像是从深井里冒出来的。我把他的形象画了下来，通过他尘世的形态表现他，画了一幅隐士雕像图，底座是石头，而上半部分由青铜制成。在画面的上方出现了翠鸟的一只翅膀，翅膀和灵魂的头之间飘浮着一团发光的星云。灵魂带有一种恶魔般的表情——也可以说是靡菲斯特的表情。他用一只手握着一座彩色宝塔或一个圣骨匣模样的东西，另一只握着铁笔的手在圣骨匣上刻画着。他

[1] 中世纪印度的经院哲学家。

说道:“就是我把众神埋在了金子和宝石之中。”

腓利门的一只脚瘸了，但他是个有翅膀的精灵，而灵魂所代表的则是一种地魔或是金属之魔。腓利门是精神层面的，或者说是一种“含义”。在另一方面，灵魂却像希腊炼金术中的安斯罗帕里恩一样是个自然之灵[1]——而在那时，我对炼金术还不太熟悉。是灵魂使这一切变得真实，但它也使平静的精神（即“含义”）变得模糊不清，或被“永恒的映像”（即“美”）取而代之。

久而久之，通过对炼金术的研究，我便可以把这两个形象结合起来。

在我写下这些幻觉的时候，我再次问自己:“我到底在做什么？可以确定的是，这与科学毫不相关，那它又是什么呢？”我心里的一个声音立刻说道:“它是艺术。”我感到无比震惊，我从未预想过，自己正在写的东西会与艺术有关。随后我想:“也许我的潜意识正在形成一个人格，这种人格不属于我，但它坚持要表达出来。”我敢肯定，这声音来自一个女人。我认得出，这是我的一个女病人的声音，是个才华横溢的精神病患者，曾经热烈地移情于我。她在我的脑海里成了一个活生生的人物。

显然，我在研究的并不是科学。那它除了是艺术还能是什么？科学和艺术仿佛成了世界上仅有的选择。这便是女人的思维方式。

我向这个声音着重强调，我的幻觉与艺术无关，随后我的内心却感到了一种强烈的反感。可是再没有声音传来，于是我又继续记录。接着，又出现了第二次袭击，那声音断然说道:“那就是艺术。”这次我紧紧抓住她，并对她说:“不对，这不是艺术！正好相反，它是自然。”说完我便准备与她展开争论。可是争论并没有出现，我便想:“我心里的女人并没有我所拥有的语言中枢。”于是我建议她使用我的语言中枢。她这样做了，并滔滔不绝地说了起来。

[1] 一种侏儒，他在3世纪中著名的炼金术士佐西莫斯的幻象中出现过。安斯罗帕里恩、地精、古籍中的钢铁精、炼金术中的水银之精墨丘利乌斯以及供炼金术士驱使的矮人们都属于同一种精灵。

一个女人竟在我的心中搅扰我，这引起了我极大的兴趣。我认定她是原始意义上的“灵魂”，我还开始思考为什么要赋予灵魂“女性意向”的名字，为什么意识主动将它设想成女性。后来我才渐渐明白，内心中的女性形象在男性的潜意识中，扮演着一种典型的或原型性的角色，所以我称她为“女性意向”。而在女性潜意识中对应的形象，我称之为“男性意向”。

起初，女性意向的消极方面给我留下了深刻的印象。我有点被她震慑住了，那感觉就像房间里出现了一个隐形人。随后，我突发奇想：写下的所有分析材料实际上就是在给女性意象写信，也就是有意识的自我以不同的观点给另一部分的我写信。我获得的是不同寻常且出乎意料的评论。我像是个分析鬼魂和女人的病人！每天晚上，我非常自觉地写着，因为我觉得，如果我不写，我就没办法让女性意向理解我的种种幻觉了。同样，我把它们写出来，女性意象就不会趁机把它们编织成阴谋了。然而想和做之间却存在着天壤之别。为了尽可能忠实于我自己的意愿，我遵循了一句古希腊格言：“只有给予，才能索取。”把这一切仔仔细细地记了下来。

在我记录的这段时间里，奇怪的现象会过来分散我的注意力，这种情况时有发生。我渐渐学会了如何区分我自己的意识和这种干扰。每当想到情感上庸俗和乏味的东西时，我便会告诉自己：“没错，我曾经如此思考，如此感受，但我现在可以不用这种方式思考和感受了。我不需要永远接受自己的平庸，因为这是不必要的羞辱。”

最重要的是使这些潜意识内容人格化，从而使自己与它们区分开来，同时又使它们与意识产生关系，这是剥夺它们权利的技巧。将它们人格化并不难做到，因为它们往往都拥有一定程度的自主性，拥有独立的身份。它们的这种自主性最令人不舒服的地方就是让人迁就它们。然而事实上，潜意识以这种方式表达自己，却也为我们提供了控制它的最佳手段。

我认为女性意向所说的话充满了诡诈。如果将潜意识的幻觉视作艺术，那它们不会比我在观看电影时获得的视觉感知更使人信服。我会觉得自己对它们没有道德上的义务。这时，女性意向就可能很容易使我相信，我是一个受人误解的艺术家，而我所谓的艺术天分就赋予了我忽视现实的权利。如果我听从了她的诱导，她很可能会在某天对我说："您是不是想象自己忙于研究的无稽之谈实际上就是艺术？其实根本不是。"因此，女性意向，即潜意识喉舌的这种暗讽，就能彻底毁掉一个人。归根到底，决定性因素始终是意识，意识可以理解潜意识的表现形式，并对其表明某种立场。

但女性意向同样有积极的一面，正是她将潜意识的种种意象传达给了有意识的思想，这也是我特别重视她的地方。几十年来，每当我的情绪受到打扰，或某种东西已经在潜意识中成型时，我便总是向女性意向请教。这时，我便会问她："你现在在做什么？你看见了什么？请告诉我，我很想知道。"在某种不情愿和抗拒之后，她便会定期产生一种意象。意象一出现，我曾感受到的不安和压迫随即消失得无影无踪。我在这些情感上的全部能量转化成对这种意象的好奇与着迷。我与女性意向谈论她传达给我的意象，因为我必须要像对待梦境一样倾尽所能理解它们。

时至今日，我不必再同女性意向进行这样的对话了，因为这样的情感已经消失了。但如果这些情感确实存在，我依然会用相同的方式处理它们。如今，我已经能够直接地意识到女性意向的思想，因为我已经学会接受并理解潜意识的内容。我知道面对这些内心意象时，自己应该怎么做。我可以从梦境中直接读出它们的含义，因此就不需要一个媒介来传达了。

起初，我把这些幻觉记录在"黑皮书"中，后来又将它们转移到"红皮书"里，还画了些插图（大多是关于曼陀罗的）作为装饰。我在"红皮书"里试图从审美的角度阐述我的幻觉，但一直没能完成。我意识到自己仍未找到适合的语言，只能把它们转化成某种别的东西。因此我适时地放弃了这种审美的倾向，选择先经历一个严谨的理解过程。我知道，许多幻觉都需要脚下坚实的土地，所以我首先就要完全回到现实中去。我认为现实意味着科学的理解，而我必须从潜意识赋予我的洞见中得出具体的结论——而这任务终将成为一项终生的事业。

讽刺的是，作为精神病医生的我，在几乎每一步的实验中，碰到的都是同样的精神性材料，而它们又是在精神病人身上发现的，关于精神病方面的。这些精神性材料是相当困扰精神病人的潜意识意象，然而它们又是神话想象的本体，自我们的理性时代之后就已经消失殆尽了。尽管这种想象无处不在，却是人类所惧怕和禁忌的，因此踏上这条通往潜意识深处的、变幻莫测的道路，就像开始了一次危险的实验或一场未知的冒险。它被认为是一条错误的、模棱两可的、被误解的道路。我想起了歌德的话："现在让我鼓起勇气，打开人类脚步从未踏入过的大门。"[1]《浮士德》的第二部不仅仅是一部文学作品，它是《金链》[2]中提及的一种连接，它的存在始于哲学上的炼金术和诺斯替教派，一直延续到尼采的《查拉图斯特拉如是说》。尽管鲜为人知、含糊不清又充满危险，它却是一条通往另一个世界的航路。

特别是当我正在研究幻觉的时候，我非常需要在"这个世界"找到一个支撑点，而我的家庭和职业，可以说就是这个支撑点。在现实世界中拥有正常的生活，并以此对抗怪异的内心世界，这对我来说何其重要。我的家庭和职业一直是我可以随时回归的大本营。它们使我坚信，我是一个真实存在的普通人。潜意识的内容原本可以把我逼得失去理智，但是我有家室，有一个妻子和五个孩子，我家住在库斯纳克特市西斯特拉斯 228 号。我还掌握知识，获得了瑞士一所大学颁发的医学文凭。我必须要帮助我的病人——这些现实对我提出了各种要求，而且屡次向我证明，我真实地存在着，我并不像尼采那样，是一张随着精神的旋风在空中到处翻飞的白纸。尼采失去了立足的根基，因为除了思想中的内心世界，他一无所有——他的内心世界碰巧控制了他，甚至比他控制内心世界的力量还要强大。他被连根拔起，在大地的上空飘荡，以致他不得不以浮夸和虚构的方式行动。但对我来说，这种虚构则是可怕的本质，因为归根结底，我的目的就是活

[1]《浮士德》第一部。

[2] 炼金术中的金链（或荷马链）代表一系列的伟大智者，从连接天地的赫尔墨斯·特里斯米基斯托斯开始。

在今生今世。无论我如何沉醉、如何扬扬得意，我向来清醒地知道，自己正在经历的一切终究会指向我的现实生活。我决意要对生活负责，充实生活的意义。我的座右铭是：就在现实生活中证明自己的本领吧！（就当这里是罗陀斯，就在这里跳跃吧！[1]）

因此，我的家庭和职业一直是带给我愉悦的现实，而且保证了我正常生活着的存在。

渐渐地，一种内心的变化开始在我身上显现。

1916年，我突然有了一种冲动，想赋予某种东西以具体的形态。内心强迫我系统地阐述表达，比如有可能是腓利门所说的话。这就产生了《对死者的七次布道词》和其中所用的特殊语言。

布道词的头几句就表现出一种焦躁不安，但我不知道它要表达的意思是什么或者“他们”想从我这里得到些什么。我的周围充斥着一种不祥的气氛。我有一种奇怪的感觉，好像空气里充满了鬼魂。随后，我的屋子也像闹鬼了一样。我的大女儿看见一个白衣人从房间穿过。二女儿则和她的姐姐不同，说夜里睡觉时被子被无缘无故地扯掉了两次。就在同一天夜里，我九岁的儿子做了一个充满焦虑的梦。第二天早上，他向妈妈要蜡笔，他向来不画画，此时却用蜡笔画出了昨晚的梦境，并起名为《渔夫之画》。画的中央流淌着一条河，河岸边站着一个手握钓竿的渔夫。他的头顶处有一根烟囱，只见火苗跳跃，烟气袅袅。渔夫已经钓到了一条鱼。而就在此时，魔鬼正从河流另一边的高空中飞来，一把偷走了鱼，还遭到渔夫一顿咒骂。然而渔夫抬头一看，却发现上空盘旋着一位天使，对他说：“不准你动魔鬼一根毫毛，他抓走的只不过是一条恶鱼！”这便是儿子的画，画

---

[1] 出自《伊索寓言》，大意是一位运动健将旅行归来，对家乡的人吹嘘自己在罗陀斯岛跳得非常远，甚至连奥林匹克选手也比不过他。周围的人无法忍受他的自大，便说：“如果真的是这样，就当这里是罗陀斯，就在这里跳跃吧！”这个故事意在教育人们事实胜于雄辩，如果自己对某事某物有任何意见或是论点，就要找到合理服人的证据证明自己的观点，假如不能，就有无端指责和撒谎的嫌疑。

画的当天正是周六。

大约在周天下午 5 点钟，大门上的铃铛丁零丁零响个不停，就跟发了疯似的。这是一个阳光明媚的夏日，两个女佣都在厨房里忙活，从厨房可以看到大门外那片空旷的广场。大家立刻起身去查看谁来了，但一个人影也没看到。我当时正好坐在门铃边，不但听到了铃响，还看到了它在微微颤动。我们只好面面相觑，气氛紧张极了，我是说真的！然后我便意识到，肯定发生了什么事。整个屋子被塞得满满当当，好像一下子进来了一群鬼魂。它们把屋子挤得满满的，一直挤到门口。周围的空气相当沉闷，简直让人喘不过气来。我自己也是浑身上下颤抖个不停，心里纳闷：“上帝呀，这究竟是怎么了？”然后，它们异口同声地喊道：“我们从耶路撒冷回来，在那里找不到我们想要的东西。”《对死者的七次布道词》开头的话便出自这里。

随后，我就下笔如有神，才过了三个晚上，这篇文章便完成了。只要我一拿起笔来，群鬼就立刻消失得无影无踪了。房间安静下来，空气也变得清新通透。闹鬼的事至此结束了。

我们应该以其本来的面目，或者说看起来应该有的面目来看待这一经历。毫无疑问，它与我当时的思想状态有关，而这种思想状态，非常有利于解释灵学现象。它是一个潜意识的星群，我认为其怪异的气氛就是原型的内在引导力量。“它到处走动，它在空中飞舞！”[1] 当然，理智总喜欢妄称自己能通过物理和科学知识进行解释，或者干脆把整件事判为违反科学法则而一笔勾销。但是，如果从不违反法则，那么这个世界该多么枯燥乏味啊！

就在这次经历前不久，我记录下了灵魂飞跃肉体的幻觉。这是一件意义重大的事：灵魂，即女性意向，与潜意识建立了联系。从某种意义上讲，这也是与所有死者之间的联系，因为潜意识相当于死者的神话世界，对应

[1]《浮士德》第二部。

着先人的世界。因此，若是有人产生了灵魂消失的幻觉，这就意味着灵魂退居于潜意识之中或者说撤退到了死者的王国。在那里，灵魂产生了一种神秘的生机，使先人的痕迹也就是集体性的内容以可见的形式呈现出来。它像是一种媒介，使死者有机会自我显现。因此在我的灵魂消失后不久，“死者的灵魂”便出现在我面前，也就有了《对死者的七次布道词》这篇文章。这就是所谓“丢魂”的例子——原始人也会经常遇到这一现象。

从那时起，死者作为尚未被解答、尚未被解决和尚未被救赎的声音，显得越发清晰了。既然命中需要我回答的问题和需要被我满足的要求并非来自外部世界，那么它们必定来自内心的世界。与死者的对话成了一种预言，一种需要我向世人传达潜意识的概念，一种有序的格局以及对潜意识基本内容的解释。

如今，当我回顾一切的时候，当我思考幻觉对自己产生何种影响的时候，那情形仿佛有一个信息以压倒一切的力量传入我的耳中。这些意象中的事物不仅关系到我自己，还会影响其他无数的人。从那时起，我就不再只属于我自己了，再也无权属于我自己了。从那时起，我的生命开始属于芸芸众生。当时的科学里并没有我所关心的或正在找寻的知识。我本人还需经历原始的体验，还需尽力把经历结出的种子埋入现实的土壤，否则它们仍然是未经证实的主观假设。正在这时，我才将自己献身于为人类精神世界的服务之中。我对它爱恨交加，但它确实是我生命中最大的一笔财富。我把自己托付给精神，而这便成了我能够忍受自我存在，充分享受生活的唯一方式。

可以说，我从未切断过自己与那些初期经历的联系。我的所有作品，我的一切创造性活动，都来自始于1912年（大约五十年前）的最初的各种幻觉与梦境。我晚年生活所取得的一切成就都包含在它们之中，虽然最初的形式只是情感与意象。

我的科学知识是我能够摆脱那种混乱状态的唯一途径。否则，这些材料便可能会使我陷入荆棘丛中难以脱身，或像原始森林里的匍匐的植物一样将我活活勒死。我谨小慎微地去尝试理解每个单独的意象，以及我精神库存中的每一个想法，并尽可能地对它们进行科学的分类，但最重要的是，在实际生活中理解它们。这正是我们通常忽略的地方。我们允许意象出现，甚至可能还会对它们惊讶不已，但是只能到此为止。我们无须费心地理解它们，更不用从中得出道德上的结论。这种断然停止的做法就会对潜意识产生许多负面的影响。

只要对意象稍加理解便可有点到为止的想法同样也是一个严重的错误。对意象的洞察必须转化成一种道德义务，否则，就会成为权力原则的牺牲品，招致种种危险的后果，不仅对他人，甚至对洞察者本人都是毁灭性的。潜意识的意象使人肩负了重大的责任，不理解意象的含义或者逃避道德上的职责都会使他自己和他的生活四分五裂，痛苦不堪。

在我全神贯注地研究潜意识意象的那段时间，我决定辞去大学的教职。从 1905 年开始至今，我作为无俸讲师，已经在那里执教八年了。有关潜意识的经历和实验已经使我的智力活动停滞不前。写完了《潜意识心理学》之后，我发现自己完全丧失了阅读科学书籍的能力，这种情况一直持续了三年之久，我感觉自己再也无法赶上知识界的发展水平了，再也无法谈论令我心醉神迷的事情了。原本是想公布我对于潜意识的研究成果，结果却是我自己差点成了哑巴。我既不能理解其中的原因，也无法赋予潜意识材料具体的形式。在大学上课，使我的思想处于一个曝光的状态，使我认识到假如我想要继续授课，首先必须找到一个耳目一新的方向。如果我对自己的知识都充满疑问，那么继续教授年轻学生着实是误人子弟。

因此我觉得自己正面临着一个艰难的抉择：要么就继续我的教学生涯，继续走在这条坦途之上；要么就遵循内心人格的法则，听从于一种更加理性的安排，继续推进我那个奇怪的任务，朝着我那潜意识的研究奋进。但是，直到我做出这一抉择之前，我都不能出现在公众面前。

于是，我自觉地、故意地放弃了我的教学生涯。因为我觉得自己身上即将发生某件伟大的事情，而且对此深信不疑，感到它从永恒性的角度而言更为重要。我相信它会使我的生活充满意义，我将不惜一切代价来实现这一目标。

归根结底，能不能当上教授又有什么关系呢？当然，不得不放弃这一教职确实令我有些困扰。在很多方面，我对于无法将自己局限于为常人所理解的材料上感到遗憾。有时我会突然做出反抗命运的举动，不过这种情绪都是转瞬即逝的，也不算什么。相反，另一件事情却很重要，如果我们能够留意内心人格的渴望和诉求，这种痛楚就会消失得无影无踪。我已经反反复复地体验过这种感觉，不仅仅是在放弃教学生涯时才体验到。的确，在我的童年时期，就已经有过几次这样的体验了。年轻的时候，我的脾气相当暴躁，但每当这种强烈的情感达到高潮时，它就会突然转到另一个方向，随后便是一种仿佛身处宇宙般的宁静。在这种时候，我便觉得自己已经远离尘世，而刚刚还令我情绪激动的东西，仿佛已经属于遥远的过去。

我决定放弃教学生涯，并参与无人（包括我自己）能够理解的事物中，这导致我感到极度孤独。我踱来踱去，左思右想，却找不到一个可以交流的人，因为他们只会对我产生误解。我发现，意象与现实世界存在着一条难以逾越的鸿沟，它存在的方式最为令人痛心。我仍然看不到自己如今已经理解的两个世界之间的互动，我看到的只是“内在”“外在”之间不可调和的矛盾。

然而，我从一开始就明白，只要我能成功地证明精神体验的内容真实存在，而且这种真实性不仅仅针对我的个人经历，还适用于集体性的经历，我就能找到自己与外部世界以及与人们的接触点。然而，这个工作是要付出巨大努力的。后来，在科学工作上，我试图证明这一点，并倾尽所能向亲朋好友介绍一种认识事物的新方法。我知道自己必须要成功，否则便会陷入绝对孤立的境地。

直到第一次世界大战快结束时，我才逐渐走出黑暗。有两件事加速了这一进程。第一件事是，有一个女人执意相信我的幻觉具有艺术价值，我与她断绝了关系；第二件事，也是最主要的事，发生在 1918 至 1919 年之间。写完《对死者的七次布道词》之后，我画了第一幅曼陀罗的画[1]。当然，我那时并不理解它的含义。

1918 至 1919年期间，我作为英军战区战俘的监管上校驻扎在厄堡。在那里，我每天早上都会在笔记本上画画，内容都是一幅小小的圆形图，也就是一个曼陀罗，它在某种程度上相当于我那时候的内心状态。通过这些图画，我能够观察自己每天的精神变化。例如，有一天，我收到了那位唯美主义夫人的来信，她在信中依然固执地认为，从我潜意识中产生的幻觉具有艺术价值，所以应该被当作艺术。这封信把我惹急了。它一点也不愚蠢，所以更具有危险的说服力，归根结底，现代的艺术家寻求在潜意识当中进行艺术创作的途径。而我对于掩藏在这个观点背后的功利主义与自负感到强烈的怀疑，即我不敢确信自己正在经历的幻觉百分之百是自发且自然的，不是我随意编造出来的。我还远没有克服意识里的偏执和狂妄。因为意识更愿意相信，任何一个中途产生的优异灵感都归因于个人的优秀，而自卑的人则会认为这只是出于偶然，甚至源自其他与自己毫无关系的事物。由于自身感到了这种刺激和失调，第二天我所画出的曼陀罗出现了异样：边缘处有一部分断开了，破坏了图画的对称性。

后来，我才渐渐地了解到曼陀罗的真正含义："成形、变形、永恒心灵的永恒创造。"[2] 而这便是自性，也就是人格的完整性，如果一切顺利，自性便是协调的，但自性无法容忍自我欺骗。

我笔下的曼陀罗图是关于自性状况的密码，它们每天都以崭新的方式呈现在我面前。我通过这些密码看到自性——即我的整体存在——在积极地工作着。诚然，起初我只能隔着一层迷雾去理解它们，但它们对我来说却极为重要，因此我便像保存昂贵珍珠一样保存着它们。我有种明显的感

[1] 见《类型和集体潜意识》卷首插图。

[2]《浮士德》第二部。

觉，那就是它们非常关键，随着时间的推移，我能通过它们获得一个鲜活的有关自性的观念。我觉得，自性就像是和我一样的个体，而且就是我的世界。曼陀罗就象征着个体，并相当于精神的微观世界。

我已经记不清这个时期到底画了多少幅曼陀罗了，应该有很多很多吧。在我将它们画下来时，有两个问题不断浮现脑海：这个过程正在走向何方？它的目的是什么？根据我的经验，我知道这时候不能擅自选择一个在我看来似乎可以信赖的目标。事实证明，我必须放弃自我至上的想法。我本来还想坚持，但最终还是突然地放弃了。我本想继续对神话进行科学分析，这项工作在《力比多的变化与象征》中就已经开始了，它仍然是我的目标——但是我决不能再去考虑它了！此时我正被迫经历潜意识这一过程。即使完全不知道自己会被引向何方，我也必须让自己夹杂在这股洪流中不断前进。然而当我开始画曼陀罗时，我终于明白了，我走过的所有道路，我采取的所有步骤，这一切的一切都在回到一点，也就是说回到了中心点。我逐渐明白过来，曼陀罗就是中心。它代表了所有的道路，是通向中心，通向个性化的道路。

在 1918 到 1920 年期间，我开始明白精神发展的目标就是自性。精神发展不存在线性的演变，只有自性曲折的发展。均衡性最多也只是在开始的时候才会存在。随后，一切都朝向这个中心点发展。这个想法使我稳定下来，慢慢地，我重新获得了内心的平和。我知道，在找到表达自性的曼陀罗之后，我终于获得了代表终极性的目标。也许某人会知道得更多，但那个人不是我。

几年之后，也就是 1927 年，我通过一个梦证实了自己关于这个中心以及自性的观点。我可以用一幅名为《永恒之窗》的曼陀罗的画来表达它的本质，这幅画后来在《金花的秘密》[1] 中得以重现。过了一年，我又画

[1] 指的是《金花的秘密》中的图 10，以及《关于曼陀罗的象征性》一章中的图。《金花的秘密》是荣格运用心理学分析中国文化并比较中西差异，对中国文化进行评论的经典之作。

了第二张曼陀罗，画中央是一座金色的城堡。完成后我问自己："为什么这幅画有如此浓厚的中国味？"无论形式还是选色，它都给我留下了深刻的印象。虽然外观上没有什么中国画的特征，但我依然觉得很有中国味，这便是它带给我的感受。此后不久，我碰巧收到了一封卫礼贤寄来的信，他在信中附有一篇题为《金花的秘密》的关于中国道教炼丹术的论文草稿，他还请我就此写一篇评论文章。我立马如饥似渴地读完草稿，我做梦也没想到，文中证实了我关于曼陀罗和中心曲折性的观点。这成为打破我孤立状态的第一件事。我逐渐感受到了一种认同，我终于可以与某事某人建立联系了。

为了纪念这一巧合，这一"同步性"，我在这幅我认为很有中国味的画下面写道："此画作于1928年，展现了一座戒备森严的金色城堡。法兰克福的卫礼贤寄于我一篇中文文章，论述了金色古堡即长生不老之源。"

这就是我之前提到过的那个梦：我发现自己身处一个肮脏灰暗的城市，那时正值阴雨连连的黑暗冬夜；我正处在英国的利物浦；伴随着几个——也就是六七个——瑞士人，我穿过好几条黑黢黢的街道。我感觉我们正从港口走出来，实际上真正的城市却在悬崖之上，于是我们爬上了悬崖。这里让我想起了巴塞尔，在那里，巴塞尔的市场位于正下方，你可以经过托藤嘉申（"死者之巷"）一路上行，通往上方的高地，然后再穿过彼得广场和彼得大教堂，随后我们抵达这片高地，发现了一个由昏暗街灯照亮的大广场，这是众多街道汇聚之地，城市的各个街区呈辐射状环绕广场分布。广场中央有一座圆形水池，水池的中心则是一座小岛。在雨、雾、烟和昏暗黑夜的共同作用下，周围的一切变得朦朦胧胧，小岛却被阳光照耀得灿烂夺目。岛上只生长着一株木兰，树上开满了红硕的花朵。这棵树仿佛既矗立在阳光之中，同时又是一束光源。友人们开始评论这恶劣的天气，显然没注意到这棵树。他们谈起了另一位住在利物浦的瑞士人，对他在这里定居感到吃惊不已。繁花盛开的树的美丽景色和阳光灿烂的小岛令我心醉神迷，我想："我很清楚他为何在此定居。"随后我就醒了。

我还需对梦中的一个细节做出一点补充性的评论：城市中各个街区绕中心点呈辐射状布局。围绕着这个点形成了一个被更大的街灯照亮的开放的小方块，俨然构成了小岛的小小复制品。我猜那“另一个瑞士人”就居住在其中一个二级中心点附近。

这个梦象征着我当时的心境。时至今日，灰黄的雨衣和上面闪烁着的水光依然浮现在眼前。一切都那么忧郁，正如我当时的所思所感，又黑又不透明。而我却产生了一种超脱尘世之美的幻觉，这便是我得以生存的原因。利物浦是“生命之池”。“利物”这个词在古人看来，是“生命之根”的意思——是它“创造了生命”[1]。

随梦境而来的还有一种命中注定的感觉。我知道，在梦中已经揭示了潜意识的目标。人无法走出这个中心。它便是目标，它便是一切的源头。这个梦使我明白，自性就是取向与意义的原则和原型，它的治疗作用便在其中。对我来说，这种洞悉暗示了通往中心进而实现目标的方法，也产生了关于我个人神话的第一个细微迹象。

这个梦之后我就不再画曼陀罗了。这个梦是整个意识发展过程中的高潮，它将我内心的整幅图景描绘出来，这使我心满意足。我已确信，自己正忙于一件重要的事情，但我仍然对它缺乏了解，我的同事中也没人能理解。这个梦给了我清晰的思路，使我能够客观地看待我生命中的事物。

假如没有这一幻觉，我就有极大的可能迷失方向，被迫放弃自己的事业。但是梦境已经帮我清楚地解释了其中的含义。当我与弗洛伊德分道扬镳时，我就知道自己正在陷入那未知的世界。说到底，我对弗洛伊德学说以外的领域还是一窍不通，但我还是踏入了黑暗之中。我的选择，以及梦境的出现，不免让人觉得是一种天意。

我花了整整四十五年，在科学工作的框架中提炼当时所经历所记录的

[1] 利物浦英文为“liverpool”，分开来是“liver”和“pool”，前者意思是肝脏，后者意思是池塘。

事情。作为一个年轻人，我的目标就是要在科学领域有所成就。但是随后，我触碰到了这股岩浆，于是它的热量和火焰重塑了我的生活。这就是促使我进行研究的根本动力，而我的作品或多或少算是一种成功的尝试，将这一炽亮的物体融入当代世界的图景之中。

追寻内心意象的岁月是我人生中最重要的时光——所有根本性的事物在那时都已经被决定了。一切就这样开始了，之后的细节只不过是对这些材料的补充与详述。这些材料从潜意识中喷薄而出，在最开始就令我心醉，是可供我终生研究的“原始素材”。

第七章
著述

在我后半生的最初几年，我就已经开始面对潜意识的种种内容了。对潜意识的研究是一场持久战，经过了大约二十年的时间，我才在某种程度上理解了自己的幻想。

首先，我必须证明内心体验的历史原型。也就是说，我要问问自己："我的那些特定的原型是否在历史上出现过？"如果我找不到此类证据，就不可能将我的观点具象化。因此，接触炼金术对我产生了决定性的影响，它为我提供了迄今为止仍然缺乏的历史基础。

从本质上而言，分析心理学是一门自然科学，但比起其他任何科学，观察者更容易受到个人偏见的误导。因此，心理学家要想排除最肤浅的错误（至少是判断上的），他就必须尽可能依赖历史和文学上存在过的类似的人物。在 1918 至 1926 年间，我对许多诺斯替教派作家的著作进行了研究，因为他们也面对过原始的潜意识世界，也探讨过潜意识的内容，以及明显受到了直觉世界玷污的种种意象。由于缺乏资料，很难说他们如何理解这些意象。此外，这些资料大部分来自他们的反对者——基督教神父。我觉得，他们极不可能对这些意象形成心理上的概念，但是就我面临的问题来说，诺斯替教派离我过于遥远，使我难以与他们建立任何联系。据我所知，连接诺斯替教派与现实的传统似乎已经被切断了，而且长期以来，人们也已经证实，找不到连接诺斯替主义——或新柏拉图主义——与当今世界的桥梁。但当我开始了解炼金术以后，我才意识到，原来正是它代表了与诺斯替教派的历史性联系，于是过去和当下之间便产生了一种延续性。炼金术的基础是中世纪的自然哲学，它是一座桥梁，一方面通往过去，一方面又通往未来，通往现代潜意识心理学。

搭建这座桥梁的人便是弗洛伊德，他引入了古典诺斯替教的性欲主题和邪恶的家长式权威。诺斯替教派的耶和华主题与创世主主题再次现身于弗洛伊德的神话之中，这部神话介绍了家长式权威以及由此衍生而来的阴暗超我。在弗洛伊德的神话里，他变成了一个魔鬼，创造了满是失望、幻觉和痛苦的世界。而在炼金术士密切关注物质的奥秘时，对物欲的倾向早已有所显露。就弗洛伊德而言，物欲的倾向掩盖了诺斯替教派另一个本质方面：一个权位更高的神的原始形象，将一个混合器皿（用于精神转化）馈赠给人类[1]。混合器皿是一种女性化的原则，在弗洛伊德男权式的世界里没有立足之地。顺便提一下，持有这种偏见的不止弗洛伊德一人。在天主教思想的王国里，圣母玛利亚与基督的新妇直到最近才被接进神圣的闺房（洞房），这一举动经过了千百年的犹豫后才得以实现。因此这种做法至少已经得到了部分认可。[2] 而在新教和犹太教的范畴里，父权一如既往地居于统治地位。在哲学意义上的炼金术中，女性化原则发挥着与男性化原则同等重要的作用。

我在研究炼金术之前做了一连串的梦，梦中反复出现相同的主题：我

[1] 诺斯替教派的教徒波曼德雷斯的书中提到，这个器皿（krrats）是一种充满灵魂的容器，造物主将它送到人间，以便那些追求更高意识境界的人在其中受洗。它是一种精神得以在其中更新和重生的子宫，与炼金术中发生物质转化的器皿相对应。在荣格的心理学中，与此相对应的是被称为个性化的内在转变过程。

[2] 这里指的是教皇比乌斯十二世颁布的训令《仁慈的上帝》(1950）中，宣布圣母玛利亚升天。这个训令肯定玛利亚作为新娘与圣子在天国的闺房中结合，作为索菲亚（智慧）的她则是与上帝结合。女性化的原则因此向男性化的三位一体靠近。参阅荣格《东西方心理学与宗教》中的《答约伯书》。

的房子旁边伫立着另一所房子，即一间侧厅或一座附属建筑，这让我感到意外。每次做梦，我都充满疑惑：为什么这座房子一直坐落在那里，我却从没有察觉到？最后，我做了一个梦，梦中我终于进入这座房子。我发现里面有一间美妙的图书室，大约可追溯到16或17世纪。对开本猪皮封面的大部头图书靠墙摆放，其中有几本以奇特的铜版画装饰，而插图则包含了我从未见过的奇异的符号。当时我并不明白它们有何所指，直到很久以后我才意识到它们是炼金术符号。梦中的我只能感受到这些符号以及整个图书室所散发出来的魅力。原来这里收藏了中世纪的古版书和16世纪的印刷品。

那未知的建筑物便代表了我人格的一部分，是自我的一个方面，它代表某种我还未意识到但属于我的东西。建筑物，尤其是那间图书室，意指炼金术，那时的我对此一无所知，但很快我就会开始研究。大概过了十五年，我的图书室已经塞得满满当当，与梦中的那个图书室十分相似。

1926年前后，我做了一个非常重要的梦，它预示着我与炼金术士的相遇。当时我正在战火纷飞的南蒂罗尔。身处意大利战场的我，正搭乘一个矮个子农民赶着的马车从前线返回。炮弹在我们四周爆炸，我知道这里的情况十分危险，我们必须尽快赶路[1]。

我们需要跨过一座桥，接着穿过一条隧道，而隧道拱顶的某些部分已被炮弹炸毁。当我们来到隧道另一边时，面前竟呈现出一道阳光明媚的风景，我认出，这是维罗纳附近的一个地区。而维罗纳市正雄踞我们的下方，在灿烂的阳光下熠熠生辉。我感觉如释重负，继续驾车前行，进入了蓊蓊郁郁、生机勃勃的伦巴第平原。小路延伸至春意盎然的可爱乡村，映入眼帘的是稻田、油橄榄树以及葡萄园。随后，在路的斜对角处，我发现了一座豪华恢宏的大庄园，有点像北意大利某个公爵的宅邸。这是一座非常有

[1] 从心理学的角度解释，从天上落下来的炮弹指的是从另一边飞来的导弹。因此，它们是潜意识和心灵阴影产生的结果。梦中发生的事表明，外部世界几年前已经结束的战争，如今还在精神中继续。显然，精神中可以找到外部世界找不到的问题答案。——荣格注

代表性的庄园，带有许多附属建筑物。路从一座大宅院穿过，又从宅邸旁经过，使人仿佛置身于卢浮宫一般。那个矮个子的马车夫和我坐着车驶入第一道门，而透过远处的第二道门，我们又看到了那阳光灿烂的风景。我环顾四周：右边是庄园的幕墙，左边是仆人的住所、马厩、谷仓和其他附属建筑物，它们一直伸展到很长一段路外。

正当我们到达院子中央，将车停在大门口前面时，一件意想不到的事发生了：只闻一声闷响，庭院的两道门突然紧紧地关上了。农民跳下马车喊叫："现在可好，我们被关在17世纪了。"我无奈地想道："唉，可不！但又能怎么办呢？说不定我们要在这儿关上好几年呢。"这时候，我心中涌现出一个自我安慰的想法："从今天起，不管几年之后，总有一天我会再次走出去的。"

从梦中醒来，我翻遍了有关世界历史、宗教史和哲学史的学术著作，可是没有找到任何能够解释这个梦的资料。直到很久以后，我才认识到，梦中所指的是炼金术，因为炼金术在17世纪正值鼎盛时期。不过说来奇怪，我已经完全不记得赫伯特·西尔伯勒写过什么有关炼金术的著作[1]。那时候，他的书已经出版，但我认为炼金术是一种愚蠢的歪门邪道，这感觉就像我理解西尔伯勒或神秘或建设性的观点一样。我在那时与西尔伯勒有书信往来，还告诉过他我对他的作品有很高的评价。西尔伯勒悲剧性的死亡[2]表明，他只发现了问题，却没有对其进行深入的研究。我对他所利用的那些主要的后期材料束手无策。炼金术的后期文本荒诞怪异，只有了解了如何阐释它们，才能认识到其中暗含了什么样的宝藏。

读了《金花》（《太乙金华宗旨》）之后，我才开始渐渐体会到炼金术的本质，而这部论述中国炼丹术的样书则是卫礼贤在1928年寄给我的。

---

[1] 这里指的是《神秘主义的问题及其象征性》。

[2] 赫伯特·西尔伯勒死于自杀。

我心中激起了一种欲望，迫不及待地想从更深层次阅读并了解有关炼金术的文献。我委托了慕尼黑的一个书商，只要有任何炼金术方面的书到了他手里，就立即通知我。不久，我就收到第一本书，是1593年版的《炼金术·卷二》，这是一本全面翔实的研究炼金术的拉丁文论文集，其中有几篇堪称“经典之作”。

这本书几乎一动不动地被我搁置了将近两年，我偶尔才会浏览一下里面的插图，每次我都不禁心想：“天哪，都在胡言乱语些什么！根本不能理解！”但是它不断地激起我的兴趣，于是我下定决心，将它更加深入透彻地研究一番。第二年冬天，研究工作开始了，不久我便发现它引人深思，令人兴奋。我敢肯定，这些文本仍然全是胡言乱语，但部分篇章对我意义重大，偶尔还能发现几句读得懂的句子。最后我终于认识到，原来炼金术士是用象征符号来表达思想的——这些象征符号可是我的老朋友了。“太好了，这真是太棒了，”我心里想道，“我现在必须学会破译它们。”如今，我完完全全沉浸其中，只要一有空闲，就埋头钻研这些文本。一天晚上，我正在进行研究时，突然回想起深陷17世纪的那个梦境。此时此刻，我终于理解了它的含义。“原来如此！现在，我必须从头开始研究炼金术了。”

我在炼金术思想发展的迷宫中探寻前进，由于没有任何头绪与线索，过了很长时间才找到自己的路。在阅读16世纪的《哲人的玫瑰园》时，我注意到一些奇怪的措辞和表达方式经常反复出现，例如“溶解与凝结”“血管”“石头”“原始物质”“水银”等。我发现，为了表达某种特定的含义，有些词经常出现。但我不清楚所谓的特定的含义究竟指的是什么。因此，我决定开始编纂一本关键词词典，加上可以相互参考的注释。我已经在日积月累中积攒了好几千条关键词组与词语，也抄下了满满几本摘录。我沿着文献学的方向进行研究，好像正试图解开未知语言的谜团一样。渐渐地，炼金术的表达方式便其义自见了。这项工作，我全神贯注地干了十几年。

我很快发现，分析心理学以一种最为奇特的方式与炼金术契合。在某种意义上，炼金术士的体验便是我的经历，炼金术士的世界便是我的世界。我偶然间发现了潜意识心理学在历史上的对等物，这无疑是个重大的发现。与炼金术进行比较的可能性，以及追溯到诺斯替教派的连续不断的知识链，都为我的心理学提供了实证。当我聚精会神研读这些古老文本的时候，各种幻觉形象、在实践中积累的经验材料和种种结论都各归其位了。我现在开始理解这些精神性的内容从历史的角度来讲到底是什么意思了。早在研究神话的时候，我便开始了解精神性内容的典型特征，如今我的理解更加深入了。原始意象及原型本质在我的调查研究里占据着中心地位，我很清楚，没有历史，就没有心理学，自然也不会有潜意识心理学。可以肯定的是，意识心理学满足于从个人生活中获取的材料，但只要想解释一种神经症，我们就需要一份既往病史，因为相比意识中的知识，它能更加深刻地反映病情。而在治疗过程中，需要做出非常规决定的时候，梦境便会出现，而进行梦的解析，则需要比个人记忆更丰富的知识。

我认为自己对炼金术的研究暗示着我与歌德的内在联系。歌德的秘密在于：几个世纪以来一直持续的原型性变化过程牢牢地控制并支配着他。他认为“浮士德”是一个“重要的作品”或“神圣的作品”，将它称为自己的“主要事业”，而他的一生都在这部戏剧的范围内上演。因此，在他体内活跃着的是一种充满生命力的本质，是某种超人的过程，是原型世界的伟大梦想。

我自己也被困在同样的梦境之中。从十一岁时起，我就开始从事单一的事业——我的“主要工作”。我的生命渗透着一种观念和一个目标，即渗入人格的秘密，正是它使我的生命得以完整。一切都可以依据这个中心点得到解释，而我的所有作品都涉及这一主题。

我真正的科学研究始于1903年的联想实验。我认为这是我在自然科学领域的第一次科学研究。在《词语联想研究》之后我又写了两篇精神病学方面的论文——《早发性痴呆心理学》和《精神病的内容》，它们的起因我在前面已经讨论过了。1912年，我出版了自己的新书《力比多的变化与象征》，而我与弗洛伊德的友谊也走到了尽头。从那时起，我就要独闯天涯了。

我对自己的潜意识意象产生了极大的关注。这一时期从 1913 年一直持续到 1917 年，此后，幻觉的滚滚洪流开始逐渐退去。在这些幻觉尚未完全消失，而我也不再迷失于魔山之中时，我才能以客观的态度看待整个经历，并开始深入思考。我问自己的第一个问题是："人们是如何对待潜意识的？"我的答案是《自我与潜意识之间的关系》[1] 这篇文章。1916 年时，我曾在巴黎就这个主题举办了一场讲座[2]，虽然讲座的内容直到十二年后才以德文出版，但表达形式更加丰富了。在讲座中，我描述了潜意识的某些经典内容，并说明：意识思想对潜意识抱有的态度，绝非麻木不仁。

同时，我还忙于《心理类型》一书的准备工作，这本书在 1921 年首次出版。最开始的创作目的，就是要界定自己的观点不同于弗洛伊德的和阿德勒的。在试图解决以上问题的过程中，我遇到了心理类型的问题，因为一个人独特的心理类型从一开始就决定并限制了他的判断方式。因此，这本书探讨的是个人与世界的关系、与他人的关系以及与事物的关系。书中讨论了意识的方方面面，即意识思想对于世界可能采取的种种态度，因此，从临床角度上来说，它构成了一种意识心理学。我将大量文学作品的素材运用到了这本书里。斯皮特勒[3] 的著作在其中占据了一个特殊的地位，特别是他的《普罗米修斯与厄庇米修斯》。不过我也在其中讨论席勒、尼采，以及古代和中世纪的知识史。我甚至冒昧地给斯皮特勒寄去了一本《心理类型》。他没有答复我，但不久后他举办了一场讲座，在讲座中他斩

[1] 这篇文章被收入《分析心理学论文两篇》。

[2] 1916 年日内瓦版的《心理学档案》中收录的《潜意识的结构》就是这一讲座的内容。

[3] 瑞士作家，1919 年诺贝尔文学奖得主，其作品还有史诗《奥林匹斯之春》，长篇小说《伊马戈》，等等。

钉截铁地宣布，《普罗米修斯与厄庇米修斯》一书根本不“代表”什么，就像他很可能会唱“春天来了，啦啦，啦，啦啦”一样。

这本有关心理类型的书使我洞察到，个体做出的每一判断都受到其人格类型的制约，而且每一种观点都必定具有相对性。这便产生了统一性（统一性必须补偿多样性）的问题，于是它直接把我引向了中国道家观念。我已经讲过，我的内心发展与卫礼贤寄给我的道教文本之间产生过相互作用。1929 年，我们两人合作完成了《金花的秘密》一书。直到我的思想和研究达到了中心点，也就是接触到“自性”这个概念的时候，我才再次找到重返现实世界的路。我开始举办讲座，游历四方。各种各样的论文和讲演稿成为衡量我数年以来内心探索的砝码，其中还包含了读者和病人向我提问的答案。

自从《力比多的变化与象征》问世后，力比多理论（性本能理论）成了令我深度关切的课题。我把力比多设想为一种具有物理性能量的精神类似物，因此它或多或少是一种定量概念，我们不应以定性术语来界定力比多。我的想法是摆脱时下流行的、具体化的力比多理论——换句话说，我不希望再次提及饥饿、侵略和性欲等本能，而只是将所有这些现象视为精神能量的表达。

我们在物理学中也会谈及能量及其各种表现方式，例如电、光、热等。在心理学中也是如此。同样，我们主要研究能量，也就是研究强度，以及或多或少的数量。这种能量会以各种伪装的形式出现。假如把力比多设想为能量，我们就能得出一个全面而统一的观点。不论它是性欲、权欲、食欲或是别的什么欲望，如何为力比多的本质定性，已经退居幕后了。我希望为心理学做出贡献，提出某种彻底而完整的看法，就像能量学理论为物理学做出的贡献一样。这正是我在 1928 发表的论文《论精神能量》里所追寻的东西。例如，我把人类的动机看作能量变化过程的各种表现形式，即类似于热与光这样的力。就像现代物理学家不只从热能中提炼各种形式的力一样，心理学家也应该警惕，不应把一切本能都归因于性欲概念，这便是弗洛伊德最初的错误。随后他将其更正为“自我本能”这一假设。再后来，他又提出了“超我”的学说，并且赋予了它一种霸权地位。

在《自我与潜意识之间的关系》一文中，我只谈到了自己对潜意识的关注以及这种关注的本质，但对于潜意识本身，我没有做过多论述。当我研究自己的幻觉时，才发现潜意识会经历变化或引起变化。而直到熟悉了炼金术以后，我才认识到潜意识是一个“过程”，而自我的关系使精神变化发展为潜意识的内容。在个别情况下，梦和幻觉能够解读这一转变。在集体生活中，转变主要存在于不同的宗教体制及其不断变化的象征当中。通过研究集体转变过程、了解炼金术的象征意义，我得出了我的心理学核心概念——个性化的过程。

我的工作很快开始接触到一个人的世界观，接触到心理学和宗教之间的关系，这些都是基本的方面。在 1938 年的《心理学与宗教》一书中，我首次对这些问题进行了细致的研究，接着，在这本书的直接产物，也就是 1942 年的《自大狂》中，我也讨论过这些问题。《自大狂》的第二篇文章《作为一种精神现象的自大狂》，从世界观的角度来看显得尤其重要。帕拉切尔苏斯[1]的作品包含了大量独创的观点，其中清晰地阐述了炼金术士提出的各种问题，尽管这些问题在后期带有巴洛克时期的色彩。通过帕拉切尔苏斯的作品，我终于可以讨论与宗教和心理学有关的炼金术本质了，换句话说，我可以讨论作为一种宗教哲学的炼金术的本质了。我在 1944 年的《心理学与炼金术》中就是这样实践的。于是，我终于落地了，落到了埋有我从 1913 年至 1917 年种种体验的地面上了，因为那是我曾经历的过程，对应了书中论述的炼金术的变化过程。

我的头脑中自然而然地盘旋着一个问题，即潜意识的象征与基督教及其他宗教有什么关系。我不但为基督教的信息传播提供了可能性，还将

[1] 原名特奥弗拉斯特斯·博姆巴斯特·冯·荷恩海姆，文艺复兴初期著名的炼金师、医师、自然哲学家。

它视为对西方人意义非凡的一件事。然而，我们要以新的目光看待它，要按照当代精神带来的种种变化对待它。否则，它便会与时代脱节，而且不再对人的整体性起作用。我一直致力于在自己的文章中表达这一观点。我曾对三位一体的教义以及弥撒文本做过心理学的阐释——我将这两者与巴诺波利斯的佐西莫斯（3世纪时的炼金术士和诺斯替派教徒）所描述的幻象进行比较[1]。我试图构建分析心理学与基督教之间的关系，我的尝试终于指向了“基督”这个心理形象。早在1944年，我就在《心理学与炼金术》中论证了基督形象与哲人之石（炼金术士的关键概念）之间存在对应关系。

1939年，我针对伊格内修斯·罗耀拉[2]的《精神修炼》举办了一场研讨会。那时，我还忙着研究《心理学与炼金术》。一天晚上，我从梦中醒来，看见那沐浴在明亮月光下的床尾边上，立着一个钉在十字架上的基督形象。样子虽然没有真人那么大，但相当逼真，而且我还发现他的身体是用翠绿色的金子做成的。这一景象美妙非凡，我被深深震撼了。这样的幻象对我来说已经司空见惯了，因为我经常在似睡非睡、似醒非醒的状态下看到极为生动的意象。

我向来对基督的灵魂思索颇多，这是精神修炼中的一种冥想。这一幻象的出现似乎为我指明了某种我在沉思时忽略了的东西：基督与炼金术士的“非凡之金”和“翠绿之金”类似[3]。当我认识到这一幻象指的就是炼金术的关键象征，并且从本质上已经对基督产生炼金术幻象时，我已经感到释然了。

那翠绿之金是炼金术士在人类和无机自然物当中看到的具有生命力的

---

[1] 关于三位一体的教义、弥撒文本的研究文章都收录于《东西方的心理学与宗教》一书中。

[2] 西班牙人，天主教耶稣会创始人。

[3] 严肃的炼金术士意识到，他们的工作不是为了将低廉的金属转化为黄金，而是生产“非凡之金”或“哲学之金”。也就是说，他们所关注的是精神的价值和精神转化的问题。

本质。它表现了生命精神、人的灵魂以及宏观世界之子，也使整个宇宙充满了生机。这一精神把自己倾注于万物之中，甚至还进入无机物，出现在金属与石块中。我的这一幻象便是基督的形象和宏观世界之子的结合。如果不是受到翠绿之金的震慑，我可能试图假设，我的“基督教的”观点中缺失了某种本质性的东西——换句话说，我那传统的基督形象或多或少存在缺陷，而我依然得跟上基督教发展的步伐。然而，对金属的强调毫不掩饰地告诉我，炼金术概念中的基督是一种肉体死去但精神犹存的物质。

在《伊雍》中，我再次对基督的问题进行了研究。我关注的不再是各种历史相似物，而是基督的形象与心理学之间的关系。我也不再认为基督是一个失去了所有外在特征的人物形象。相反，我希望能够展示他所代表的、延续了千百年的宗教内容的发展过程。占星术如何预测基督降临？基督的时代精神如何诠释基督？在两千年基督文明发展过程中人们如何看待基督？这些问题对我来说同等重要。而几百年间聚集在他周围的一切具有奇妙光辉的问题，也是我想要描绘的。

正当我深入研究以上所有问题的时候，历史人物——作为凡人的耶稣——的问题也随之出现了。这一问题意义重大，因为他所在时代的集体智慧——也可以说是群集而成的“人类”的原始形象——已经凝聚在他这个名不见经传的犹太预言者身上了。人类的古老观念，一方面建立在犹太人的传统的基础上，另一方面建立在埃及荷鲁斯[1]神话上。因为它是时代精神的一部分，在基督教纪元开启之时人们就已经接受了这样的观念。它主要关心的是“人子”，也就是上帝之子，他站在神化了的奥古斯都大帝的对立面，而后者是整个世界的主宰。这一观点与起初的犹太教弥赛亚[2]问题纠缠到一起，并使后者成为一个世界性问题。

有人认为耶稣，一个木匠的儿子，能够传播福音成为救世主，纯属偶

[1] 古埃及神话的守护神，王权的象征，形象特点是鹰头人身。

[2] 犹太人的救世主耶稣基督的另一个称谓。

然现象，然而以上观点是一个严重的误解。耶稣一定具有异常非凡的天赋，才能如此完整地表述、呈现他那个时代人们的潜意识中普遍存在的期望。除他之外，没有任何一个人能够承载、传递这样的信息，这只有耶稣才有可能做到。

在那些时代里，罗马帝国无处不在，拥有压倒一切的权力（以恺撒大帝为代表），创造了一个世界。在这个世界中，权力剥夺了无数个体乃至所有民族的文化独立与精神自主。今天，个体和文化都面临着相同的威胁，即被大众吞噬。因此，不少地区都出现了渴望基督再现的浪潮，甚至出现了不切实际的谣言，人们通过这种方式表达希望获得赎救的愿望。但是它所采取的形式与过去的任何事物都没有可比性，而只是一个典型的“技术时代”的产物罢了，这就是在世界范围内普遍出现的“飞碟”（不明飞行物体）现象。

我想要充分证明我的心理学在何种程度上对应炼金术，所以我想看看炼金术士的著作中论述了哪些心理疗法方面的特殊问题，顺便研究一下宗教的问题。临床心理疗法所涉及的主要问题是“移情”。我与弗洛伊德在这方面观点一致。我同样能够证明，炼金术中也含有某种东西与移情相对应——那就是“结合”的概念，西尔伯勒已经注意到“结合”的重要性。而这种对应性也能在我的作品《心理学与炼金术》一书中找到证据。两年后，即1946年，我在《移情心理》中对上述问题进行了深入研究，并最终写就了《神秘的结合》一书。

“结合”概念一旦出现，预示和梦境就紧随其后。无论是个人还是科学方面，凡是我关注的问题，都会如此。在其中一个梦境里，“结合”的问题和基督的问题都凝聚成了一个明显的意象。

我又梦到自己的住所有一座我从未见过的附属建筑物。我决定一探究竟，最终走了进去。我来到一扇硕大的双重门面前。我打开门，发现自己身处一个实验室模样的房间里。房间的窗户前摆着一张桌子，桌上堆满了玻璃容器以及动物学实验室所需的相关用具。这里是我父亲的工作室，但他不在里面。沿墙竖立的书架上摆放着上百个瓶子，凡是你能想到的鱼类都被装在里面。我惊呆了：原来父亲正在从事鱼类学研究！

正当我站在实验室里四下观望的时候，发现一面窗帘时不时地鼓起来，好像被强风吹起似的。突然之间，一个名叫汉斯的年轻乡下人出现了。我让他察看窗帘后面是否有一扇敞开的窗户。他走了过去，一去就是好久。他回来时，我看到他脸上惊恐万分的表情。他只说："没错，有东西在里面，那里在闹鬼！"

随后，我走了进去，在里面发现了一道通向我母亲的房间的门。房间里面空无一人，气氛有点神秘。房间很大，天花板上吊着两排衣柜，五个衣柜为一排，衣柜离地面大约两英尺高，它们看上去就像花园中的小亭子，每个大约有六平方英尺，都装有两张床。我知道，现实中早已去世的母亲重回人间时就住在这里，她摆上这些床，方便来访的灵魂睡觉。它们是出双入对的鬼魂夫妻，夜晚在那里休息，甚至连白天也在。

母亲房间的对面有一扇门。我打开门，进入一个大厅，它使我想起了一所大饭店的前厅。大厅里配有安乐椅、小桌子，四周是柱子，墙上悬挂着奢侈挂件。一支铜管乐队正在以响亮的声音演奏着，我之前就已经听到了音乐声，但不知道是从哪里传来的。大厅里除了大声吹奏舞曲和进行曲的铜管乐队，看不到一个人影。

饭店大厅的铜管乐队象征着招摇的寻欢作乐和市侩气息。谁也想不到，在这喧嚣的大门后面会是另一个世界，与尘世恰好位于同一幢建筑里。梦中大厅的意象可以说是对我这个老实人的讽刺，抑或是对世俗享乐的讽刺，但这只是表象，表象后面隐藏着某种截然不同的东西：鱼类实验室和为鬼魂悬挂的亭子。而我无法在喧嚣的管乐声中调查研究这些东西。这两个地方都令人感到恐惧，都笼罩着神秘的寂静。身在其中，我感到这里就是黑夜的栖身之处，而饭店大厅则象征白天的世界和这个世界的肤浅。

这个梦中最重要的意象是鬼魂招待室和鱼类实验室。前者以某种滑稽的方式表现了"结合"的概念，后者则暗示了我对耶稣基督的成见（我认为耶稣是鱼）。它们都是我连续研究了十几年的课题。

值得注意的是，在梦中，对鱼类的研究成了我父亲的任务，他是基督徒的灵魂守护者，因为根据古人的观点，这些灵魂是落入彼得渔网的鱼。同样引人注目的是，我母亲成了死者灵魂的保护者。这样一来，我的父母看起来都背负着“治疗灵魂”的重任，而实际上，这一重任却落在了我的身上。我父母还担负着一件尚未完成的事，也就是说，这件事仍然潜伏在潜意识当中，因此只有等到将来才能解决。有人提醒我，说我还没有解决“哲学上”炼金术的主要问题，也就是“结合”的问题，因此也就还没有回答基督徒灵魂对我的提问。此外，关于圣杯传说的研究工作，也是我妻子毕生的事业，同样尚待完成[1]。回想起来，当我在《伊雍》中论述鱼类象征的时候，我脑海里经常会浮现追寻圣杯的情景和渔夫之王的形象。要不是不愿意闯进妻子的研究领域，我肯定会把圣杯的传说纳入炼金术的研究当中。

在我的记忆里，父亲受了安福塔斯[2]式的伤——这种伤也叫作基督的苦难，他是一个伤口无法愈合的“渔王”。炼金术士正是为了治愈苦难才去寻找灵丹妙药。我小时候得了一种病，像帕西瓦尔[3]一样说不出话来，能做的只有暗示。事实上，我父亲本人对兽形基督象征从不感兴趣，然而直到去世之前，他却一直生活在基督预见并承诺过的痛苦里，而且从来没有意识到这都是效法基督的结果。他认为自己的病痛是个人的苦难，而非普遍意义上基督徒所受的苦难，所以应当听从医生的建议加以治疗。《加拉太书》[4]第二章第二十节说道：“现在活着的不再是我，乃是基督在我里面活着。”这段经文从未完全地渗透到父亲的思想当中，因为一想到宗教

[1] 1955年荣格夫人去世后，玛丽与路易斯·冯·弗朗茨博士继续进行关于圣杯传说的研究工作，并在三年后完成。参见《从心理学上看圣杯传说》。

[2] 圣杯骑士团的领袖。

[3] 亚瑟王传说中最著名的圆桌骑士之一，是亲眼见到圣杯的最后一名骑士，在一些国家的作品中，他最后被加冕为新一任的圣杯王。

[4]《圣经·新约》中的一卷，由使徒保罗写给基督教会的书信组成。

问题，他就会不寒而栗。他只满足于信仰，而信仰又击碎了他内心深信不疑的东西，这往往就是牺牲理性后得到的回报。《马太福音》第九章第十一节说道：“这话不是人人都能领受的，唯独赐给谁，谁才能领受。因为有生来是阉人，也有被人阉的，并有为天国而自阉的。这话谁领受，谁才能领受。”盲目地领受从来不能解决问题，充其量导致停滞不前，并要下一代付出沉重的代价。

众神的兽形属性特征表明，它们不仅延伸到超人的领域，还进入非人的国度里，动物似乎就是它们的影子，大自然本身把它们与神圣的影像联系在一起。“基督之鱼”表明，那些效法基督的人本身就是鱼，即他们是需要得到动物式照顾的、潜意识的灵魂。鱼类实验室等同于基督教会的“心灵治疗”。正如受伤者弄伤自己一样，医治者也能治愈自己。值得注意的是，梦中起到决定性作用的行为是在意识之外的世界，即潜意识的世界里，死者对死者做出的行为。

因此，在我生命的那个阶段，我仍未意识到我的任务的本质方面，所以对以上梦境也难以给出令人满意的解析，我只能感觉它的意义。因此，在完成《答约伯书》前，我仍然需要克服来自内心的极大的反抗。

《答约伯书》的内在根源可以在《伊雍》里找到。在《伊雍》中，我讨论了基督教徒的心理活动，而约伯则是基督的某种征兆。正是经受苦难的观点将基督和约伯联系起来，基督和约伯都是替上帝受苦的奴仆。就基督而言，世界上的罪是一切苦难的根源，因而基督徒的苦难是普遍存在的。那么一个不可回避的问题便产生了：谁应该为这些罪负责？说到底，是上帝创造了世界和世上的罪，因此，他变成了基督，为人类的命运受苦。

《伊雍》多次提到这一神圣形象的正反两面。我引用了“上帝的愤怒”、敬畏上帝的戒律，以及“让我们免于试探”的恳求。上帝自相矛盾的形象在《约伯书》中起到了关键的作用。在某种意义上，约伯希望上帝能站在他的一边来反对上帝。从中我们可以看出，上帝处于一种悲剧性的矛盾当中。这就是《答约伯书》的主题。

除了内在根源，还有一些外在力量促成了《答约伯书》的写作。公众和病人提出的许多问题让我感觉到，我必须更加清楚地表达自己对于现代人的宗教问题的看法。多年以来，我一直都犹豫不决，因为我非常清楚自己将掀起一场巨大的风暴。但是最终，我完全被这个紧迫而困难的问题控制住了，不得不加以解答。于是我开始解答问题，回答的方式与它们自己呈现在我面前时的一样。换句话说，这是一种充满感情的体验方式。我故意选择了这种方式，避免给人留下宣扬某种永恒真理的印象。《答约伯书》想要表达的只不过是一己之见，希望并期待引起大众的思考。因此，我根本没想阐述一种形而上的真理，然而神学家们纷纷指责我已经那样做了，因为他们过于习惯研究永恒真理，以致对其他真理一无所知。当物理学家说原子是这样那样的结构，并且画出原子结构图时，他们并没有试图表达任何类似永恒真理的东西。但是他们并不理解自然科学，尤其是心理思维。分析心理学的材料，也就是它的主要事实，构成了“陈述”，常常以相同的形式出现在不同的地点和时代。

分析心理学所有分支中出现的约伯的问题，在我的梦境中也有所预示。我前往凭吊去世很久的父亲时，这个梦也开始了。父亲住在乡下，具体的地方我并不清楚，我在那里看见了一幢18世纪样式的房子，里面有很多房间，外面有好几处高大的附属建筑物。之后我了解到，这幢房子原本是一家毗邻矿泉疗养院的旅店，而且看来众多达官显贵、皇亲国戚也曾造访过这里。另外，他们之中有好些人已经去世，棺材存放在这幢房子的地下室里。我父亲是这里的看守，负责守护这些棺材。

我很快发现，父亲不仅仅是个看守，还是位名副其实的著名学者——在他生前可从来没有这等事。我在书房中见到了父亲，不过说来也奇怪，有个年纪与我相仿的医生，还有他的儿子（两人都是心理医生），竟然也在现场。不知道是因为我提了个问题，还是因为父亲自己想解释什么，只见他从书架上取下一部沉甸甸的对开本《圣经》，很像我自己的图书室里那本梅里安的《圣经》。父亲手里的这本是用闪亮的鲨鱼皮包装的。他打开《圣经·旧约》——我猜测他是停在了《摩西五经》的地方——然后开始阐释某一章节。他讲得非常快，涉及的知识又很广博，我有点跟不上他，只注意到谈话间展示出他广博而庞杂的知识——虽然我多少能领悟这些知识的重要性，但无法适当地评价或掌握。我发现那个医生一点也不懂，而他的儿子开始大笑起来。他们觉得我父亲自不量力，只不过是个瞎唠叨的老头子，但是我非常清楚，父亲的阐释不是由于病态的激动，何况他所说的一点也不愚蠢。相反，他的论点博学智慧，只是因为我们愚蠢，才无法领会。他探讨的是一些举足轻重又令我心醉神迷的事。这就是为什么他讲话铿锵有力，不断涌现深刻的观点。他竟在我们三个傻瓜面前谈论这些重要的知识，这使我感到既愤怒又惋惜。

那两位精神病医生代表了一种鼠目寸光的医学观点，当然，这也影响到了身为医生的我。他们象征着我的阴影——这个阴影的两个方面，即父与子。

然后，情景发生了改变。我和父亲来到这栋房子的前面，面对着摆放了木材的棚屋。我们听到巨大的砰砰声，仿佛有人把大块大块的木板扔了下来，或是随意乱扔似的。我感觉，至少有两个工人在那里忙活，但父亲暗示我，棚屋其实正在闹鬼——显然是某种鬼怪在制造喧闹的声音。

后来，我们进入这栋房子，看到屋内非常厚实的墙。我们沿着一截狭窄的楼梯上到二楼。呈现在我们眼前的是一幅奇怪的景象：那是一间仿佛跟法塔赫布尔·西格里苏丹阿克巴的会议厅一个模子刻出来的大厅。这是一间高大的圆形房间，沿着墙壁有一个回形走廊，走廊上有四座桥，它们通往一个盆形的中心。这个中心坐落在一根巨大的圆柱上面，形成了苏丹的圆形座椅。阿克巴大帝便从这一高位对谋士和哲学家们讲话，而后者都在回廊中沿墙而坐。整个画面形成了一幅巨大的曼陀罗，恰好与真正的会议厅交相呼应。

在这个梦境中，我突然发现房屋的中央有一段陡峭的楼梯，向上直达墙的尽头——此处已经不再与现实对应。楼梯的顶端有一扇小门，此时父亲对我说："现在我要带你进入至高无上的存在。"说着他立刻跪倒在地磕了一个头。我也像他一样跪了下来，心情异常激动。出于某种原因，我的额头无法完全接触地板——大概还差一毫米。不过我至少模仿他的姿势去做了。突然之间我发现——也许父亲早已告诉我——上面的门通向一个孤零零的房间，那是大卫王的将军乌利亚的住所。大卫王为了得到乌利亚的妻子拔示巴，可耻地背叛了乌利亚，竟命令士兵在敌人面前抛弃他。

对于这个梦境，我必须做几点解释。开始时的情景描述了我留给"父亲"的潜意识任务是如何完成的。父亲显然对《圣经》（也可能是《创世记》）着了迷，并急于和他人交流自己的顿悟。鲨鱼皮表示《圣经》是一种潜意识的内容，因为鱼不会说话也没有意识。因为有些听众无法理解，而且有些听众不仅愚蠢还满怀恶意，导致我那可怜的父亲并没能成功地将顿悟的寓意传达出来。

经历过这次失败以后，我们横穿街道来到了"另一边"，也就是鬼魂出没的地方。鬼怪现象经常发生在青少年身上。也就是说，我还不成熟，意识还非常不清楚。梦中的"另一边"所表现出来的是印度的环境，我想到，当我在印度的时候，会议厅的曼陀罗结构确实给我留下了难以磨灭的印象，我觉得它代表了与中心相关的内容。这个中心正是阿克巴大帝的宝座。像大卫王一样，他统治着一个次大陆，是"统治世界的君主"。但是作为无辜的牺牲者，被弃的忠诚大将乌利亚却位于大卫王之上。乌利亚象征着被神抛弃的基督。"我的神，我的神，为什么离弃我？"而最重要的是，在这喊声之上，大卫王把乌利亚的妻子"据为已有"。直到后来，我才明白乌利亚这个典故的寓意：我不得不公开讲出《圣经·旧约》中上帝形象的矛盾，而作为惩罚，死神将夺取我妻子的生命。

这就是隐藏在潜意识里的等待着我的事情。我必须向命运屈服，必须完完全全将头叩在地板上，如此一来便完完全全谦恭屈服了。但是某些事情阻止了我，令我与目标差之毫厘。我身上的一个声音在说："一切都很好，但不够完美。"我身上的某种东西发起了挑战，决心不做一条沉默的鱼。如果自由之人身上缺少了这种东西，《约伯书》就不会在基督诞生前的几百年前写成。人的思想总会有些保守，即使面对神的旨意时也是如此，否则，人又怎会有自由呢？如果这种自由不能给上帝以威胁的话，它又有什么用呢？

因此，乌利亚生活在一个高于阿克巴的地方。正如梦中所说，他甚至是“至高无上的存在”，这种说法原本只适用于上帝，除非我们是在谈论拜占庭文化。这里，我不禁想起佛陀以及他与众神的关系。虔诚的亚洲信徒认为，佛陀是万物之中至高无上的、绝对的神明。正因为如此，人们一直怀疑小乘佛教[1]是无神论，这实则相当错误。依靠众神的力量，人类才能洞察他们的造物主。在本质性方面，人类甚至被赋予了消灭“万物”的力量，也就是人类认识世界的能力。今天，人类已经可以利用放射性物质来消灭地球上所有的高等生物了。佛祖已经暗示过世界灭亡的观念：通过大彻大悟可以打断轮回的链条（即必然导致生老病死的因果关系链条），于是**存在**的幻觉便被终结了。叔本华对意志的否定似乎预示着近在咫尺的问题。这个梦揭示了长期存在于人类当中的思想和预兆，即生灵以微小而具有决定性的因素胜过了造物主的观念。

经过了这次梦中世界的长途跋涉后，我必须再次回到自己的作品上来。在《伊雍》中，我开始接触到一系列问题，并需要分别加以解决。我曾试图解释基督的出现如何与一个新永世的起源，即鱼类的时代相对应。基督的一生与客观天文学现象（春分进入双鱼宫处）是同步的，因此基督就是“鱼”（与在这之前的汉穆拉比[2]是“羊”相似），并作为新永世的统治者出现。这引出了我在论文《同步性：一种非因果关系的联结原则》中讨论的同步性问题。

《伊雍》中关于基督的问题最后将我引入另一个问题当中：人类学现象（用心理学表达就是本我）如何在个体体验中体现。在《来自意识的根

[1] 佛教的一派，与大乘佛教对应，主张并非众生都能成佛。

[2] 巴比伦第一王朝的国王，是《汉穆拉比法典》的制定者。

源》（1954）一书中，我尝试着回答这个问题。在这里，我的关注点是意识和潜意识之间的互相影响、从潜意识到意识的发展过程，以及更伟大的人格（也就是内心中的人）对个体生活的影响。

这一研究使《神秘的结合》更加完善，我在这本书里再次提到了移情的问题，但主要还是按照我原本的想法，将炼金术的全部内容视为一种炼金术心理学或深度心理学的炼金术基础。在《神秘的结合》里，我的心理学被赋予了现实性并被建立在了现实的基础上。如此一来，我的任务完成了，我的工作也结束了，而且我的心理学现在也站稳了脚跟。我一接触到深层的东西，就受到了科学理解的限制，受到了超越感觉的限制，受到了原型本身特性的限制，对于这种特性，我无法再做进一步的科学陈述。

在这里，我对研究工作的综述当然只是一个简单的总结，我确实应该说得更加详细或者更加简洁才对。这是一种即兴创作，就像现在我诉说的一切，是瞬间产生的灵感。了解我工作的人可能会从中获益，其他人也许不得不进入我的观点当中才能有所了解。我的事业，也就是我的科学工作，构成了我的一生，二者相依相存，不可分离。我的事业体现了我的内在发展过程，投身于潜意识内容的研究构成了我并改造了我，因此我的每个作品都可以被看作我人生旅途中的各个站点。

我的所有作品都可以被看作内心强加给我的任务，其本源是宿命般的强迫性冲动。我所写的都是在内心中汹涌澎湃着的事情。我允许感动我的灵魂进行坦率的表达。对于我的作品，我从来不指望他人有任何强烈的反应，或是任何有力的共鸣。它们代表一种对我们这个时代的补偿，而我是不得已才说些无人愿听的话。因此，特别是在最初的时候，我常常感到极度绝望和孤独。我知道自己所说的话不会受到欢迎，因为这个时代的人很难接受与意识世界相左的东西。今天我可以说，我获得了人们赋予我的，远远超乎我想象的巨大成功。这着实令我感到惊讶。我觉得，自己做到了有可能做到的一切。毫无疑问，我一生的工作原本会更加长久，更加出色，但对于生活中的许多事，我也无能为力。

第八章

塔楼

渐渐地，通过创作科学作品，我为幻觉及潜意识的内容打下了坚实的基础。但对我来说，文字和纸张还远远不够，我还需要其他东西。我要坚定不移地表达内心深处的思想和业已掌握的知识，换句话说，我要坚定不移地承认自己的信念。这便是“塔楼”——我在波林根为自己建造的房屋——的起源。

一开始，我就决定把塔楼建在近水的地方。我一直被苏黎世湖上游的奇妙美景吸引，于是到了 1922 年，我买下了波林根的某块土地，它坐落在圣梅恩拉德地区，是一处老教堂地产，以前隶属圣高尔修道院。

起初，我并没有打算把它建成一座当下传统意义上的房屋，而只想把它建成原始的独层住宅。房屋采用圆形结构，中央内置火炉，沿四壁摆放几张床铺。在我的脑海中，它或多或少已然变成了一间非洲小屋，火炉是用石头环绕搭建的，炉火在其中静静燃烧。而全家人的生活都围绕这个中心转动。原始的小屋把整体性的观念具体化了，在家族式的整体中，连各种家禽家畜都参与其中。但在修建的最初阶段，我就已经改了主意，因为我觉得它实在过于原始。我意识到，应该把它建成一幢正规的二层小楼，而不只是一座趴在地面的低矮小屋。所以在 1923 年，第一座圆形住宅建了起来，竣工的时候，它已经变成了符合我设想的塔楼式住宅了。

从建成之日起，我便从塔楼身上感到了一种休养生息的强烈感情。对我来说，它象征一种具有母性的温暖。但我渐渐认识到，它并不能表达我需要表达的一切，好像还是少了些什么。于是，四年之后，即 1927 年时，我添加了一个由塔式附属建筑物构成的中央结构。

转眼间，四年又过去了，一种缺憾之感再次油然而生。在我看来，这座塔楼依旧过于原始，于是在 1931 年时，我又对塔式附属建筑进行了扩建。在这里面，要有一间独属于我的房间。我的心中早已浮现印度式的房屋——里面通常都有一个供居住者退隐的地方，哪怕可能只是用窗帘隔开的房屋一角。他们可以在其中冥想一刻钟或半小时，或者练习练习瑜伽。在印度，因为印度人的生活空间相当拥挤，所以这样一个隐居的地方是必不可少的。

在退隐的房间里，我倍感舒适自如。我随时佩戴钥匙，没有我的允许，谁也不准进入。过去的几年间，我在墙上画了很多画，以此表达了我所有使我抽出时间进入隐居，使我摆脱当下、进入永恒的想法。于是，塔楼的二楼成了一个使我能够专注精神的地方。

1935 年，我心中燃起了一个愿望，我想要一块围栏围起来的土地。我需要一个更大的空间，永远朝向天空与大自然。于是，过了第三个四年后，我又添加了一处庭院和一个湖畔边的凉亭，它们构成了第四种元素，与房屋的三个部分隔离开来。于是，四位一体的情况出现了，四个不同的元素组成了这座塔楼，而且还是在十二年中逐渐建成的。

妻子在 1955 年去世，之后我的内心产生了一种责任，那便是成为真正的自己。用波林根塔楼的语言来说，就是我突然认识到，那个蜷缩得如此之低，隐藏得如此隐蔽的房屋中央部分，就是我自己！我再也不能把自己藏匿于“母性”和“精神性”的塔楼后面了。于是，就在同年，我在塔楼的中央又添了一层，用来代表我，也可以说是我的自我人格。以前我根本不可能这样做，因为我会把它看作以自我为中心的自我放纵。现在，它却意味着暮年所达到的意识的延伸。正因为有了这一层，整个塔楼才变得完整了。第一层塔楼是在 1923 年，更准确地说是我母亲去世后两个月开工的。这两个日期具有特殊的意义，因为我们将会目睹，塔楼与死者相关。

我始终觉得塔楼在某方面是个可以催人成熟的地方，它像是母体的子宫，或者类似于一个母亲的形象，在里面，我可以成为过去的我、现在的我和将来的我。它使我感到自己仿佛正在石缝中重生。因此，它是个性化过程的具体体现，一种比青铜更恒久的纪念品。当然在建造期间，我从来没有考虑过这些事情，我总是按照当时的具体需要，建造房子的各个部分，也可以说，我仿佛是在一种梦境中将它建造起来的，只是后来，我才看出所有的部分完美地结合在一起，造就了一种富有意义的形态——一种精神完整的象征。

在波林根，我处于自己真实的生活之中，我是内心最深处的那个原本的自我。在这里，我好像就是“母亲年长的儿子”。正如炼金术所指出的，我在孩童时期就已经对“老人”和“古人”（也就是第二人格）的概念有所体会。第二人格会一直存在并将永远存在下去，超越时间，是母性潜意识的儿子。他以腓利门的形式出现在我的幻觉中，而在波林根，又恢复了生命力。

我时常感觉自己像是融入了周围的风景与物体当中，感觉自己生活在每一棵树的体内，生活在汹涌的波浪里，生活在云朵里，生活在来来去去的动物里，生活在不断交替的四季里。十多年来，塔楼里的一切都成长为自己的样式，一切事物也都与我有着千丝万缕的关联。这里的一切都有自己的历史，我也不例外。这里就是为世界与精神的蛮荒之地，为这个无限的王国所预留的空间。

塔楼里没有电，我亲自照看壁炉，夜幕降临，我会点上几盏老灯。塔楼也没有自来水，我便亲手从井里抽水上来。我还要劈柴做饭。这些简朴的生活方式使人变得简单，而简单是多么困难的一件事啊！

在波林根，我的四周万籁俱寂。在这里，我能“与大自然和谐共处”。

此时，思想便会浮上表面，追溯到千百年前，预知至遥远的未来。在这里，创造的痛苦减轻了，变得越来越像玩耍了。

1950 年，我用石头做了一块纪念碑，以此表达塔楼对我的意义。说起石头的来历，那还真是个奇怪的故事。我需要一些石头来建造所谓的花园围墙，于是就从离波林根不远的采石场订购了石料。我在一旁目睹了石匠把所有我需要的石头尺寸告诉采石场主人，后者又用笔记本记录下来。他们用船将石头运来，卸到了岸上，结果却发现，墙角石的尺寸全搞错了。本来应该是一块三角石，没想到送来的却是一块方石，比订购的大了整整一个立方，有二十英寸那么厚。石匠火冒三丈，让运石头的人马上把它运回去。

但是我一看到这块石头，便说："慢着，它正合我意，非它不可！"因为我一眼便看出，这块石头太适合我了，我想用它做点什么，但还没拿定主意。

我首先想到的是炼金术士阿诺德·冯·威兰诺瓦（1313 年去世）的一首拉丁文小诗。我用凿子把它刻在石头的表面，翻译过来就是：

卑微丑石，
一文不值！
愚者轻之，
智者爱之。

这首诗所指的就是炼金术士梦寐以求的石头，即贤者之石，这样的石头自然受人鄙视和排斥。

很快又出现了另一件事。在石头正面的天然纹理中，我发现了一个小圆圈，它像只眼睛一样望着我。我从石头中把它凿了出来，并在中间刻出一个小小的侏儒。它代表着瞳仁，也就是你自己，你在别人的眼中看到的自己，好像迦比尔或阿斯克勒庇俄斯的泰雷斯福鲁斯。古代的雕像家将他塑造成身披兜帽斗篷、手持提灯的人；同时，他又是一位指路人。我把雕刻时想到的几句碑文也刻在了上面。碑文上的拉丁文翻译过来就是：

> 在孩童的王国里，时间像孩童一样，正玩着纸牌游戏。他就是泰雷斯福鲁斯，在宇宙的黑暗地带到处游荡，像一颗星星，在深邃的黑夜中闪闪发光。他指出了通往太阳之门、通向梦想国度的大道。[1]

在雕刻石头的时候，这些话语便一句接一句地回荡在我的耳边。

在石头的第三面，也就是面向湖的那一面，我题上了炼金术方面的拉丁文语录，译文如下：

> 我是个孤儿，茕茕孑立，四海为家。我独来独往，却与自己对立。我既是青年，又是老者。我不知道自己的生父生母，因为我曾像鱼一样被人从深海捞起，或像颗来自天堂的白色石头。我漫步于树林和山脉之中，但又藏在人类灵魂的最深处。对众生来说，我终将死去，然而我又进不到永世的轮回中。

最后，我在阿诺德·冯·威兰诺瓦的诗下方刻上了几行拉丁文："为纪念他七十五岁诞辰，C.G. 荣格于 1950 年制作并放置石头于此，以表感谢。"

石头放好之后，我看了又看，满心好奇，心想，在雕刻动机的背后究竟隐藏着什么呢？

这块石头位于塔楼的外面，好像能够解释上面的问题。它展现了塔楼

---

[1] 第一句话出自赫拉克里特斯的著作，第二句暗指密特拉神礼拜仪式，第三句话暗指荷马的作品《奥德赛》的第二十四篇第十二首。

居住者的心境，只是这种心境不为他人理解罢了。你知道我想在这石头的背面凿些什么吗？“梅林的呼喊！”因为它表达的意境使我想起了梅林死后在森林里的生活情境。正如民间传说的一样，人们仍然可以听到他的呼喊，但无人能理解或解释个中含义。

梅林代表了中世纪潜意识的一种意图，即创造一个与帕西瓦尔对等的人物。帕西瓦尔是基督徒英雄，而魔鬼与纯洁处女的孩子梅林，则是帕西瓦尔不光彩的弟兄。12 世纪，当这个传说产生的时候，人们仍然没有任何前提去了解其固有含义，因此流放成为他的结局，也就有了后来的“梅林的呼喊”，然而在他死后，森林里依然传来呼喊声。无人理解呼喊，暗示着他仍然以无法获得救赎的形式活着。他的故事还未完结，他仍然四处游荡。可以说，梅林的秘密由炼金术士口口相传，主要是通过墨丘利瑞斯流传下来的。因此，在我的潜意识心理学中，我再次提起了梅林，直到今天，梅林的传说仍然是个谜！这是因为大多数人认为，自己简直无法与潜意识的秘密生活在一起。一次又一次地尝试过后，我才发现这对人们来说有多么困难。

1923 年到 1924 年的冬天，我正在波林根，塔楼的第一层即将竣工。我记得当时地面上没有积雪，也许已经是初春的缘故吧。我独处了大概有一周，或许更久，一种难以言喻的孤寂感笼罩着我的心头。

令我记忆犹新的是，一天傍晚我正坐在壁炉前，用火烧了一大壶水准备洗漱。水开始沸腾，水壶也呜呜地唱起了歌。听起来像很多声音发出的和声，或是管弦乐器发出的声响，甚至就像整支管弦乐队的演奏一样。它就像多声部的音乐，要是在现实中，我肯定受不了。但在这种情况下，它却显得格外有趣，仿佛塔楼里面就有一支管弦乐队，塔楼外还有一支一样。一会儿这个声音占了上风，一会儿另一个声音又压倒过来，如此往复，仿佛相互回应，相得益彰。

我静坐而听，心醉神迷。我聆听着这场音乐会，聆听着自然的旋律，足足有一个多小时。这是悦耳的轻音乐，但也包含了大自然所有的嘈杂声。

这是正确的，因为大自然不仅和谐，而且充满了可怕的矛盾与混沌。水壶奏出的音乐也是如此：声音大量涌动，颇有水声和风声的特色，真是奇妙无比，难以形容。

1924年冬末春初的一个静谧夜晚，我又独自待在波林根塔楼，突然间被一阵绕塔而行的轻微脚步声惊醒了，远处响起了音乐声，声音越来越近，接着便听到了谈笑声。我心想："谁会在此徘徊呢？这一切意味着什么呢？沿湖只有一条小径，而且极少有人在上面行走啊！"一想到这些事情，我完全清醒过来，赶忙走到窗户旁边。在我把百叶窗打开后，一切归于寂静。外面空无一人，听不到任何声音，一丁点东西都没有，就连风都没有。

"这可怪了。"我敢肯定，脚步声和谈笑声的确存在，但很显然，刚才只是我的一个梦而已。我重新躺回床上，仔细琢磨自己到底是怎么上当的，或者是什么东西引起这样一个奇怪的梦。想着想着，我又进入了梦乡，不料同样的梦马上又开始了，我又听到了脚步声、谈笑声和音乐声。同时，我还看见了几百个黑衣人，极有可能是穿着安息日服装的农家孩子。他们自山上下来，如潮水般从两侧涌到塔楼附近，使劲地踏着脚，大声笑着、唱着，拉着手风琴。我十分气愤，心想："实在太过分了！我本以为这是一场梦，可结果成真了！"就在这时，我醒了，再次从床上跳起来，拉开百叶窗，打开窗户，结果发现一切又和上回一模一样：月夜之下一片死寂。"唉，只不过是闹鬼罢了！"

我自然会问，一个如此逼真却又使我惊醒的梦，究竟意味着什么？通常只有我们看见了鬼魂才会经历这种情形，保持清醒就能察觉真实情况。因此，这个梦意味着一种等同于真实的境况，梦境在其中创造了某种清醒着的状态。在这种与众不同的梦中，潜意识似乎倾向于向做梦人传达一种关于真实的深刻印象，而印象又通过反复出现得以加强。人们认为这种真实一方面来源于身体的感觉，另一方面则来自原型人物。

那天夜里发生的一切都那么真真切切，至少看起来如此，我几乎不能分辨这两种真实。从这个梦本身我也看不出什么究竟：农家孩子排着长队奏乐意味着什么？在我看来，他们是由于好奇，从家里出来，为的是看一眼这座塔楼。

从那以后，我再也没有经历或梦见，也记不得是否听说过类似的事情了。直到很久以后，在偶然翻阅17世纪伦瓦德·塞萨特写的卢塞恩编年史时，我才找到了解释。他描述了下面的一个故事：皮拉图斯山的高山牧场向来以鬼魂出没而臭名昭著，据说沃旦直到今天仍在施行魔法。塞萨特在爬山期间的一天夜里，一队人奏着乐唱着歌，从两边拥向塞萨特的小屋，将其吵醒。那情形与我在塔楼经历的一模一样。

第二天早上，塞萨特向一同过夜的牧羊人询问，这到底意味着什么。牧羊人立刻给出解释：这些人一定是去世了的乡亲，用瑞士方言说就是受祝福的亡灵，那是由亡灵组成的沃旦大军。他还说，那些人习惯露出真身到处走动。

这可能暗示着一种孤寂的现象，一群人的形象弥补了外表的空虚和沉默。因此它便与隐士的幻象归为一类，因为隐士的幻象同样也是补偿性的。然而这种故事建立在何种现实的基础上，我们知道吗？也可能那时的我对孤独过于敏感，才能觉察到一大群“死去的乡亲”从我身边经过。

心理补偿这一解释，从未使我完全满意。如果说这是一种幻觉，我又觉得这像是在回避问题的实质。我认为有必要将这种情形认定为真真正正的存在，尤其是当我无意中看到17世纪的那个记录之后。

这很可能是一起同步现象。这些现象表明，预兆和幻象通常对应着某种外在的真实性。而正如我发现的一样，现实中确实存在着与我的经历类似的真实事件。中世纪时，年轻人的确举行过这种集会。他们是些雇佣兵，通常在春天的时候集合，从瑞士中部行军到洛迦诺，在米努西奥市的卡萨帝铁地区会合，然后一起继续行至米兰。他们曾在意大利当过兵，曾为外国王子作战。因此，我的幻象很可能是一次这样的集合，每年春天来临的时候，这些年轻人便欢歌起舞，与自己的故土告别。

1923年，我们开始在波林根修建房屋的时候，我的大女儿过来查看现场，随后竟然尖叫起来："您怎么能把房子建在这儿呢？这里到处都是死尸啊！"我很自然地想道："简直胡说八道，哪会有这种事！"但四年之后，建造附属建筑物的时候，我们确实挖到了一具骸骨。它埋在距离地面七英尺的地下，肘部还嵌入了一颗旧式来复枪子弹。种种迹象表明，这具尸体显然是在高度腐烂之后才被扔进坟墓的。1799年，有几十名法国士兵在林特河淹死，后来被冲到上游的岸上。那具尸体是这几十人中的一个。当时奥地利士兵炸毁了法国人正在猛攻的格里诺桥，那些法国士兵就是这样掉进河里淹死的。墓挖开后，我给骷髅拍了照片，并在照片上写下了我们发现骷髅的日期——1927年8月22日。现在，这张照片还被保存在塔楼里。

我在自己的地产上举办了一场正规的葬礼，在这位法国士兵的墓上鸣枪三声，之后又为他立了块墓碑，由我为他写墓志铭。我女儿早已觉察到死者鬼魂的存在，她通灵的能力继承自我的外祖母。

在1955和1956年冬天，我把家谱里祖先们的名字都刻在了三块石板上，然后把它们安放到塔楼的院子里。我在天花板上画出自己、妻子和女婿的纹章图案。荣格家族最初是以凤凰作为纹章，这种鸟自然地与"年轻""青春"和"复兴"相关。我的祖父改变了家族纹章的构成元素，大概是因为他对自己的父亲心存反抗。他是一名虔诚的共济会会员，又是共济会瑞士分会的领导人，这跟他改变纹章的图案有很大关系。我提到的这点本身无关紧要，因为它属于我思想和生活的历史性节点。

为了保留祖父的改动，我的纹章涂层已经没有了凤凰图案，取而代之的是这样一个图案：右边是一个蓝十字，左边是一串蓝葡萄，一条带有金星的蓝带将两者分开。这样的纹章象征着共济会或玫瑰十字会。就像十字架和玫瑰花象征玫瑰十字会的两个对立物，也就是基督教徒和酒神，我的纹章中的十字架和葡萄对应的是天堂精神与地狱精神。那金星，也就是哲人之金，将两者连接起来。

玫瑰十字会起源于炼金术哲学，迈克尔·迈耶是其创立者之一。这位著名的炼金术士，和相对来说名气不大但更为重要的杰拉德斯·多尼尔斯（生活于17世纪末）是同时代人，前者更为年轻，而后者的论文遍布1602年那本《炼金术大全》第一卷。二人都住在法兰克福，此地似乎一直是当时炼金术哲学的中心。但无论如何，作为鲁道夫二世时在自己领地内享有王权的伯爵和宫廷医生，迈克尔·迈耶在当地也算是个名人了。那时候，作为医生兼法官的卡尔·荣格博士（他死于1645年）住在美因茨附近，除此之外，我们对他一无所知，因为家谱在我的高曾祖父那一代就断了，而我的高曾祖父生活在18世纪初，他就是西格蒙德·荣格，如今的美因茨市民。家谱中断，是因为它随美因茨市档案馆一起，被烧毁于西班牙王位继承战争的包围战中。据保守猜想，这位博物通达的卡尔·荣格博士对炼金术士的著作十分熟悉，因为当时的药理学依旧处于帕拉切尔苏斯的影响之下。多尼尔斯就是一位心直口快的帕拉切尔苏斯信徒，曾经针对帕拉切尔苏斯的论文《长久的生命》写过一部长篇评论集。比起其他炼金术士，他主要涉及的是个性化的过程。鉴于我一生中大部分的研究工作都是围绕着对立物问题，尤其是对立物在炼金术上的象征意义进行的，他的理论在某些程度上引起了我的兴趣。

当我雕刻那几块石板时，我意识到自己命中注定要与祖先建立种种联系。我强烈地感觉到，自己受到了许多事情和问题的影响，它们是我的父辈、祖父辈和其他祖辈都没能完成也无法作答的，好像家族中存在着一种由父母传给子孙的业障。我始终认为自己必须要回答命运降临到我祖辈身上但他们一直没有回答的问题，或者我必须去完成或至少继续去做先前时代遗留下来的事情。我难以确定这些问题是更具个人性还是更具一般性。不过在我看来，应该是更具一般性。一个一般性的问题，如果不这样认识，看起来就总像是个人问题，因而在个体情况下，这个一般性问题会使人感觉个人精神王国里的某些事情失去了秩序，个人的领域确实受到了干扰，但是这种干扰不一定是主要的，它们也可以是次要的，结果就是使社会氛围发生了难以忍受的变化。因此，我们不应该在个人环境，而应在集体环境中寻找产生干扰的原因。迄今为止，心理疗法依然对这个问题欠缺考虑。

像任何具有自省能力的人一样，我很早以前就自然地认为，我人格上的分裂纯粹是我的私事，并且应该由我自己负责。诚然，浮士德已经使这个问题在某些程度上简单化了，他坦言："天哪，我的身体里居然存在两个灵魂！"但他丝毫没有关注产生这种分裂的原因。然而他所拥有的洞察力在某种程度上似乎是直接指向我的。第一次读到《浮士德》的那段时间里，我根本无法想象，歌德的这一奇怪的英雄神话在很大程度上其实是一种集体性经历，而且它还预见了德国人的命运。因此，在我阅读《浮士德》的过程中，我就会觉得自己仿佛已经身处其中，当我看到由于浮士德狂妄自大和自我膨胀从而导致费莱蒙和鲍西丝死亡时，我倍感内疚，仿佛自己过去曾是杀害两位长者的帮凶。这样怪异的想法把我吓了一跳，我也因此认为自己有责任弥补这一罪行，并努力避免这种悲剧再度发生。

一些早年听闻的古怪的传闻进一步印证了我错误的结论。我听说人们散布谣言，说我爷爷荣格是歌德的私生子。这个令人讨厌的故事给我留下的印象，似乎也印证并解释了我对《浮士德》产生的古怪反应。实事求是地说，我并不相信轮回转世，但我对于印度人称作命运的观念好像有一种与生俱来的熟悉感。在那个时候，我根本不知道有潜意识的存在，因此，我也无法找到任何心理学上的说法来解释我的反应。我当时不知道，甚至今天也不比别人更了解，其实未来已经事先在潜意识中准备好了，因此，有洞察力的人便可以猜出来。所以当雅各布·布克哈特听到恺撒·威廉一世在凡尔赛加冕登基的消息时，便惊呼道："德国已经大难临头了！"瓦格纳的原型早已呼之欲出，他的身后便是尼采的酒神经历，将后者归因于狂喜之神沃旦更加合适。欧洲各国因为威廉时代的狂妄自大相互疏离，1914年的灾难也在暗中酝酿。

大概是在1890年，也就是我还是个年轻人的时候，我不知不觉陷入这个时代的精神中，一时找不到使自己解脱的办法。《浮士德》拨动了我的心弦，以某种我不得不认为属于我个人的方式使我动容。最重要的是，它使我意识到存在于我心中的善良与邪恶、心灵与现实、光明与黑暗这两两对立的问题。愚蠢盲目的哲学家浮士德遇到了他存在的黑暗面，也就是他邪恶的阴影——靡菲斯特。后者尽管有着消极的性情，但他代表了那徘徊在自杀边缘的死板学者对立面的真正的人生精神。我内心的矛盾便以戏剧化的形式显现了。歌德实际上为我自己的矛盾和解决办法提供了基础的提纲和样式。浮士德与靡菲斯特作为分裂人格在我身上结合成了一个个体，而那个人就是我，换言之，我受到了直接的打击，并且认识到那就是我的命运。因此，这出戏中所有的紧要关头都深深地影响了我；我会非常强烈地认同某一点，又会在另一点上加以反对。没有什么解决方法会使我漠不关心。后来，我直觉地在自己的工作与那些被浮士德忽略的事情之间建立起联系：尊重人类永恒的权利，承认古代以及文化和思想史上的连续性[1]。

我们的灵魂与肉体是由许多单独的元素构成的，而这些元素全都已经在我们祖祖辈辈的身上展现过了。那些体现在个人精神中的“新”，只不过是远古成分经过无穷变化的重组而已。身体和灵魂因而具有更显著的历史特征，在刚开始存在的新生事物中找不到属于自己的位置，即各种构成我们祖先的元素只是部分地存在于这些事物之上，就像我们现代的精神伪装的那样，我们还远远没有告别中世纪，告别典型的古代，告别原始性。然而，我们已投入前进的洪流之中，被席卷着冲向未来。这股洪流的势头越是猛烈，我们就越发脱离了根基。一旦与过去断绝联系，那么过去通常就会湮灭，于是这种前进运动就会永不停息。但正是因为失去了与过去的联系，抛弃了自己的“根”，才最终导致了人们对文明的种种“不满”，以

[1] 文中荣格所说的这种态度，对应现实生活中他在塔楼大门上写下的文字：“费莱蒙的神龛——浮士德的忏悔所。”这扇大门后期被堵上，他又在塔楼二楼的门上写了同样的话。

及如今的慌乱匆忙——更多情况下，我们不是生活在整个进化背景都无法追赶的现在，而是生活在未来，以及对未来黄金时代虚幻的承诺中。由于受到日益高涨的缺失感、不满感和躁动感的驱使，我们匆忙地拥向新鲜事物之中。如今我们赖以生存的不再是自身所拥有的事物，而是一份承诺；我们不再生活在当下的光明里，而是在未来的黑暗里苟延残喘，我们期待着未来终能带来辉煌灿烂的日出。我们不愿面对事实，拒绝承认一切更美好的东西背后，其代价是某种更邪恶的东西；我们拒绝承认，对自由的强烈渴望因国家频繁施加的奴役而破灭，更不用说，那些最伟大的科学发现，将我们推向恐怖和危险。我们越不了解父辈和祖先所寻求的东西，就越不了解我们自己。于是，我们就倾尽所能地夺取个体的根基，以及其身上具有指导意义的本性，使个人最终成为一个只由尼采所谓的万有引力精神控制的，泯灭在众人中的渺小微粒。

由历史进步促成的改革，即由新方法或新技巧促成的改革，最初当然使人印象深刻，但从长远来说，这些改革都是值得怀疑的，并且在任何情况下都需要付出昂贵的代价。总的来说，这些改革并不能增加人们的幸福感和满足感。在大多数情况下，它们是带有欺骗性的糖衣炮弹，就像生活中的高速通信一样，加速了生活的节奏，但同样使我们的时间比以往任何时候都要少，用古时候大师们的话说就是:“只有魔鬼才会匆匆忙忙。”

另一方面，一般来说，由倒退导致的改革所需要付出的代价更少，持续的时间也更长。因为倒退回过去，只需要回到过去尝试并实验过的更简单的道路上，并更少地利用报纸、广播、电视及所有假设能够节省时间的新发明。

我在这本书中用了大篇笔墨描写了自己对于这个世界的主观看法，然而，这种看法并非经过合情合理的思维思考出来的产物。相反，它是一种幻觉，就像一个人故意半闭着眼，半捂着耳朵去观察、聆听存在的形式和声音。假如我们对此的印象过于清晰，就会导致我们最终局限于当前的时时刻刻，因而根本无法理解我们祖先的心灵是如何聆听、理解现在——换言之，就是我们的潜意识正在对其做出什么样的回应。因此，我们便对祖先是否从我们的生活中获得了一种基本的满足感，或者祖先的成分是否因此遭到了排斥一无所知。个体内心是否能感受到平静与满足，相当一部分程度上，由个体身上固有的、从家族祖先那里继承来的历史特性能否与当下各种稍纵即逝的情况协调一致决定。

住在波林根的塔楼里，就像一个人同时生活在很多个世纪一样。我死后，塔楼依然矗立在那里，而在地点和风格上，它却指向远古的事物。它身上很少有东西暗示着现在。假如有一个 16 世纪的人住进这座房子，恐怕只有煤油灯和火柴才能使他惊奇，除此之外，他会觉得这里就像是他家，能够轻而易举地熟悉屋中的一切。塔楼中没有什么东西会惊扰亡灵，既没有电灯，也没有电话。此外，自从我开始解答祖先遗留的问题后，塔楼中就始终有祖先们的灵魂在游荡。我倾尽所能获得了一些粗糙的答案，甚至还把它们画在了墙上。那情形仿佛是一个延续了几个世纪、沉默不语的大家族正在塔楼群聚生活。我在这里以自己的第二人格生活着，将生活看成一种周而复始循环往复的轮回。

第九章 旅行

北非

1920年年初，一位朋友告诉我，他打算前往突尼斯出差，问我是否愿意陪他同行。我立即答应了他。我们3月份出发，首先是到了阿尔及尔，然后沿海岸线行进，抵达突尼斯市，又从突尼斯来到苏萨，在那儿，我的朋友因事去了其他地方。

我终于抵达了朝思暮想的地方，一个母语不是欧洲语言，主流宗教不是基督教的非欧洲国家，这里居住着不同的种族，截然不同的历史传统和哲学思想在当地人的脸上烙下了印记。我常常想从外部的角度来观察当地的欧洲人，观察一种陌生的环境反映在他们身上的形象。诚然，我没有学过阿拉伯语，为此我深感遗憾，但是，为了弥补这一点，我就更加集中精力地观察当地人和他们的行为。我常常在一家阿拉伯咖啡馆喝咖啡，在那里一坐就是几小时，听着相当于天书的各种谈话。不过，我仔细研究过当地人说话时的手势，特别是他们的表情，我观察并比较他们说话时的手势和欧洲人的细微差别，因而学会了用不同的眼光看待事物，尤其是那些离开自己原有环境的白种人。

欧洲人眼中东方人的文静和冷漠，在我看来是一种面具，在这张面具的背后，我觉察到了某种我无法解释的不安和躁动。让我感到奇怪的是，我一踏上摩尔人的土地，就发觉自己被一种无法理解的印象困扰着：我一直在想，这片土地闻起来很奇怪，是一股血腥味，这儿的泥土似乎都浸染着鲜血。我突然想到，这片狭长的土地已经经历过三种文明的冲击，从迦太基文明到罗马文明，最后是基督教文明。而如今技术时代对穆斯林的影响还要拭目以待。

离开苏萨以后，我向南前进，来到斯法克斯，又从那里继续挺进撒哈拉大沙漠，抵达绿洲城市托泽尔。这座城市位于一片低矮的高地之上，处于高原的边缘，而在高原脚下，有许多稍带碱性和温度的水通过成千条小水渠灌溉着绿洲。上方是高耸入云的枣椰树，它们形成绿莹莹的拱顶，拱顶下面生长着桃树、杏树和无花果树，枝繁叶茂，果树下是一片郁郁葱葱的紫花苜蓿。几只如同珍珠一般的翠鸟在树丛中飞来飞去。许多穿着白色衣服的人在凉快的绿荫中徜徉漫步，其中有很多饱含深情的热恋伴侣，紧紧地拥抱在一起，显然那是同性之间的恋情。我觉得突然间回到了古希腊时期，在那时，这种倾向同时构成了男人社会和以其为基础的城邦。显然，在这里，男人只同男人说话，女人只同女人说话。公共场所中能见到的女人只占少数，她们都像修女一样，脸部被厚重的面纱遮盖。我看见几个女人没有戴面纱，翻译告诉我，她们是妓女。总的来说，大街上放眼望去都是男人和儿童。

我的翻译印证了我的印象：在这里同性恋盛行，而且人们认为这是理所应当的。翻译还向我示爱。这个单纯且热心的人一定没有注意到我在想什么，有一种思想像闪电一般划过我的脑海，突然启发了我的观点。我感觉自己突然被丢到好几个世纪以前的更加天真烂漫的青少年世界，那些少年凭借着少得可怜的《古兰经》知识，逐渐摆脱原有的朦胧意识状态，那种他们自古以来一直生活在其中的状态，并开始意识到自我的存在，以防御来自北方的威胁。

当我正沉浸于这种梦境，想象着这种静止古老的存在时，我突然想到我的怀表，它象征着欧洲加速了的时间。无疑，这是一团悬挂在这些毫无戒心的灵魂头上的阴云。霎时间，我觉得他们看起来都像是被狩猎的对象：这些猎物看不见猎人，但是隐约地嗅到了猎人的气息，感到模糊的不安，而“猎人”就是时间之神，他把依然最接近永恒的时间击成碎片，形成了日、小时、分钟和秒。

从托泽尔，我来到了奈夫塔绿洲。清晨日出后不久，我和翻译就启程了。我们的坐骑是脚步敏捷的大骡子，骑着它们我们走得很快。在我们靠近绿洲时，一个孤独的骑者，穿着一身白色的衣服，朝我们走来。他神态傲慢地经过，并没有向我们致意。他骑着黑色的骡子，挽具绑着银条，布满银钉。他形象高雅，给人留下了深刻的印象。我敢肯定，这个人身上没有怀表，更别提手表了。显然，他是出于本能地保持着一贯的风格。他身上没有欧洲人的那种傻气。事实上，欧洲人都对自己已经不是过去的自己这件事深信不疑，但又不知道自己变成了什么人。他的表提醒他，自“中世纪”以来，时间和它的同义词“进步”已经悄悄地向他逼近，而且无法挽回地夺走了他的某些东西。他继续轻装上阵，速度稳步加快，走向模糊不清的目标。他以胜利的假象来补偿失重的感觉与相应的“不完备感”，比如轮船、火车、飞机和火箭，而这一切假象同时也剥夺了他的生命，把他推入充满速度和爆发性加速度的现实。

我们越是深入撒哈拉沙漠，就越是感觉时间变得很慢，甚至有倒退的危险。闪闪发光的热浪缓缓上升，在很大程度上加剧了我的梦幻感。我们到达绿洲的第一批棕榈树下，我觉得这里的一切都与过去应该有的样子别无二致。

第二天清晨，我被旅店门外陌生的喧闹声吵醒。店前有个宽阔的广场，昨天晚上还空空如也，如今却挤满了人、骆驼、骡子和毛驴。骆驼们音调起伏地哀号着，表达它们长期以来的愤懑，而驴子则粗腔横调地吼叫着，互相竞争。人们都兴奋不已，到处走动，指手画脚地叫喊着。他们看起来既野蛮又机警。翻译跟我解释说，人们正在庆祝一个盛大的节日。几个沙漠部落连夜赶来，要为修士干两天农活。修士是穷人的救济官，拥有许多绿洲里的田地。人们到这儿来准备辟田挖渠。

广场另一端突然升起一团尘土，一面绿旗帜展开，鼓声隆隆。一位仪态庄严的白胡子老人，走在几百个面容狂野、提着篮子、扛着又短又宽锄头的人前面，后方的人列队而行。他展现出一种独特的、自然的尊严，看起来已有百岁高龄。他就是那位修士，他的坐骑是一头白骡。男人们击打小鼓，围在他的身边跳舞。这是充满野性的兴奋、嘶哑的叫喊，弥漫着尘土和热气的场面。大队人马狂热而坚定地蜂拥而过，进军绿洲，就像奔赴战场。

我跟在队列的最后，谨慎地与他们保持距离，翻译也没有鼓励我靠得更近，直到我们来到“工作”地点。在这里，兴奋的气氛越发浓烈：人们打着鼓，狂野地呼喊着，工地像一个受到惊扰的蚂蚁窝，一切都正在马不停蹄地进行着。男人们踩着鼓点节奏搬运装满泥土的篮子；另一批人速度飞快地开凿地面，挖沟筑堰。穿过这狂野喧闹的场地，修士骑着白骡缓缓走过，用长者庄严、温和、疲惫的手势教导众人。他一出现，那匆忙、叫喊和节奏就立即增强，在这样的背景下，修士平静的形象自然显得异常出众。到了傍晚，人群显然已经筋疲力尽，这些人很快就躺在骆驼身边，进入深沉的梦乡。夜里，在狗群例行的、声势浩大的合唱结束后，一切才终于完全陷入沉寂。直到初升的太阳闪耀第一道光芒，宣礼师呼喊人们起来祷告（那声音总能深深地打动我），人们才起来去做早祷。

这个场面给了我一些启示：这些人摆脱了自己的情感，受到了触动，并将他们的肉体置于某些感情当中。意识指导他们辨识空间的方向，传达来自外界的印象，而意识本身也受到了内部冲动与情感的刺激。但是，他们的意识并不用来思考，自我也几乎没有自主权。这种情况与欧洲人的区别不大。但是，我们毕竟还是更为复杂一些。无论如何，欧洲人拥有一定程度的意志和明确的意图，而我们所缺少的是生活的强度。

我并不希望陷入这种原始景象的魔力之中，但是我的精神依然受到了感染。表现在外界的是传染性肠炎，幸亏有本地的大米汤和甘汞医治，没过几天就好了。

我心里积郁了很多想法，因此最后我们回到突尼斯市，在出发前往马赛的前一天晚上，我做了一个梦，我认为这个梦总结了我在当地体会到的全部感受。这是理所应当的，因为我习惯了同时生活在两个平面之中：一个是意识的，它力图理解却又无法理解；另一个是潜意识的，它想要表达某种事物，但表达的结果不如梦境清晰。

我梦见自己来到一个阿拉伯城市，和大部分这种城市一样，它坐落在广阔的平原上，有四个城门的正方形城墙四面环绕，城里有一座城堡。

城堡周围环绕着一条宽广的护城河（然而现实中的阿拉伯国家并不是这样的）。我站在通往暗色马蹄形大门的木桥前面，发现门已敞开。我也很想从里面打量一下这座城堡，便踏上了桥。大约走了一半的时候，有一位英俊潇洒、皮肤黝黑的阿拉伯贵族朝着我迎面走来，颇有皇家风采。我意识到，面前这位身披白色连帽斗篷的阿拉伯青年，就是住在这座城堡中的王子。他一走到我面前，便袭击我，试图把我打倒。我们开始格斗，在搏斗中，我们撞坏了扶手栏，扶手栏坍塌，我们都掉入了护城河中。他使劲把我的头按在水底，想要淹死我。“不行，”我想，“这也太过分了。”于是我也模仿他，把他的头按到水中。虽然我这么攻击他，但我的内心其实非常仰慕他；然而我不想被杀死，也无意要杀他，我只想让他昏过去，没法再打下去。

此时梦境突然发生了变化。我和他坐在城堡中心的一大间拱顶八角房中。房间通体都是白色的，十分朴素、美丽。低矮的长沙发椅摆放在浅色大理石墙边，我面前的地板上摊着一本书，奶白色的羊皮纸上用精湛的书法写着华丽的黑色字母。那字看着不像是阿拉伯字母，倒像是西土耳其斯坦的维吾尔语；我熟悉维吾尔语，因为曾见过吐鲁番摩尼教经文的残片。我不知道这些字母表达了什么内容，但是我觉得这是我写的“我的书”。

刚才和我搏斗过的青年王子坐在我右边的地板上。我跟他解释说，既然我击败了他，他就一定要读这本书。但是他拒绝了我的要求。我把胳膊放在他的肩膀上，以一种父亲般的善意和耐心逼迫他服从我。我知道这是绝对必要的，最后他妥协了。

在这个梦中，阿拉伯青年代表了那个从我们身旁骑着骡子经过却不打招呼的傲慢阿拉伯人。他作为城堡里的居民，象征着自我，更精确地说，是自我的信使或密使。因为他走出来的城堡是一个完美的曼陀罗：一座城堡，周围环绕着有四个大门的长方形围墙。他企图杀死我这件事，仿效了雅各与天使的搏斗。转化为《圣经》的语言就是，他像是上帝的天使，是神的信使，因为他不认识人，因此要杀死他们。

实际上，天使应该居住在我的身上。然而他虽然懂得天使的真理，但有关人的一概不知。因此，第一次见到我时，他就将我当成敌人，可是，我非但没有让步，而且反抗了他。在梦的第二部分，我成了城堡的主人，而他坐在我的脚边，不得不读书学习，来理解我的思想，或者说，学习理解人。

显然，我与阿拉伯文化的邂逅给我留下了难以磨灭的印象。这些性情中人不善于反思但更接近生活，他们的情感特征对我们身上的历史积淀产生了极具启发性的影响。我们刚刚克服了这些历史积淀，就把它抛在脑后，或者我们认为已经克服了它。这好似童年的天堂，我们想象自己是从那里走出来的，但是只要经过稍微挑拨，这个天堂就会把新的挫败施加在我们身上。事实上，我们对进步的崇拜有可能会导致我们陷入一种危险当中：我们越是急于逃避过去，越可能对未来产生不切实际的梦想。

另一方面，童年的一种特点是，因为那个时期的天真与无意识，孩子所描绘出的自我形象要比成年人的更加完整，是基于纯粹个性的完整的人物形象。因此，儿童或者原始人的眼光会唤起某种潜藏在成年人、文明人心中的渴望，这种渴望与个性中某些得不到满足的欲望和需求有关，而成年人或文明人为了适应人格面具，已经从完整的形象中将其删除了。

在游历非洲，寻找欧洲范围外的精神观察站的那段时间里，我下意识地想要找到我那一部分人格，它在过去欧洲人的影响和压力下已经变成了无形的人格。这一部分的人格处在本人潜意识的对立面中，而我确实企图抑制它。按照它的本性，它想夺走我的意识（在梦中强行把我按入水中）以便杀死我，但是，我的目的是，通过洞察使它变得有意识，以此找到一个共同的、暂时的解决方法。阿拉伯人微黑的脸色表明他是一个“阴影”，但不是个人的而是种族的阴影，因此与我的人格面具无关，但是与我人格的整体，也就是自我有关。他作为城堡的主人，必须被看作一种自我的阴影。理性主义占主导地位的欧洲人发现许多具有人性的东西都跟自己很疏远，并且引以为豪，却没有意识到，这种理性是以牺牲自己的生命力作为代价获得的，并且或多或少导致其人格的原始部分被贬低，成为一种地下存在。

这个梦表明我与北非的邂逅对我产生了巨大的影响。首先，我的欧洲意识遭受到了潜意识精神的意外袭击。就意识而言，我对这种情况没有一点感知。相反，我不由自主地感觉到了一种优越感，因为我不可避免地无时无刻不在想着我那欧洲人的特质。我的欧洲人的身份，使我对那些与我性格迥异的人产生了某种观点，而且完全把自己和他们区分开来。但是我在面对自身潜意识力量的存在时，是毫无准备的，这些力量坚定地站在这些陌生人的一边，因而造就了一种强烈的冲突。而我的梦则通过蓄意谋杀的象征来呈现这一冲突。

直到几年之后我去了热带非洲后，才认识到这种干扰的真正性质。事实上，这是“骨头变黑”的最初迹象，这种精神上的危险威胁着那些在非洲背井离乡的欧洲人，其程度还未被公众充分认识到。“哪里存在危险，哪里就会有救赎”，在这种情况下，荷尔德林的这些话常常浮现在我的脑海。这种救赎的方法就是我们在具有警告性的梦中，将潜意识的强烈要求带入意识层面。这些梦表明，在我们身上存在某种东西，它非但不消极地屈服于潜意识的影响，相反，还急迫地冲在前面，迎接这种影响，认同阴影。正如童年的回忆可能会在突然间以一种强烈而活跃的情绪占据意识一样（我们感觉完全被置于过去的情景之中），因此，阿拉伯看起来陌生且截然不同的环境，唤醒了我们对史前原始意象的回忆。这种回忆，我们显然已经完全遗忘，但又众所周知。我们一直在回忆被文明赶超了的生命潜力，但是这种潜力依然存在于某些地方。如果我们天真地想要复活它，那就无异于倒退回野蛮时代。因此，我们选择将它忘记。但是，如果它再次以一种冲突的形式出现在我们面前，那么我们应该把它留在我们的意识中，并且相互检验这两种可能性（我们如今的生活与被我们遗忘的生活）。因为，只要是显而易见已经失去的东西，如果没有充分的理由，是不会重现的。在鲜活的精神结构中，没有什么是仅仅以单纯的机械方式发生的，一切都要适应整体的构造，与整体相关。也就是说，它都是有目的有意义的。但是因为意识从未有过整体的观点，因此通常不能理解这种意义。所以，我们只能暂时满足于发现这种现象，并希望在将来，或者在深入的研究中揭示冲突（这是一种与自我阴影产生的冲突）的意义。无论如何，当时我对于原始意象感受的本质根本一无所知，更不了解历史上有过的类似情况。不过，虽然当时我没能完全理解这个梦的意义，它却一直回荡在我的记忆中，同时我也翘首以盼，希望有机会重访非洲。而这个愿望直到五年之后才得以实现。

美国：印第安人村庄

（未发表手稿片段）

我们总是需要一个外部的支撑点，以便运用批判的杠杆，心理学尤为如此。由于资料的性质，我们在心理学上受到的主观因素的影响，比在其他任何学科中受到的都要多。比如，假如我们一直未能从外界的角度观察我们的民族，我们怎么才能了解自己的民族特点？从外部观察意味着从另外一个民族的立场来观察我们。要做到这一点，我们必须充分了解外国集体精神，在这学习的过程中，我们会遇到种种构成民族偏见和民族特性的不协调因素。凡是使我们迁怒于他人的一切，都会帮助我们更了解自己。只有当我以一个瑞士人的角度，感受到英国给我带来的不适，我才算了解英国；只有当我以一个欧洲人的角度，感受到难以与世界相适应，我才了解了欧洲，了解了我们最重要的问题。通过与众多美国人的交往，通过我在美国的逗留与旅行，我对欧洲人的性格有了不计其数的见地。我一直以为，对一个欧洲人来说，没有什么比时不时站在摩天大楼的顶端眺望欧洲更有价值了。当我第一次从撒哈拉沙漠注视欧洲的壮观景象时，发现撒哈拉沙漠身处文明之中，这种文明与我们之间的关系，或多或少地类似于古罗马时期与现代之间的关系。我渐渐意识到，即使在美国，我仍然难以摆脱白种人文化意识的影响。于是，我希望观察并融入一种水平低于欧洲的文化，以此进行深入的历史比较。

在第二次游历美国期间，我和一群美国朋友拜访了新墨西哥州的印第安人，也就是筑城的普韦布洛人[1]。“城市”用在这里显然太大了，他们建造的实际上都只是小村庄而已，但是，拥挤的房屋一层层地堆起，就像他们的语言和整个风俗一样，让人联想到“城市”。我在那里，第一次有幸和一位非欧洲人（非白人）谈话。他是普韦布洛人的领袖，人很聪明，有四五十岁。他的名字叫奥奇维·比昂诺（意思是“山湖”）。跟他谈起话来，比跟一个欧洲人谈话还要畅快。当然，他沉浸在自己的世界里，就像一个欧洲人沉浸在自己的世界里一样，但是，欧洲人的世界对我来说是一个怎样的世界！与欧洲人谈话，仿佛经常在沙洲中奔跑，那是一种早已熟悉却从未理解的感觉；而在与奥奇维·比昂诺谈话时，航船却自由地驶向深邃陌生的海域当中。与此同时，我们从不知道在哪种情况下会遇到更多的乐趣：是发现新海岸，还是有了探索几乎被大众遗忘的古老知识的新方法？

[1] 一个美洲的印第安部落，“普韦布洛”出自西班牙语，意思是“村落”。

比昂诺说:“你瞧，白人的面相看起来多么残忍。他们的嘴唇薄，鼻子尖，满脸皱纹，面部扭曲。他们的眼睛直直地瞪着，总是在寻找着什么。他们所求的是什么？白人们总想要新东西，他们总是焦躁不安。我们不知道他们需要什么，不理解他们，认为他们都是疯子。”

我追问他为什么这么认为。

“他们说他们用脑袋思考。”他回答道。

“那是当然的了。你用什么思考呢？”我好奇地问他。

“我们用这里。”他指着心脏说。

我陷入了长久的思考之中。我觉得有生以来，第一次有人为我描绘出真正的白人的肖像。在此之前，我见到的似乎都只是伤感的、美化过的彩色图片。比昂诺击中了我们的弱点，揭示出被我们忽视的真相。我觉得我的体内似乎正在缓缓升起某种莫名又熟谙，如同无形的雾气的东西。一个一个的形象纷纷从这团迷雾中分离出来：先是粉碎高卢城的罗马军团，还有尤利乌斯·恺撒、西庇阿·阿弗利卡努斯和庞培的精心雕刻的形象。我在北海、白尼罗河河岸看见了罗马的雄鹰。随后，我目睹圣奥古斯丁把基督教的信条插在罗马长矛上传送给不列颠人，我看到了查理大帝迫使异教徒皈依，我还看到了十字军烧杀抢掠的人马。我恍然大悟，意识到了十字军所谓的古老浪漫故事的空洞。接着便是哥伦布、科尔特斯和其他的征服者，他们带着火、剑、酷刑和基督教义，来到这些平静地梦想着太阳神和天父的遥远村落里。我还看到太平洋岛屿上被烈酒、梅毒以及猩红热屠杀的人们，这些传染病都隐藏在传教士强迫他们穿着的衣物下。

我们除了所谓的开发殖民地、向异教布道、传播文明等，还隐藏着另一副面目，那就是以残忍的目光搜寻远处猎物的掠食者面目，只有海盗和强盗才会有的面目。所有雄鹰和猛兽的形象都成了我们心理上的表征物，在我看来，它们是最能代表我们真正本性的象征形象。

谈话中的其他内容深深地刻在我的心中。在我看来，它们与我们交谈的特殊气氛相当融洽地联系在一起，如果不去提及，这篇叙事就是不完整的。我们谈话的地点在位于主楼第五层的屋顶上。谈话期间，时不时地可以在屋顶上看见其他印第安人，他们裹着羊毛毯，望着每天升入晴空的太阳，陷入了沉思。我们周围是一座座用风干砖盖的低矮的正方形房屋，地面与屋顶或是一个屋顶到更高的屋顶（在以前的危险时期，入口常常开在屋顶）之间架着独特的梯子。在我们眼前的是一直延伸到地平线，连绵起伏的陶斯高原（海拔约七千英尺），地平线上有几座圆锥形的古代火山的山峰，它们都有一万两千多英尺高。在我们身后，一条清澈见底的小溪在房屋旁潺潺流过，通往村落中心，对岸坐落着一个村社，层层堆起的房屋都是由红色风干砖建成的，非常奇怪地对应了中心为摩天楼的美国大都市的布局景观。逆流上行大约半小时，就会发现一座雄伟的大山拔地而起，但这大山没有名字。相传在山顶云雾缭绕的日子，人们就会消失在那个方向，前去完成神秘的仪式。

普韦布洛人寡言少语，提及自己的宗教，更是守口如瓶。保守宗教仪式的秘密是他们的行事方针。他们将秘密保守得如此之好，以至我放弃了直接提问的想法。我从没有遇到过如此神秘的氛围。文明民族的宗教已全部知晓，其圣礼也早已不再神秘。但是，在这里弥漫着的全部教友都熟悉的秘密，却对白人闭上了大门，这个奇怪的情景使我领略到了类似艾留西斯的氛围，那座古城的秘密只有本族人知道，从没有传出城外。我理解了鲍桑尼亚或希罗多德的感受，比昂诺说道：“我没有得到批准，说出那神的名字。”我认为这不是骗局，而是一个重大的秘密，一旦泄露就可能导致社区或个人的毁灭。守住这个秘密，给普韦布洛人带来了自豪感，并且保有抵抗白人统治者的力量。这种秘密赋予印第安人以团结和统一，我相信，他们作为独一无二的社区，只要秘密不被亵渎，普韦布洛人就能继续存在下去。

令我感到惊奇的是，比昂诺谈到自己的宗教观念时，他的感情就发生了变化。在日常生活中，他呈现出一定程度上的自制和自尊，就像宿命论者一样镇定自若。但是，一谈到涉及秘密的事物，他就会陷入难以掩饰的、令人惊奇的情绪当中，这个事实对满足我的好奇心起到了巨大的帮助。我已经说过，直接的提问不会有任何结果。因此，当我想要了解事件的本质时，我就会试探性地评论几句，从那些我十分熟悉的情感动作中观察对方的表情。如果我偶然提及了什么重要的事情，他不是保持沉默，就是躲躲闪闪地回答，却又显示出深沉的感情，眼中频频饱含泪水。他们眼中的宗教观念，不是理论（能使一个男人流泪的，必定是个奇怪的理论），而是事实，和外部现实同等重要，一样激动人心。

在我和比昂诺坐在屋顶上交谈的时候，炽热的太阳越升越高。于是他指着太阳对我说："那难道不是我们的父亲在走动吗？还有人有异议吗？怎可能还有别的神呢？没有太阳就没有东西。"我之前就能体会到他这种激动的心情，如今这种感情越发强烈。他想方设法地找到合适的词语，最后惊叹道："一个人孤零零地能在山里做什么呢？连生火也离不开太阳。"

我问他是否想过，太阳可能是无形的神创造的一个火球。但我的问题甚至没有引起他的惊讶，更别说愤怒了。显然，他的内心没有受到我的问题的任何影响，他甚至也不认为我问了个愚蠢的问题。他的反应仅仅是冷淡，我顿时觉得自己一头撞上了一堵不可逾越的高墙。他唯一的回答就是："太阳是神，每个人都能看到。"

虽然人人都能感受到太阳那巨大的印象，但是，看到这些成熟而有尊严的人谈论太阳时展现出的压倒一切的情感，对我来说真是一种新奇动人的经历。

还有一次，我站在河边，抬头仰望屹立在高原之上几乎高达六千英尺的山岭。我正想，这里就是美洲大陆的屋脊，人们生活在这里，整日面朝太阳，就像缄默的印第安人一样，裹着毛毯站在村落最高的屋顶之上，出神地仰望太阳。忽然，一个深沉的，由于压抑住内心的激动而颤抖的声音传入我的左耳："你不认为一切生命都来自这座高山吗？"一个穿着鹿皮鞋的老印第安人悄悄地走到我身边，向我提出这个不着边际的问题。我眺望着从山上倾泻而下的河水，看到了得到这一结论的外在形象。显然，一切生命都来自这座高山，因为哪里有水，哪里就有生命，这是再明显不过的了。在他的问题中，我察觉到了一种与“大山”一词有关的高涨的情感，于是想到了那个人们消失在山上的迷雾中，举行秘密庆祝仪式的传说。我回答他的话：“谁都知道你的话是真理。”

但遗憾的是，我们的对话不久就被打断了，我没能进一步探究水和山的象征意义。

我注意到，虽然普韦布洛人不愿意谈论他们的宗教，但非常乐意热烈地谈论普韦布洛人与美国人之间的关系。比昂诺说：“美国人为什么要管辖我们？为什么要禁止我们跳舞？为什么要阻止我们把青年人从学校里接回来，把他们送到基瓦（仪式场地），教给他们我们自己的宗教？我们从没伤害过美国人呀！”良久的沉默过后，他继续说：“美国人试图使我们消失。他们为什么要管辖我们？我们不仅仅是为了我们自己做这些事，也是为了美国人呀。没错，我们这样做是为了全世界，为了使每个人都能从中获益。”

我可以从他激动的情绪中看出，他是在暗指他们的宗教信仰中某些极其重要的因素。于是我问道：“所以你认为你们的宗教在做造福全世界的事？”他兴致勃勃地回答道：“当然了，如果不是我们这样做，世界将会变成什么样呢？”说着，他意味深长地指了指太阳。

我感觉到我们正在接近极为微妙的话题，濒临部落秘密的边缘。他说：“毕竟我们是生活在大陆屋脊上的民族，是太阳的儿子，我们的宗教每天都在帮助父亲横跨天空。我们这样做不光是为了我们自己，更是为了整个世界。如果我们不再举行仪式，十年之内，太阳就会一落不起，到时候，便会是永远的黑夜了。”

此刻我突然明白了“尊严”的含义，也找到了每一个印第安人神态镇定安宁的原因。这一切都来源于他们“太阳之子”这一身份。他们的生命具有宇宙意义，因为他们每天都在帮助天父和一切生命的保护者升起落下。如果我们把自己的自我辩白、我们的理性所阐明的生命意义，与此相比较，那么，我们只能看出自己的贫乏。出自纯粹的嫉妒，我们不得不嘲笑印第安人的天真，不得不以我们的机灵来掩饰自己，否则我们就会发现自己的创造性多么匮乏，多么衣不蔽体。知识并没有丰富我们的视野，反而将我们一步步地推离神话世界，这个我们曾经生来就拥有的家。

如果我们暂时放弃欧洲的理性主义，将自己转移到寂寥高原山间的清新空气之中（那里的空气从一边进入宽广的大陆草原，从另一边进入太平洋），假如我们也能暂时搁置关于世界的详尽知识，换来一望无垠的地平线，以及对地平线之外的事物一无所知的状态，我们便可以开始深入理解普韦布洛人的观点了。印第安人坚信“一切生命都来自这座大山”，他们同样确信，自己所生活的一望无际的大陆屋脊是最接近神的地方。他们比其他的人更先听到神圣的声音，他们的仪式会最先抵达遥远的太阳。山脉的神圣，耶和华在西奈的启示，尼采在恩加丁获得的灵感，一切都说着同一种语言。仪式能够神奇地影响太阳。我自然会认为这样的观念是荒谬的，但是，通过进一步的观察，会发现这非但不是荒谬的，而且我们对这个观念的熟悉程度要远远高于最初设想的。我们的基督教，以及其他宗教，也都恰巧融合了这一观念，那就是特殊的行动或者能够影响神的特殊行为，例如某种仪式或祈祷，再或者是人身上为神所喜爱的美德。

人类的仪式，是神对人的行为所做的答复和反应，不仅如此，它们还可能想去“净化”，这是一种魔幻的强制行为。人类认为自己不光能够对神压倒性的强大影响做出回答，还能做出某些重要的行为来回报神，这一切都会引起自豪感，因为它们把个体提升到了具有超自然因素的尊严的高贵地位。“神和我们”，即使这只是一个潜意识的暗示，这个相同的做法无疑也蕴含着普韦布洛人令人羡慕的安宁的基础。这样的人生活在这个世界上是完全适得其所的。

肯尼亚和乌干达

出自造物主之手的东西都是好的。

——卢梭

1925年，我前往参观伦敦温布利展览会，主办方对英国统治下的各部落的杰出概括让我印象深刻，于是我决定在不久的将来去热带非洲旅行。

同年秋天，我和两个分别来自英国和美国的朋友动身前往蒙巴萨。我们乘坐的是沃尔曼公司的蒸汽轮船，同行的有许多是英国青年，他们大多是前往非洲各殖民地就职的。从船上的气氛中可以肯定，这些旅客不是去度假的，而是去打拼新天地。当然，船上是一派生机勃勃热情欢快的景象，但显然也有严肃低调的情形。事实上，在我回瑞士之前，我就听说了这些同行者的命运。在到达热带非洲的两个月内，几个人死在了那里。那些人死于热带疟疾、变形虫引起的痢疾和肺炎。死者之中，甚至有一位曾坐在我对面与我一同进餐。另外一位是艾克利博士，他因中非大猩猩保护协会发起人的身份而出名，我在这次航行前不久还在纽约见过他。

我记忆中的蒙巴萨是一个湿热的地方，那里住着欧洲人、印度人和当地土著，环抱四周的是棕榈树和芒果树密林。蒙巴萨风景如画，坐落在一个天然港湾之上，城市上方高耸着一座古老的葡萄牙风格的城堡。我们在那里待了两天，在第三天的傍晚时分，乘坐通往内地内罗毕的狭轨火车离开蒙巴萨，随即沉入热带的夜晚之中。

沿着海岸平原，我们经过了数目众多的黑人村庄，看见人们围坐在小火堆边闲谈。不久火车开始爬升，所到之处已经没有了村落的踪影，夜晚变得漆黑一片。天气逐渐清凉，我便很快进入了梦乡。第一束阳光划破天际，宣告新一天的来临，我睡醒了。火车被包裹在一团红色尘土之中，正在一个陡峭的红色悬崖上转弯。在我们上方一块凹凸不平的岩石上，一个身材苗条、皮肤黝黑的男人一动不动地站着，倚着一支长矛，俯视着火车，他的身旁耸立着一株巨大的烛台形仙人掌。

我对这一景象着了迷，虽然画面完全陌生，也超出了我的经验，但另一方面，随之而来的却是一种强烈的似曾相识之感。我感觉自己已经体验过这一瞬间，我向来了解这个世界，而这个世界与我之间只存在时间上的距离。这一刻，我仿佛回到了年少时就熟悉的土地，仿佛我认识这个等了我有五千年之久的皮肤黝黑的男人。

在整个荒蛮非洲的旅行中，这种奇特的感觉一直如影随形。我只能回忆起一个有关这古今共识现象的例子。这就是我和我的前上司，尤金·布鲁勒教授，共同首次观察到的一种心理玄学现象。在这之前我以为假如自己见到这种奇异的现象，定会瞠目结舌。但是，当它真的出现时，我却一点也不奇怪，相反，我觉得这完全是自然的，应该当作理所当然的事情，因为我早就对它很熟悉了。

见到这个皮肤黝黑的孤独猎人时，我不知道自己的哪根心弦被拨动了。我所知的仅仅是，千千万万年以来，他的世界一直属于我。

我感到有些茫然，在中午时分抵达海拔六千英尺的内罗毕。这里的光线亮得刺眼，使我想起了恩加丁的烈日骄阳。冬日，人们从低地雾霭中走出的时候便能见到。令我吃惊的是，火车站上聚集着一群戴着旧式灰白滑雪帽的男孩。这种帽子我自己戴过，在恩加丁也见别人戴过。人人都爱它，因为它上翘的帽边是可以折下的，就像帽舌一样，可以抵御阿尔卑斯山的寒风，也可以抵挡这里的热浪。

我们常常开着一辆小型的福特车从内罗毕到亚提平原，那里有一大片野生动物保护地。人们只是站在一座低矮的小山上，就能将这片广袤的热带草原的壮阔景象一览无遗。我们在地平线上发现了成群结队的动物：小羚羊、大羚羊、角马、斑马、疣猪等。众多兽群一边吃草，一边点着头向前移动，从远处看仿佛缓缓流动的河流。除了一只猛禽的哀鸣之外，几乎听不见任何声音。这是属于永恒开端的静谧，世界一向都处于这种不存在的状态之中。因为在这之前没有人出现在这里，并知晓这是一个世界。我离开伙伴一直前进，直到他们消失在我的视野中，在这里我尝尽了孑然一身的滋味。我站在那里，仿佛我是第一个认识到这个世界的人，但是并不明白，在这一刻是这第一个人首先真正地创造了世界。

在这里，意识的宇宙意义在我眼中变得异常清晰。炼金术士们说："凡是自然留下的缺憾，艺术都能使其完美。"人类、我，都在以一种无形的创造活动为世界提供一种客观存在，而给世界打上完美的烙印。我们通常只把这一行为归因于造物主，却没有想到，这样一来，就把生命看作一台计算精准的机器，它和人类的精神一起，毫无意义地运行着，同时遵循着预知的和注定的法则；在这样一种暗淡的如钟表般精确的设想中，没有一出戏是关于人、世界和上帝的，没有通向"新彼岸"的"新的一天"，有的只是沉闷无趣的计算程序。我想起了普韦布洛的老朋友。他认为普韦布洛人存在的理由就是一直帮助他们的天父，也就是太阳，每天横跨天空。我曾经羡慕，他们的信仰是那么富有意义，我也一直在绝望地寻找我们自己的神话。现在我更深刻地理解这是什么了：人在创造的过程中是不可或缺的，人本身就是这个世界的第二创造者，只有人才能给予世界以客观的存在，假如没有这种存在，人们就无法听到、看到这个世界，只能在沉默中吃饭、生殖、死亡，一直持续亿万年之久，在非存在的最深沉的夜里继续下去，直至未知的终结。是人的意识创造出了客观存在和意义，人类于存在的伟大过程中找到了自己不可或缺的地位。

沿着正在修建的乌干达铁路，我们乘火车抵达了它临时的终点站（第六十四站）。工人们帮我们卸下行李，我坐在其中一个装满各种食物的板条箱上。我点燃烟斗，沉思着一个事实，那就是我们似乎已经抵达了地球上人类居住地带的边缘，从这里，羊肠小道绵延不绝地横穿整个大陆。过了一会儿，一位显然是位牧场主的年长的英国人坐到了我旁边，掏出烟斗与我交谈。他问我们的目的地是哪里，我大致介绍过我们截然不同的目的地后，他接着又问：“这是你们第一次来非洲吗？我在这儿已经住了四十年了。”

“是的，”我答道，“至少在非洲的这一片区域。”

“那么，我能给您一点忠告吗？先生，您知道，这里不是人的领地，而是上帝的领地。如果出了什么事，您就坐下来，不必慌张。”随后他站起来，一言未发地消失在挤在我们身边的黑人中。

我感觉他的话中蕴含着某种意义，我试图想象他说话时的心理状态。显然，它代表了他经验的精髓：在这里，人不是主宰，上帝才是主宰，换句话说，愿望和意志不是主宰，高深莫测的筹划才是主宰。

我的沉思还没有结束，两辆汽车就要出发了。我们一行人和行李一起挤了上去，足足有八个壮汉，我们尽可能坐得稳当点。之后的几小时里，汽车持续不断地颠簸，使我不可能再有思考的空间。下一个居民点比我想象的要远得多。卡卡梅加，那是政府特派员驻地，也是非洲步兵卫戍小部队司令部所在地。那里有一所医院，说来奇怪，竟然还是一座小型的精神病医院。黄昏将近，而夜幕就突然降临。刹那间，一场热带风暴来袭，电闪雷鸣不断，大团乌云以迅雷不及掩耳之势化为倾盆大雨，把我们从头到脚都淋湿了，每条小河也变成了汹涌的激流。

午夜之后又过了半小时，天空转晴，我们抵达了卡卡梅加。所有人都精疲力竭，政府特派员在他的客厅里用威士忌款待我们。壁炉里蹿动着火苗，整洁的客厅中间摆放着一张大桌子，上面搁着很多英国杂志。这个地方简直跟苏塞克斯乡间的房屋一样啊。我已经疲惫不堪，不知道自己是从现实进入了梦境，还是从梦境进入了现实。然后我们还得第一次自己搭帐篷，幸好什么都没丢。

第二天早上，我醒来感觉好像得了喉炎，还伴随着发烧，只好卧床一天。因为生病，我认识了所谓的鹰鹃。这种小鸟的神奇之处在于它能唱出正确的音阶，但会跳一个音符，然后再从头唱起。一个人卧病在床，听着鸟叫声，这让我神经紧张得就要崩溃了。

两种最甜美、最悦耳的笛声组成了香蕉园里另一种鸟儿的啁啾，最后以第三种可怕难听的音符做结尾。“自然的都是不完美的……”然而，“钟鸟”的歌声依然展现出纯粹的美，当它唱歌的时候，仿佛有一阵钟声在地平线上飘扬。

第二天，在专区特派员的帮助下，我们召集了一队搬运工人，以及三名土著士兵作为护卫前往埃尔贡山。旅行开始了，一万四千英尺高的火山口壁很快浮现在地平面上。小路一直延伸至较为干燥的、长满伞状阿拉伯橡胶树的草原。筑成多年的白蚁窝密密麻麻遍布整个地区，形成六至十英尺高的小圆土丘。

沿途有为旅客提供的休息室——圆形草顶素土小屋敞开着，里面空无一人。夜晚，我们在屋门口挂上灯，以防陌生人闯入。我们的厨师没有灯，可是，他一个人分到了一间小茅屋作为补偿，对此他感到很满意。可是，后来证明，这差点要了他的命。前一天他在茅屋前宰了一头羊，为我们烹制味道鲜美的炖羊肉晚餐，羊是我们用五个乌干达先令买来的。晚饭之后，我们围火而坐吸着烟，忽然听到从远处传来的奇怪声音，而且越来越近。听上去一会儿像是熊吼，一会儿像是狗叫，接着，声音又变得尖锐刺耳，一会儿像是尖叫，一会儿又像歇斯底里的笑声。我的第一反应是：这好像是巴纳姆与贝利剧院的滑稽演出。但没过多久，场面变得更加可怕了：我们被一大群饥饿的土狼包围了，它们显然是闻着羊血气味来的。它们演奏了一场地狱般恐怖的音乐会，眼睛在闪烁的火光中、在高高的象草丛中闪闪发亮。

虽然我们非常了解土狼的天性，知道它不会攻击人类，但我们还是觉得不那么安全。突然，休息室里传来一个人惊恐的尖叫声。我们纷纷抄起武器（一支九毫米口径的曼里夏步枪和一把霰弹猎枪），朝着草丛中闪光的方向开了好几枪。我们刚放完枪，厨师就惊慌失措地冲到我们中间，含糊不清地说，一只土狼蹿进他的屋子，差点把他咬死。整个营地一片混乱，看样子是吓坏了土狼，它们连吼带叫地离开了。搬运工们放声大笑了好久，接下来的后半夜很平静地度过了，什么事也没有发生。第二天一早，地方长官来到我们的营地，他带来了两只鸡和满满一篮子鸡蛋作为礼物。他恳求我们再逗留一天打土狼。他说前一天，土狼拖走了一个熟睡中的老人并把他吃了。非洲真是一片神奇的土地！

天蒙蒙亮的时候，工人驻地又传来了大笑声，原来是他们在重演夜里的闹剧。一个人扮演正在熟睡的厨师，一个士兵扮演在地上爬行的土狼，接近厨师，想要咬死他。这出闹剧不知道演了几次，每次观众们都十分高兴，笑得前仰后合。

从此以后，人们给厨师起了个外号叫“菲齐（土狼）”。我们三个白人也早就有了自己的“商标”。我的英国朋友被叫作“红脖子”——因为在土著人眼里，英国人的脖子都是红色的；美国人因为身穿漂亮服装，外号为“潇洒的绅士”；而当时的我发间出现了几缕银丝（当时我五十岁），他们就叫我“老头子”，都说我已经一百岁了。在这些地区，很少见到高龄的人，我也很少见到白头发的人。“老头子”是尊称，之所以这么称呼我，还因为我是布基苏心理学考察队的队长，这是伦敦外事处强加给我的虚名。我们的确访问过布基苏人，但是，我们与埃尔贡人相处的时间更长一些。

总之，黑人们都表现出善于判断的性格。他们洞察事物的一个途径就在于他们具有模仿的天赋。他们能够模仿他人的表达方式，所有能够表达意图和目的的手势和步态，可谓惟妙惟肖，令人称赞。我还发觉他们对他人情感的特质也理解得十分透彻，这令人惊讶。我常常抽时间与他们交谈，发现他们也非常喜欢聊天。就这样，我从谈话中学到了好多东西。

我们这种半官方的旅行方式有很多好处，不仅更容易雇到搬运工，还能得到士兵护卫队的护卫。因为我们要跨越非白人管辖的地区，所以护卫队一点也不多余。一名下士和两名二等兵陪着我们徒步走完了埃尔贡山的旅程。

我们没有留下来帮助长官猎杀土狼，而是在那次历险后重新踏上了非洲之旅。所到之处的地形是较缓的上坡。第三纪火山岩断层标志逐渐增多。我们穿过蓊蓊郁郁的原始森林，那里长着高大的南迪火焰树，开着火红的花朵。硕大的甲壳虫和五彩缤纷的大蝴蝶在林间空地和森林边缘翩翩起舞。当我们进一步深入灌木丛时，充满好奇心的猴子摇晃着树枝。这里宛若天堂。我们穿越的大部分地区都是布满红褐色土壤的热带草原，而大部分时间，我们都在沿着曲曲折折、多急转弯的土路前行。我们依据行程路线来到南迪地区，并穿越了南迪森林——一片广袤的原始森林。我们平安到达了位于埃尔贡山脚下的休息室。几天以来，这座大山越发变得高耸入云。在这里，我们只能沿着羊肠小路向上攀登。我们再次受到了地方长官的热烈欢迎，他是土著医生的儿子。他骑着一匹小马——那是我们在这里见过的唯一的马。地方长官告诉我们他的部落属于马赛人，但独自生活在埃尔贡山坡上。

乌干达总督寄给我们的一封信早就送到了这里，信中请求我们保护一位途经苏丹返回埃及的英国女士。由于我们早已在内罗毕见过这位女士，知道她定会是位意气相投的旅伴，再加上为了回报总督对我们无微不至的关怀，我们当然要尽一定的义务。

我提出这一逸事是想指出，某种原型以一种微妙的方式影响了我们的行动。出于纯粹的机缘巧合，我们是三个男人。我曾请求过另一个朋友与我们同行，那样一来我们就有了四个人。但是由于某些特殊情况，他没能接受我的邀请。这足以形成一个潜意识的或者命中注定的集合：三位一体的原型意象，正如我们在这意象的历史中反复见到过的，它需要第四个人使其完整。

既然机会出现在面前，我当然会欣然接受。我对这位女士加入我们三个男人的小组表示欢迎。她任劳任怨，坚韧不拔，对我们这由男人组成的小组来说，她绝对起到了有效的平衡作用。例如，小组里的一个人不幸染上了热带疟疾，病情十分危急，而她及时依靠“一战”期间做护士获得的经验对伤员进行了诊治，我们为此感激不尽。

经过几小时的攀爬以后，我们来到一块宽阔秀丽，被一条清凉的小溪一分为二的林中空地。小溪边还有一处约十英尺高的瀑布，瀑布下面的池塘后来成了我们的浴池。我们的宿营地就坐落在三百码以外的平缓干燥的山坡上，荫蔽于伞状橡胶树下。步行约十五分钟，便到了附近一个土著人部落，里面有几间茅屋和用有刺灌木篱笆围起来的小院。这个部落为我们提供的运水工是一位妇女和她两个半大的女儿。除了贝壳制成的腰带以外，她们几乎赤身裸体，皮肤呈现巧克力般的棕色，十分漂亮。她们身材苗条，举止优雅，颇有贵族气质。每天早晨，当她们从小溪走来时，倾听她们脚镯轻柔的丁零声，对我来说简直是一种享受。接着当她们走出金黄色的高高象草丛时，那为平衡头顶上的水罐而摇曳生姿的步态，也令人赏心悦目。作为装饰，她们佩戴着脚镯、铜手镯和铜项圈，以及小线轴状的铜制或木制耳环，骨片或铁钉则镶嵌在下嘴唇中。她们彬彬有礼，每每都以羞怯迷人的笑容来迎接我们。

只有一件例外的事，我想简单阐述一下。我从来没有同本地妇女说过话，虽然已经有人预料到了。这里和南欧一样，男人同男人说话，女人同女人说话，否则就会被认为是在谈情说爱。如果有哪个白人想这么做，不仅会使声誉受损，还要冒着“背黑锅”的危险，我就曾观察到几个颇有教育意义的案例。我经常听到本地的黑人对某位白人做出评价：“他是个流氓。”问及原因，得到的回答总是：“他想跟我们的女人同房。”

埃尔贡人中，男人们忙于狩猎畜牧，而女人们则在香蕉园、番薯地、高粱地和玉米地中劳作。山羊、小鸡也同他们一家人一起居住在圆形茅屋中。女人们的尊严和天性体现在她们勤俭持家的本事上，她们是非常活跃积极的商业伙伴。妇女享受平等权利的观念是这一时代的产物，而在经营管理中的合作原则也失去了意义。原始社会是由潜意识的利己主义和利他主义进行调节的，两种态度都被审慎地赋予了应有的分量。一旦发生动乱，某种意识行为便马上出来调解，而这种潜意识秩序也就会立即瓦解。

有一位重要的受访者向我介绍了埃尔贡人的家庭关系。回忆起他，是一件令我十分愉悦的事情。他名叫吉勃罗亚特，是一位英俊潇洒的青年，也是部落酋长的儿子。他仪态端庄，高贵迷人，显然，我赢得了他的信任。他自然欣然接受了我的雪茄，但并不贪得无厌，不像其他人什么礼物都来者不拒。出于礼貌，他时常来看望我并向我讲述奇闻逸事。我感觉他略有所思，有某种难言的请求。直到我们彼此非常熟悉之后，他才邀请我去他家中做客，这令我很是惊讶。我知道他还没有结婚，而双亲都已经逝世，他所谓的家是他姐姐家，他姐姐是现任丈夫的第二位妻子，有四个小孩。吉勃罗亚特非常希望我去看望她，让她能够见我一面。显然，姐姐在他的生活中承担了母亲的角色。我同意了他的请求，因为我希望通过这种社交方式让我对本地人的家庭生活有更深入的了解。

“女主人在家恭候”——当我们到达时，她走出茅屋向前迎接，显得落落大方，亲切自然。她是一个面容姣好的中年妇女，差不多有三十岁。她的身上除了必不可少的贝壳腰带，还戴有手镯和脚镯，长长的耳垂上挂着些铜制装饰品，胸前佩戴的是某种小动物的毛皮。四个小孩被母亲关在房里，他们透过门缝向外张望，兴奋地咯咯笑着。在我的请求下，她答应把他们从屋子里放出来，但是他们过了好长时间才壮着胆子出现。她和她弟弟一样风度翩翩，弟弟的脸上洋溢着欢快的笑容，庆祝这一计划大获成功。

因为除了满是灰尘、鸡屎和羊粪球的地面外，我们实在无处可坐，所以都只能站着。我们的谈话围绕着传统家庭的日常话题进行，无外乎家庭、小孩、房子以及菜园。大太太有六个孩子，但是家产和她差不多，大太太的小屋和她接壤，离她这儿大概有八十码。在两个女人的茅屋中间，是她们丈夫的茅屋，三个小屋构成了一个三角形。丈夫的茅屋在三角形的顶端，而在这间茅屋后面大概五十码远的地方，有一小间茅屋供大太太的长子居住。两个女人都有各自的耕地。接待我的女主人显然为她所拥有的一块地感到自豪。

我有一种感觉，那就是她那仪态中显示出的泰然自若，在很大程度上取决于她对自己完整性的认同，孩子、房子、小家畜和耕地构成了她的个人世界，最后却也同样重要的一点是她那并非不引人注目的体形。她只是间接地提到丈夫，看得出来他是时在时不在的。目前，还不知道他在什么地方逗留着。毫无疑问，接待我的女主人显然体现着一种稳定性，这里是她丈夫名副其实的临时落脚点。看来，问题的关键并不在于丈夫是否在家，而在于她能否保持自己的完整性，为游牧流浪的丈夫提供一个地磁中心。因为这些“淳朴”灵魂的内心活动是无意识的，也就意味着是未知的，因此我们只能通过与“先进的”欧洲差异化的比较证明得出推断。

我不清楚白人女性的日益男性化是否与她们丧失自然完整性（耕地、孩子、牲畜、自己的房屋和火炉）有关，这是否改善了白人妇女日益贫困的境况，而男人的女性化是否不是进一步的后果。制度越是合理，性别之间的差别就越模糊。

我和同伴都非常有幸地体验了非洲世界，以及它令人难以置信的美丽和苦难。我们的宿营生活是我生命中最美好的一段插曲。在那依然原始的国度里，我享受到了“神圣的平和”，我从未如此清楚地看到过“人和其他动物”（希罗多德）。我和众魔之源的欧洲相隔千里。在这里，各种魔鬼根本无法接触到我，这里没有电报、电话、信件，也没有访客。我得到释放的精神力量，欣喜若狂地重新挥洒在那片原始的广阔天地。

每天早上，我们都能很容易地和本地人聊上天，他们一天到晚蹲在我们营地上看我们做事，好像从来不感到乏味。我的工头易卜拉欣传授给我交谈的仪式。所有的男人（因为女人从不靠近）必须坐在地上。易卜拉欣帮我找到了一张属于部落酋长的红木四腿小凳让我坐下。然后我开始演讲，并提出了交谈程序。大多数本地人都能说一口不正宗的斯瓦希里语；我充分利用了一本令他们赞不绝口的小字典，也想尝试着讲这种语言。我的词汇量有限，讲的都是些简单必备的话。谈话常常像是一种有趣的猜谜游戏，所以，这样的交谈受到很大的欢迎。交谈很少能持续一个或一个半小时，因为人们中途就会露出明显的倦态，也会用戏剧性的手势抱怨：“唉，累死我们了。”

我自然对本地人的梦境很感兴趣，但是一开始，我没能说服他们把梦讲给我听。我试图通过送给他们渴望得到的小礼物，比如雪茄、火柴、安全别针等说服他们，但还是无济于事。我不能清晰系统地解释他们羞于讲述梦中情景的理由。我猜是因为恐惧和疑虑吧。黑人怕照相是出了名的，他们担心照相的人会夺走他们的灵魂，也可能是害怕别人要是知道了他们的梦就会伤害他们。顺便说一句，这个特点并不存在于我们的工人身上，他们都是索马里人和斯瓦希里人，随身携带一本阿拉伯释梦书，在长途跋涉的每一天里都要查阅。假如他们对书上的解释有所疑惑，就会来向我讨教。他们管我叫“读书人”，因为我了解《古兰经》的知识。在他们眼里，我是一个乔装的穆斯林。

有一次，我们和一位本地的老医生交流。他穿着一件蓝猴皮做的华美斗篷，是可以拿来炫耀的贵重物件。当我询问他的梦境时，他不禁潸然泪下，回答道：“古时候啊，医生们都做梦，从梦里就知道打不打仗，生不生病，下不下雨，该把牲口赶去哪里。”过去他的祖父也做梦。但他说，自从白人来到非洲，再没人做梦了，还做梦干什么，英国人什么都知道！

他的回答让我明白，医生在这里已经失去了存在的理由。“英国人知道的更多”，所以就不再需要启发部族人的神圣声音了。过去，医生曾经拥有与众神或命运谈判的力量，并给人忠告。医生曾经有过巨大的影响力，就像古希腊女祭司皮媞亚[1]的话一样具有至高无上的权威，但是如今专区特派员的权威已经取代了医生的。现在，生命的价值已经彻底属于这个世界，而且在我看来，黑人意识到自然力量的重要性，那只是个时间问题，是个关乎黑人种族活力的问题。

老医生绝非耀武扬威之人，而仅仅是个感情细腻的老人。他真实地见

[1] 古希腊阿波罗神的女祭司，阿波罗神通过她向人们传达神谕，她被认为拥有预见未来的能力。

证了一个惨遭破坏、已然过时、无法复原而日益瓦解的世界。

在众多的场合下，我不断把谈话的主题引向神灵，尤其是礼节和仪式。然而在这方面，我仅仅得到了一个证据。一间空荡荡的茅屋位于一条车水马龙的乡村街道上，我发现屋前方圆几码的地方被打扫得相当仔细。中心放着一条贝壳腰带、一对耳环、各种陶瓷碎片和一把挖地的木棍。茅屋里死过一个女人，这就是我们能够打听到的所有信息。关于葬礼，我们什么都不知道。

在交谈中，人们向我强调说，住在他们西边村庄里的人都是“坏蛋”。如果那个村子里有人死了，邻村就会得到通知。晚上人们把尸体搬到两个村子的交界处，邻村人会把各式各样的礼品送到同一个地方，可到了早晨，尸体便人间蒸发了。其实这是影射另一个村子的人将死者吃了。他们说，埃尔贡人绝不会干这种事。实际上，他们把死者放入灌木丛中，任由土狼在夜间处置。我们也的确没有发现过任何埋葬死人的痕迹。

但是我听说，人死了以后尸体必须放在茅屋中间的地上，医生绕着尸体来回走动，把碗中的牛奶洒在地上，嘴里嘟囔着：“阿伊克、阿迪斯塔，阿迪斯塔、阿伊克！”

我从早些时候一次难忘的对话中理解了上边那些词的含义。当交谈快结束时，一位老人突然大声说道：“早晨，只要太阳一出来，我们就走出茅屋，向手中吐唾沫，然后把双手举起来冲着太阳。”我请他为我表演，并准确地描述这种仪式。于是他就把双手放在嘴前，吐上唾沫，或者使劲吹气，然后举起手掌对着太阳。我问他这样做是什么意思，他只是回答：“我们一直这样做，没有为什么。”虽然没得到答案，但我已经明白，原来他们确确实实知道自己这样做了，但不明白而且不在乎到底在做什么，以及行为的意义是什么。但是，我们也举行自己不理解的仪式啊，比如点燃圣诞树的蜡烛，把复活节彩蛋藏起来，等等。

老人又说，这是所有民族的真正宗教，所有凯维伦多人、所有布干达人，还有目之所及、无限遥远的全部民族，都崇拜着“阿迪斯塔”，也就是初升的太阳。只有此时，太阳才是上帝。紫色西天初升的金色新月也是上帝。只有此时才是，其他的时间里都不是。

显然，埃尔贡人仪式的意义就是在太阳初升时朝拜太阳神。把唾沫当作献礼，是因为原始人认为唾沫具有一种奇幻的、能够愈合伤口、充满生命力的魔力。将吹气当作献礼，是因为它是“罗厚”，也就是阿拉伯语中的“鲁赫”，希伯来语中的“鲁阿赫”，希腊语中的“元气”，意味着风和灵魂。因此这个动作意味着向上帝献出我活的灵魂。这种无言的、表演性质的祈祷，大概可以解释为：“上帝啊，我把灵魂交托给您。”

我们还听说，埃尔贡人除了朝拜“阿迪斯塔”之外，也十分尊崇“阿伊克”，他是一只魔鬼，也是居住在地上的神灵。他善于制造恐怖，是夜间潜伏着等待旅行者的冷风。老人用口哨吹出灾神洛基的旋律，生动形象地表现出“阿伊克”如何在高耸神秘的灌木草丛中爬行。

人们普遍认为造物主把一切都创造得非常美好，造物主自身已经超越了善与恶。他是美好的，因此他所创造的一切也是美好的。

我问道：“那些咬死你们家畜的凶猛野兽呢，它们也是美好的吗？”他们说：“狮子美好。”“那你们遭受过的那些可怕疾病呢？”他们说：“你能躺在太阳光里，它就是好的。”

这种乐观主义精神着实令我印象深刻。但是我很快发现，这种乐观主义在下午 6 点钟却突然消失。太阳一落山，就是一个截然不同的世界了，那是充满邪恶、危险、恐惧的世界，是“阿伊克”的世界。对鬼魂的恐惧和旨在保护自己不受恶魔侵害的离奇仪式取代了乐观主义哲学。只有在黎明时分，不带有任何内在矛盾的乐观主义精神才会回来。

我在尼罗河的发源地发现了奥西里斯神的两名侍僧荷鲁斯和赛特，不禁想起埃及的古代观念，这真是个无比激动人心的经历。显然，这里有一种原始的非洲经验，它随着尼罗河的圣水流向地中海海岸。“阿迪斯塔”象征着初升的太阳，象征着与荷鲁斯一样光明的原则；而“阿伊克”却是恐惧的散布者，象征着黑暗的原则。在为死者举行的简单祭祀礼中，医生的讲述，以及他泼洒的牛奶，把对立的两种原则结合起来同时献祭，它们自统治之日起，便具有同等的权力和意义，这是昼与夜的统治，各自延续十二小时。然而，热带地区昼夜交替具有典型的突发性，第一束阳光似箭射出，黑夜逐渐变为生机盎然的白昼，如此交替的时刻才是最重要的。

这一纬度内的日出现象，每天都为我带来新的惊喜。日出的壮观景象并不在于太阳从地平线上升起的光辉，而在于旭日高升后的情景。我习惯在黎明之前，搬着从营地里带来的小凳，坐在伞形阿拉伯橡胶树下。在我面前的一座小山谷谷底，生长着一片深绿色、近乎黑绿色的丛林带，山谷的另一端耸立着高原的边缘带。起初，山谷与高原的明暗对比极为强烈。随后，物体在光亮中呈现出轮廓，仿佛整个山谷都充满了耀眼的光芒，而高原上的地平线则闪耀着白色的光辉。越发强烈的光线似乎渗透了物体的每一个角落，连内部都亮了起来，直至最后闪烁着明晰透亮的光，像一块块彩色玻璃一样。一切都成了燃烧着的水晶体。地平线上响起了钟鸟的啼鸣。此时我仿佛置身寺庙之中。这是一天中最神圣的时刻。我陶醉于这光辉灿烂的美景，或者说沉醉在这永恒的狂喜之中，感到无限欢愉。

就在我的观察点附近的一座陡崖上有一处大狒狒的栖息地。每天清晨，它们几乎一动不动地面向太阳静静坐在悬崖边缘，而剩下的时间，就在森林中喧闹、尖叫、唠唠叨叨。它们像我一样，似乎也在等待日出。它们让我想起埃及的阿布·辛贝尔神庙中那些做出敬拜姿势的大狒狒。它们诉说着同一个故事：世世代代以来，我们一直朝拜着这位大神，它在黑暗中放出耀眼的光芒，拯救世界。

那时我明白了，自开天辟地以来，人类的灵魂就一直渴求光明，一直迫切地渴望走出原始的黑暗。当巨大的夜幕降临，万物都露出了深深的沮丧，对光明难以名状的渴望占据着每一个灵魂。从人类和动物的眼中都能看出这种压抑的感情。动物的眼中流露着一种悲哀，我们从未得知这种悲哀是否与动物的灵魂直接相连，抑或是潜意识的存在向我们传达的沉痛信息。这种悲哀同样是非洲的情绪的反映，反映了非洲孤寂的经历。这种原始的黑暗是一种母性之谜。这就是为什么清晨太阳升起会对本地人产生如此深远的意义。光明来临的瞬间就是上帝，它带来了救赎和释放。认为太阳是上帝的观点模糊并遗忘了那一瞬间的原型体验。本地人会这样说："我们很高兴啊，灵魂在晚上已经不再跑出去溜达了。"但这已经是一种合理化的说法了。实际上，一种与自然界的黑暗完全不同的黑暗仍笼罩着大地。这是精神中亘古不变的原始黑夜。人们渴望光明，也就意味着渴望意识。

我们在埃尔贡山的愉快之旅接近尾声，怀着沉重的心情，我们收起帐篷，发誓一定还会回来。但我万万没有想到，这成了我第一次，也是最后一次不期而遇的狂喜。从那以后，卡卡梅加附近发现了黄金，人们开始采矿，而茅茅反抗运动[1]在这些无辜友好的本地人中间兴起，我们也从文明的美梦中骤然惊醒。

我们沿着埃尔贡山的南山坡继续艰难跋涉。景色特点渐渐发生了改变，平原的边缘上耸立着布满茂密丛林、更加峻峭的山脉。这里的居民肤色更黑，身材更加魁梧笨拙，缺少马赛人的优雅。我们进入了布基苏的领土，之后在布南巴利的休息室待了一段时间。它坐落在海拔很高的地方，我们可以游览尼罗河谷地广袤壮美的景色。经由尼罗河，我们又来到了姆巴拉，在姆巴拉我们搭上两辆福特汽车，它们把我们带到了维多利亚湖畔的金贾。我们把行李搬上一列窄轨火车，列车每两个星期一次地开往基奥加湖。我们登上一艘烧柴火的明轮轮船，经历了几次事故以后，才最终到达马辛迪港。船靠岸后，我们又改乘一辆到马辛迪市的卡车。马辛迪市坐落在高原之上，高原隔开了基奥加湖和艾伯特湖。

从艾伯特湖到苏丹瑞佳夫的路上，我们经过一个村子，在那里我们有了一次令人十分兴奋的经历。一位身材高大的青年地方长官带着随从来看

[1] 20世纪50年代，在第二次世界大战之后的肯尼亚，具有民族民主思想的人民开始自主反抗英国殖民者、争取独立，这一武装运动史称茅茅反抗运动。历史学家认为，茅茅反抗运动促成了肯尼亚的独立。

望我们。他们是我见过的肤色最黑的非洲人。这一伙人有点让人猜不透。尼穆莱人的长官派给我们三个本地人做护卫民兵，但是我发现，他们和我们的工人相处得并不愉快。他们三人的步枪子弹加起来一共才三匣，因此市政府派他们来，只不过是为了做出一点象征性姿态。

首领提出他要在晚上跳舞，我自然高兴地同意了。我希望这场舞会能展示出他们的友好。夜幕降临，我们正昏昏欲睡，突然间听到鼓号齐鸣，接着出现了六十多个全副武装的人，身上携带着闪光枪、棍棒和刀剑。他们后面不远处跟着一群妇女和儿童，甚至有母亲把自己刚出生的婴儿都背来了。这显然是一场盛大的社交集会。即使酷暑难耐，温度还在华氏九十三度左右，人们依然点起大堆篝火，妇女和儿童围坐在火堆周围，形成一个圈。男人们又在外围组成了一个圈，就好像我曾经见过的一群兴奋的大象一样。面对着大队人马，我实在不知道是应该高兴，还是应该担心。我环顾四周，企图找到我们的工人和政府派来的士兵，却发现他们从营地上消失得无影无踪！为表诚意，我向众人分发了雪茄、火柴和安全别针。男性组成的合唱队开始唱歌，并随着节奏摇摆双腿。歌曲旋律好战有力，也算不上不和谐。女人和儿童围绕着火堆蹦蹦跳跳，男人们则挥动着武器，跳着舞时而向前时而后退，伴随着狂野的歌声、鼓声以及号角声再次趋步向前。

沐浴在闪烁火光和奇幻月色之中的是多么狂热而刺激的场面啊。我和我的英国朋友也迈出步子，混在跳舞的人群中，我挥舞着犀牛鞭，那是我仅有的武器，和他们跳起来。从他们喜气洋洋的脸上，我看出他们批准了我们参与其中。他们的热情倍增，在场的所有人都跺着脚，唱着，吼着，挥汗如雨。渐渐地，舞蹈和鼓声的节奏加快了。

本地人很容易在这般音乐伴奏的舞蹈中，陷入一种真正着迷的状态。现在的情况便是如此。接近深夜 11 点钟的时候，他们兴奋得有些忘乎所以了，突然间，整个场面变得特别奇怪。跳舞的人依旧非常狂野，我开始担心这集会要怎么收场了。我给了首领一个手势，暗示他该结束了，他和他的人该睡觉去了。但是他表示还要“再来一个”。

我记得我有一个同乡，萨拉森的一位堂哥在苏拉威西岛探险时，曾在跳舞过程中被投偏的长矛刺中。因此，尽管首领请求继续下去，我还是把人聚集起来，向他们分发雪茄，并对他们做出睡觉的手势，接着，我挥动着犀牛鞭以示威胁，但同时又一副笑呵呵的样子。由于找不到更适合的语言，我就用瑞士德语朝他们大喊，说舞跳够了，现在必须回去睡觉。在他们看来，我多少有点假装愤怒，但是这一招恰恰奏效了。人群又发出笑声，蹦蹦跳跳地向四面八方散去，随后消失在黑夜之中。良久之后，我们依然能听见他们兴奋的吼叫声和击鼓声从远处传来。最后好不容易安静下来，我们也筋疲力尽，随即进入梦乡。

我们在尼罗河畔的瑞佳夫结束了徒步旅行。我们把行李装上一艘停泊在瑞佳夫的明轮汽船。那里的水位很浅，勉勉强强才够停靠。此时此刻，我感到所有的亲身经历都给我带来了沉重的负担。无数思绪在我脑海中翻来覆去，我痛苦而清醒地认识到，自己消化新印象的能力已经濒临极限。现在我要回顾自己的观察和经历，找出它们之间的内在联系。凡是值得一记的，我都记录了下来。

我在整个旅途中做的梦都固执地遵循着忽视非洲的策略，这些梦仅仅展现了家乡的情景。这样看来，它们似乎旨在暗示——假设将潜意识的过程人格化到这般地步——这次非洲之行是虚幻的，是症状性或象征性的行为。就连旅途中最令人印象深刻的事件，也从未出现在我的梦中。在整个探险的过程中，我只梦到过一位黑人。我认为自己非常熟悉他的面孔，但是我回忆了好半天才能确定之前在什么地方见过他。最后终于想起来时，却发现他是美国田纳西州查塔努加的一位理发师！是位美国黑人。梦中的他正把一根又大又红又热的卷发棒放在我头上，打算把我的头发卷起来，理成黑人的头发。我已经感觉到头皮又烫又疼，结果在惊吓中醒来。

我认为这个梦是潜意识的警告，告诫我原始事物对我来说是一种危险。但那时，我显然运气不佳，就要“踏上归程”时，却患上了白蛉热，这个病可能会削弱我的精神抵御力。为了展现我遭受黑人威胁的场面，使我对眼下的黑人有所防备，潜意识竟勾起了十二年前我对美国黑人理发师的回忆。

我梦境中奇异的行为恰恰符合“一战”期间记录下的一种现象。沙场上的士兵，梦见的多为家园，而非战场。军队精神病医师认为可以遵循一条基本原理：如果士兵的梦中过多地出现战争场面，就应该将他撤离前线，因为这意味着他不再拥有抵抗外界印象的精神抵御力。

在我的梦境中，一条内部界限成功地保留了下来，这与我卷入非洲严酷环境的情况相同。梦境涉及的全是我的个人问题。依据这一情况，能得出的唯一结论是：我身上的欧洲人人格，在任何环境下都必须完整地保留下来。

我逐渐猜测到，这次非洲探险的秘密目的就是逃避欧洲和它复杂的问题，即使代价是留在非洲，这不禁令我大吃一惊。我之前的许多人都是这么做的，而且此时此刻也有很多人在这样做。这次旅行本身不算是对原始心理的研究（杂物箱上印有“布基苏心理考察队”的黑色字母，缩写为B.P.E.！），而是探究一个令人颇为尴尬的问题：心理学家荣格在非洲的荒野里会发生什么？尽管我理智上非常想研究欧洲人对原始条件的反应，但情感上还是一直力求回避这个问题。我逐渐明白的是，这项研究与其说是一个客观的科学项目，不如说是对个人个性的探究，任何深入研究的尝试都无不戳中了我心中可能存在的每个痛点。我不得不承认，使我下定决心踏上旅途的并不是温布利展览会，而是欧洲过于沉重的学术氛围。

伴随这些思考，我沿着平静的尼罗河顺流而下，向着北方、向着欧洲、向着未来前行。航行在喀土穆结束了，埃及之旅即将开始。如此一来，我便实现了自己的愿望和计划：绕开西边的欧洲和希腊，而从南面尼罗河的源头接近这一文化王国。比起埃及文化，我更着迷于含米特文化中复杂的亚洲元素。沿着尼罗河的地理流向，即时间流前进，我在埃尔贡人中间发现了荷鲁斯原则，这给了我最为重大的启发。当我在埃及南大门看见阿布·辛贝尔神庙的犬面狒狒雕像时，那整个的情结和其中全部的含义又戏剧性地浮现于脑海。

荷鲁斯神话是关于新生的神圣光明的古老故事。这个神话一定是在人类文化，即意识，首次把人从史前黑暗中解放出来之后才开始流传的。因而对我来说，从非洲心脏向埃及出发的旅行，就变成了一出光明诞生的戏剧。这一戏剧与我、我的心理活动密切相关。我认识到了这一点，但又感到无法用文字详细阐述。旅程开始之前，我并不知道非洲将会带给我什么，然而填补空白的经验便是最满意的回答。对我来说，它要比任何民族学成果，任何武器、装饰品、陶器或者猎获物的收藏品都更有价值。我曾想弄明白非洲将如何影响我，现在我如愿以偿了。

印　度[1]

1938年，我的印度之行，并非我的本意，而是印度的英国政府邀请我参加加尔各答大学建校二十五周年的纪念活动。

在那之前，我读过许多有关印度哲学和宗教史的书籍，深信东方智慧的价值。但是为了得出自己的结论，我必须亲自去一趟，自己却还像消毒瓶中的人体标本一样，一直躲在自己的内心。印度对我来说就像一个梦，因为我依然还在找寻自我，找寻自己所特有的真实。

当时我正潜心研究炼金术哲学，这次旅行可以算作其中的一个插曲。由于非常热衷此项研究，我便带上1602年版的《炼金术大全》第一卷，其中收录了杰拉德斯·多尼尔斯的重要著述。我在旅程中将这部著作从头至尾研读了一遍。就这样，这份材料中欧洲思想的根基，常与我对异域思维和文化的看法产生共鸣。两者都源于潜意识的本质精神体验，因而产生

[1] 荣格从印度返回后，在《亚洲》（1939年1月、2月号）杂志上发表了《印度的梦幻世界》《印度能教给我们什么》，两篇文章之后均收录于《转变中的文明》。

了相同的、类似的，至少是可比的见解。

印度使我第一次直接感受到一种生疏的和极富差异的文化。在中非之行的所有体验里，文化并未占据主导地位。在北非，我曾有幸和一个能够用语言表述其文化的人交谈。而在印度，我能够同代表印度思想的人物对话，并将印度与欧洲的思想方式进行比较。我曾和迈索尔的大君古鲁 S. 苏勃拉马尼雅·伊艾（我是他的客人）聊过很多次，也和其他许多人聊过，可惜没能记住他们的名字。另一方面，我刻意避免和所有所谓的“圣人”对话。这样做，是为了保持自己的真实，避免从他人那里接受自己无法亲身获取的东西。要是试图向圣人学习并接受他们的真理，我觉得那跟小偷没什么两样。就算在欧洲，也不能借用任何东方的学说，我必须根据自身形成自己的生命，听从内在的心声，或遵循大自然带给我的智慧。

在印度，我首要关心的是邪恶的心理性质问题，它融入印度精神生活中的方式使我印象深刻。我开始以一种崭新的角度来看待它。与一位有教养的中国人谈话时，一种事实给我的印象得到了不断的加强：这些人并不把“丢脸”与所谓的“邪恶”混为一谈。在西方，我们无法做到这一点。对东方人来说，评定品德问题似乎并不像我们西方人那样被放在第一位。善与恶富有深意地包含在自然之中，而且在不同程度上，善即是恶，恶即是善。

我发现在印度人的灵性当中，既有善又有恶。基督徒追求善屈于恶；而印度人却认为自己超脱了善恶，希望通过冥想或瑜伽的方式来达到平衡的境界。我并不赞同这种观点，我认为假如我们承认这种态度，那么善恶就失去了真正的界限，而这就会导致某种停滞不前的状态。人们并不真正相信恶，亦不真正相信善。因而，最多把善恶看成我的善或恶，看成我认为的善或恶。这为我们留下了一个自相矛盾的论述：印度的神性既不邪恶也不善良，或者它们自身担负矛盾，因此需要与世无争，即从对立物与万物中解脱出来。

印度人追求的并不是道德上的至善至美，而是与世无争的境界。他们希望从自然中解脱。为了达到这一目的，他们在冥想的状态中寻求无形与空虚的境界。在另一方面，我希望一直以活跃的思维对自然与精神形象的境界进行观察。我既不愿脱离人，也不愿脱离自我与自然，因为这一切在我看来，都是最伟大的神迹。自然、精神与生命，就像展现开来的神性，除了它，我难道还会有更多的欲望吗？在我看来，存在的最高意义只在于存在，而不是不存在或不复存在。

对我来说，没有不惜一切代价的超脱。我无法超脱我不具备的、没做过或经历过的东西。当我完成了能够完成的事，当我全心全意地献身某事，当我能最大限度地参与某事时，我才能实现真正的超脱。假如我半途而废了，实际上我就割裂了精神的相应部分。当然，我也有充分的理由解释自己为何无法专注于某种体验。但这样一来，我就不得不承认自己能力有限，而且必须明白自己很可能忽略了某件意义重大的事。我清楚地认识到自己能力不足，从而为缺乏积极行动做出了补偿。

假如一个人没有经历过情欲的炼狱，就永远不会战胜它们。因而，情欲就住在隔壁，随时都可能从中喷射出一团火焰，烧毁他自己的房屋。每当我们放任、遗留、忘记过多的东西时，我们忽视的这一切，时时刻刻都有可能变本加厉地卷土重来。

我在科纳拉克（奥里萨邦）遇到一位梵学家，他热情地提出要同我一起参观神庙和巨大的神庙战车。其中一座宝塔从地基到塔顶布满了做工精致的淫猥雕塑。我们就这一离奇的现象谈论了很久，他向我解释说这是净化心灵的一种手段，我不敢苟同，指了指一群青年农民，他们一动不动地站在塑像面前，看得瞠目结舌，赞叹这些壮观的景象。此时此刻，这些青年男子恐怕并未感受到净化，脑子里反而更有可能充斥着性欲的幻想。他回答道："没错，但是关键就在于此。如果他们不接受因果报应，又怎能得到净化呢？这些淫猥形象正是为了唤醒人们的法则，否则在潜意识当中的这些家伙会把法则忘记的。"

我认为，令青年男子像不处于发情期的动物一样抛弃他们的性欲，这本来就是一个怪异的想法。可是，这位圣人却坚决认为青年男子像动物一样处于潜意识状态，需要进行及时的训诫。因此在他们步入神庙之前，外部的装饰就旨在提醒他们要铭记法则，如果他们在没有意识到自己的法则的前提下就完成了因果报应，他们就不可能得到净化。

当我们进入神庙大门时，同行者指着两名“引诱男人的女子”，那是两个舞女的雕像，露出诱人的臀部曲线，面带微笑迎接每一位造访者。他对我说：“你看见这两个舞女的雕像了吗？她们所含的意义与外面的雕像相同。当然，它们都不适用于你我这样的人，因为我们的意识水平已经达到了一个高度，远远超越了这类事。但是，对这些人而言，这是一种不可或缺的教导和训诫。”

我们离开神庙之后，沿一条布满男性生殖器的小巷走着，他突然说道：“你看见这些石头了吗？你能明白它们的含义吗？我要告诉你一个天大的秘密。”我有些惊讶，因为我觉得每个小伙子都能看出来这些雕像便是男性生殖器，我原以为他是打算告诉我它们指的是湿婆呢，但是他非常严肃地凑到我的耳边低声说：“这些石头是男人的私处。”我瞠目结舌地望着他，而他只是高傲地点点头，仿佛在说：“没错，就是如此。你们欧洲人如此愚昧无知，怎么可能猜出其中的道理。”我把这个故事讲给了海因里希·齐默，他欢呼雀跃地惊叫道：“我终于听到真实的印度了，换换口味也不错嘛！”

当参观佛教火诫中讲到的桑吉佛教古迹时，我感受到了一股强烈的情绪。每每我遇到一件事、一个人或者一种思想，而我却仍然意识不到它的含义时，这种情绪便会频频出现。建筑群坐落在一座小石山上，沿着一条穿过绿草地、令人愉悦的大石板小路就可以到达山顶。佛塔大多是陵墓或者是储存遗迹的地方，它们呈半圆形，像两个大碗凹面对凹面地叠扣在一起，与释迦牟尼在《涅槃经》中描述的一样。英国人以极度敬业的精神完成了修复工作。这些建筑中最高大的一座被围墙环绕，墙的四个方向各建有四道精致的大门。进门后向左拐，沿佛塔四周出现了一个顺时针方向旋转的圆道，佛像就矗立在四个方位的基准点上。走完一圈之后，就进入同一个方向上更高一层的第二圈。眼前出现的平原远景、佛塔、神庙的废墟、孤独肃静的圣地都令我心醉神迷。我离开了同行者，自我沉浸于此处难以抗拒的氛围中。

过了一会儿，我听到有节奏的锣点由远而近传来。一群日本朝圣者列队前来，一个跟着一个，所有人都敲着一面小锣。他们敲打着古老主祷词“六字真言”的节奏，锣点正好落在“吽”这个字上。他们在佛塔外深深地鞠了一躬，然后进入门内。进门之后，又向佛像鞠躬，嘴里哼着赞美诗般的圣歌。他们走完了两圈圆道，在每尊佛像面前都吟唱了一首颂歌。注视着他们时，我的思想和灵魂也同他们在一起，默默地向他们表达了谢意，他们的到来神奇地帮助我抒发了难以言喻的情感。

我强烈的情感表明，桑吉山在我的心中占据了主要的位置。佛教新的一面在那里向我展开，我理解了佛的生命便是自性的现实性，自性冲破桎梏，主张富有人格的生命。在佛眼中，自性高于一切神明，代表了人类存在的本质以及整个世界的本质。自性包含固有存在和可知性两个方面，没有这两者，世界就不复存在。佛理解并掌握了人类意识前所未有的尊严，因此，他清晰地意识到，如果人类熄灭了尊严之光，世界便会化为乌有。这也是叔本华伟大成就的关键所在，他认识并承认了这一点，或者说他独立地重新发现了这一点。

基督也是自性的体现，但与佛不同的是，它所具有的意义截然不同。两者都主张征服现世：佛的顿悟是发自理性，而基督则是命中早已注定要牺牲；基督教中更多的是苦难，佛教中更多的是所见所做之事。两种都是正确的途径；但在印度人的眼中，佛是更完整的人，他属于一种人格，因其历史性更容易被人理解，而基督不仅仅是历史上的人，还是神，因此理解他就困难得多。归根结底，甚至连基督自己都不理解自己，他只知道自己必须要牺牲，而这一行为是内心施加给他的。他的牺牲像是命中注定的一样。佛长命百岁，寿终归天，而基督在属地传道的活动持续了不到一年。

后来，佛教经历了与基督教相同的转变：佛成了自性发展的形象，成了人们效仿的楷模。他自己实际上也教导众人，每个人要跳出轮回才能大彻大悟，变成佛陀。同样地，在基督教中，基督耶稣以其完整的人格永存于每一个基督徒的心中，成为他们的典范。虽然，历史的潮流引导人们效法基督，但个人并不追求自己命定的道路走向完整，而只是力图效仿基督所走的路。同样，东方的历史潮流引导人们虔诚地模仿佛。这件事本身就削弱了佛的观念，正如效法基督预示着基督思想演变过程中命定的停滞。正如佛由于他的顿悟而远远领先于梵天众神一样，基督也向犹太人呼号："你们是神。"（《约翰福音》第十章第三十四节）但是，人们没能理解他的深意。因此我们发现，所谓受到基督教文化熏陶的西方，非但没能创造一个新世界，反而大有可能正在毁灭我们所拥有的世界。[1]

印度的阿拉哈巴德、贝拿勒斯和加尔各答三座城市分别授予了我名誉博士的头衔，它们分别代表了伊斯兰教、印度教和英属印度的医学和科学界。然而好东西也不宜过头，我需要休整休整。因为后来在加尔各答，我患上痢疾病倒了，他们让我住院休整了十天。这是一座新印象的汪洋大海中安逸舒适的岛屿，我找到了一处立足之地，静观万物以及令人眼花缭乱的喧嚣。

当我返回旅馆时，我的健康状况还勉勉强强说得过去，我做了一个非常特别的梦，希望在此讲述一下。我发现自己和众多苏黎世朋友及熟人来到一个不具名的海岛，大概离英格兰南部海岸线不远。那是一座约二十英里[2]长、南北走向的小岛，岛上无人居住。在小岛南边嶙峋的海岸线上矗立着一座中世纪的城堡，我们这一组观光客站在它的庭院中间。面前耸立

[1] 关于效仿基督的问题，参见《心理学与炼金术》第一章。

[2] 英美制长度单位，1 英里合 1609.344 米。

着一座雄伟的楼塔，透过大门可以看到一段宽阔的石阶。我们想方设法地看着，只能望见石阶的尽头有一个圆柱状的大厅，里面依靠微弱的烛光照明。我意识到这里是圣杯城堡，而且当晚要举行“圣杯庆典”。这条消息似乎有种神秘的特质，因为我们之中有一位德国教授，长得和莫姆森惊人地相似，他对此一无所知。我曾兴高采烈地同他交谈过，对他的学识和惊人的才智印象深刻。但是有一件事使我烦扰：他总是谈及死亡的过去，而且旁征博引地讲述了圣杯故事的来源中英国与法国的渊源。他显然不知道这个传说的意义，也不知道它现在依旧存在，而我对这两个方面都有强烈的意识。而且，他似乎没有认清我们所处的直接而现实的环境，因为他的样子仿佛是在教室里为学生讲课。我尝试着请他注意当下特殊的环境，但没能成功。他看不见阶梯，或大厅里节日的光辉。

我环顾四周，有些手足无措，这才发现自己正靠墙站在一座高高的城堡上。墙的下半部用格子框架进行装饰，格子不是用普通木头而是黑铁制成的，它还巧妙地被铸成了枝蔓缠绕，布满叶子和葡萄串的葡萄藤的样子。在横枝上六英尺的间距处，坐落着几间小巧的铁制房屋，模样像鸟笼。突然间，我看到叶子颤动起来，起初，像是老鼠在其中走动，但随后我清晰地看见一个铁制的、戴头巾的小矮人从一间小屋蹿进另一间。“喂，”我相当惊异，对教授说，“你看那个，你……”

但是幻象就在此时中断了，梦境发生了骤变。除了教授不见了踪影，我们原班人马都来到了城堡之外，身处一片没有树木而多岩石的景色之中。我知道还会有事发生，因为圣杯还未送达城堡，当晚还要举行庆典活动。据说圣杯藏在海岛北部一个无人居住的小屋，那是北部唯一的房屋。我们之中有六人动身徒步北上，我知道，我们必须完成任务，将圣杯带回城堡。

经过几个小时的长途跋涉，我们抵达了海岛最狭窄的地方，我发现海岛实际上被一湾海峡一分为二。海峡最窄处的海水大约只有一百码深。夕阳西下，夜幕降临。我们筋疲力尽，就地扎营。这一地区荒无人烟，极目远望，连乔木和灌木都不长，有的只是草丛和岩石。水面没有桥，也没有船。天寒地冻，我的同伴接连入睡。我思来想去最后决定必须一个人游泳跨越海峡夺取圣杯。正当我脱掉外衣的时候，我醒了过来。

当这个本质上属于欧洲人的梦境出现时，我还没有摆脱势不可当的印度印象。大约十年前我就已经发现，圣杯神话依然真真切切地存在于英格兰的许多地方，尽管人们已经积累了大量关于这个传统故事的学术研究成果。此时，我意识到这个诗意的神话与炼金术所讲的唯一事实、唯一妙方、唯一石头相一致，我对这一事实的印象越发深刻。那晚我们继续讲述了白天时被遗忘的神话，意识将有力的形象贬损为平庸可笑的琐事，而这些形象又重新得到了诗人的认可，并在预言中复活。因此，它们也能够“变换形态”，得到善于思考的人的认可。过去的伟大形象并没有像我们所想的那样已经没落，它们只是改头换面。“轻巧而力大”，戴着面具的迦比尔[1]进入了新屋。

这个梦使我对印度的强烈印象荡然无存了，又将我推回被长时间忽略的对西方的关注之中，而这种关注过去曾在追寻圣杯和探寻哲人之石的过程中表现出来。我被拉出了印度世界，并被提示：我的研究任务并不是印度，印度只是使我接近目标的一个途径，不过它确实是一个重要的途径。这个梦好像是在问我：“你要在印度做什么？不如为了自己、为了同伴寻求救世主吧，这才是你亟须做的事情。你所处的状态十分危险，你们正在毁灭千百年来所建的一切。”

锡兰[2]是旅程的最后一站，给我的印象不再是印度风格，它已然具有某种南海风情，好像天堂边缘，使人乐而忘返。科伦坡是一个繁忙的国际港口，那里的每天早上五六点钟，万里无云的晴空总会突然降下倾盆大雨。我们很快离开了此地，深入起伏不平的内地国家。古老的皇城康提被包裹在一层薄雾之中，温热潮湿的气候使这里花草丛生，枝繁叶茂。佛牙寺虽

[1] 也译作卡比尔，是印度的神秘主义者、诗人、著名圣者、伊斯兰教先知。

[2] 即如今的斯里卡兰。

然不大，但时刻散发着一种特殊的魅力。我在寺中的藏经室里待了很久，与僧侣们交谈，观瞻银叶上镌刻着的佛经。

傍晚，我目睹了一次难忘的仪式。青年男女在祭坛前铺撒了大量的茉莉花，同时低声吟唱祈祷词。我以为他们是在向佛祈祷，但是陪同的僧侣解释说:“不，佛已经不在了，佛已涅槃，我们无法向他祷告。他们的唱词意思是:‘今生如昙花一现。愿提婆同我共享祭品的功德。’”

一小时的击鼓演奏在印度寺庙中的侍候厅进行，这是仪式的序幕。鼓手共有五位，正方形大厅四角各站一位，第五位青年男子站在中间。他是一个十分健康的独奏鼓手，赤裸着上身，深褐色的躯体闪闪发光，系着红腰带，身穿白色及地长裙，扎着白头巾，双臂佩戴闪亮的镯子。他背着双面鼓向金佛走去，上前“献乐”。他的躯体和手臂摆出优美的动作，独自敲出奇特的韵律，艺术性上臻于完美。他在摆满小油灯的门前站停，我从后面望着他。鼓声诉说着腹部和心窝的古老语言，鼓声不是在“祈祷”，而是促发冥思。因此这并不是在崇拜不存在的佛，而是醒悟的人类所完成的一次自我救赎。

我在初春时节踏上了回国的旅程，脑海中充溢着太多的印象，因此不愿离开船，去孟买观光，而是专注于研究拉丁文版炼金术著作。但是，印度的确在我的心中留下了印记，它留给我的路，是将一种无限引向另外一种无限。

拉文纳和罗马

1913 年我第一次去拉文纳的时候，加拉·普拉西狄亚皇后（逝于公元 450 年）的陵寝就令我十分神往和震撼。二十年后，我有幸再次拜访此地时，我的感受和过去一样。在加拉·普拉西狄亚陵寝里，我再一次陷入了一种奇怪的情绪，它再次深深震撼了我的内心。我和朋友从陵寝出来便直奔圣洗堂。

在这里，我并不奇怪为什么屋子里会充斥着柔和的蓝光，我被这光深深地吸引着，但我并不知道这光的来源，因为我并未将此放在心上。让我有些吃惊的是，印象里玻璃的位置，现在却是四幅绝佳的马赛克壁画，而我竟对它们一点印象都没有。我对自己这种不可靠的记忆感到很苦恼。最南边的壁画是约旦河受洗，北面的则是以色列儿童穿越红海。东边的第三幅画面，如今已经渐渐从我的记忆中褪去，或许上边画的是乃缦在约旦河中得到洁净，之所以这样说，是因为这幅图在记忆中的轮廓与我的藏书梅里安版的《圣经》中的图画相似。让人印象最深的是位于圣洗堂西边的第四幅画。我们最后驻足于此，看着画面上耶稣张开双手，彼得在风浪中下沉。我们在这幅画前至少停留了二十分钟。在此期间，我们讨论着洗礼的宗教起源，尤其是它在死亡中重生的古代宗教意义。在历史上，这种仪式常常与死亡相伴，也正因为如此，才突显了死亡和重生的关系。最初的洗礼是将头完全浸入水中，这至少有溺水的风险。

我对彼得沉没的马赛克壁画印象极其深刻，时至今日，画面中蓝色的海面，每一个马赛克，以及我想破译的彼得和耶稣的对话仍然历历在目。离开圣洗堂之后，我们直接去了阿里纳里，希望可以买到这幅壁画的图片，但最终败兴而回。时间有限，我只好将此计划搁置，待来日再办。我当时还想，或许我还可以在苏黎世订购此画。

回家之后，我就拜托一位去拉文纳的朋友代购此画，可他却发现我所描述的壁画并不存在。

在此期间，我还在关于洗礼渊源的研讨会[1]上谈到了正教圣洗堂的这幅壁画。记忆中，这些壁画仍然十分真切。而与我同行的女士也一直不相信她“亲眼所见的东西”竟然不存在。

我们都知道，从某种程度上来说，很难确定两个人是否同时看到了相同的事物。但是，在这件事情上，我可以确定的是我们至少看到的是相同

[1] 即 1932 年在坦特拉举办的瑜伽研讨会。

的轮廓。

在拉文纳的这次经历是我人生中众多几乎无法解释的奇妙经历之一。不过在加拉·普拉西狄亚的一个传说中似乎可以找到蛛丝马迹。在一次从拜占庭到拉文纳的路上，她遭遇了寒冬中最猛烈的暴风雪，她发誓如果自己可以平安到达，便建造一座教堂，她会在教堂的壁画中用惊涛骇浪来表示这次旅行中遇到的暴风雪。她没有食言，平安到达后，她下令在拉文纳建造用马赛克装饰的圣乔瓦尼教堂。在中世纪早期，圣乔瓦尼教堂同它的马赛克壁画一起，被熊熊烈火吞噬。不过，现在，在米兰的安布罗西安纳教堂仍然可以找到加拉·普拉西狄亚乘船的草图。

从第一次来加拉·普拉西狄亚陵寝开始，我就被她的人格魅力吸引，不禁反复思量为什么这样一位有教养、生活讲究的女性会和一位野蛮的君主共同生活呢？在我看来，她的陵寝似乎是她最后的遗产，从这里，我似乎可以找到一个真正的加拉·普拉西狄亚。对我来说，无论她的命运，还是她的一切都曾真正存在过。而她，这位强势的女士，正是我女性特征的化身[1]。

一个男人的女性特征有着强烈的历史特征。她作为潜意识人格，回到了过去，体现出历史，她为他讲述着他希望知道的过去。作为个体，这个特征自始至终存在于他的个性里。与她相比，我就像一个从虚无中诞生的野蛮人，既没有过去，也没有未来。

事实上，在我与女性特征的对峙过程中，曾遇到过我眼中壁画上的危险，险些溺水丧命。我与壁画中彼得的遭遇相仿，他曾呼救，并最终被耶稣拯救。法老军队的命运也曾可能是我的命运。但我就像彼得，像乃缦，未曾受到伤害。各种潜意识造就了我完整的人格。

而当以往的潜意识与意识交织在一起时，这种感觉对个体来讲是溢于

[1] 荣格认为这个幻象是潜意识的短暂创新，它起源于自己最初关于原型意象的思想。他认为，这个幻象具体化的直接原因是他将女性特征投射在了加拉·普拉西狄亚身上。

言表的。我们能够感知自己，感知我们的存在方式，这一点是毋庸置疑的。同样，我们也会对别人有特别的感觉，这也是不容置疑的事实。据我们所知，没有人或物可以消除这些印象和见解之间的差异。无论整合后是否会变化，这种变化的本质是什么，它都只是主观信仰的问题，而且不能用科学的方法论证，因此，它不存在于官方的世界观之中。不过，这并不影响它在实际生活中的重要性。现实主义心理治疗师和那些对心理疾病的治疗感兴趣的心理学家都不会忽视这方面的问题。

自从拉文纳圣洗堂的经历之后，我清楚地意识到，有时候内在的事情可以表现出外在的特征，反之亦然。我们当时肯定看到了圣洗堂真实的壁画，但是它们又与一些完全不同的形象同时呈现，而这些形象和洗礼池一样真实。在那一刻，哪一个才是真实的呢？

我的经历绝不是特例。但是当这类事情发生的时候，人们通常会不自觉地更加关注，绝不会仅仅像听到或读到那样粗粗略过。通常，对于这类奇闻逸事，人们总会联想到种种神秘的解释。我的结论是，我们还需要更多的实例，才能给潜意识下定论。

我一生中有很多的旅行经历。我曾非常向往罗马，但是我发现自己并没有能够完全了解这座城市的能力。对我来说，庞贝留给我的印象就已经够多了，理解它所花的精力几乎达到我的极限。我在 1910 至 1912 年，对古代心理学的研究有所收获之后，才得以达成我的愿望。1912 年，我乘船从热那亚出发，前往那不勒斯。船到罗马附近的时候，我站在船上。罗马就在那里，那个古代文明的发源地，基督教文明和西方中世纪文明交错的地方，如今依然繁盛，依然保持着它古典时代的辉煌灿烂和残酷无情。

我一直钦佩那些本可以去巴黎或是伦敦，但最终选择罗马的人。在罗马，人们当然可以像在其他城市一样，从美学角度去欣赏它，但是你若被那里的思想影响，你若发现一个残垣断壁，每一根柱子都是那么熟悉，那就完全是另一回事了。即便是在庞贝，也会出现一系列从未见过的场景，也会有出乎意料的事情发生，也会有令我束手无策的问题。

到我的晚年，1949年时，我很想弥补这一缺憾，但在买票的时候突然晕倒了。此后，前往罗马的计划便只能被搁置了。

第十章
幻象

1944年年初，我扭伤了脚，后来又犯了心脏病，可谓厄运连连。在潜意识状态中，我经历过精神错乱，也出现过幻觉，这种状态想必是在我濒临死亡之际，吸入氧气并注射樟脑时开始的。那些幻象巨大无比，使我得出结论，自己将不久于人世。护士后来告诉我，我的周身好像环绕着一个闪亮的光圈。她说，她在生命垂危的病人身上偶尔看到过这种现象。我明白，当时的自己已经达到最高的极限，不知道自己是身处梦境还是处于狂喜的状态。不管怎样，我身上开始发生一些特别奇怪的事。

我仿佛高高矗立在宇宙空间当中。在一望无际的下方，我看见了沐浴在辉煌蓝光中的地球，以及上面深蓝色的海水和各个大陆。脚下很远的地方是锡兰，前面稍远处是印度次大陆。我的视野无法容纳整个地球，但它球形的轮廓非常容易辨认，而且它的边缘还在美妙的蓝光之中闪着银色的微光。在许多地方，地球看上去是彩色的，或者分布着深绿色的斑点，像锈蚀的银器。左边遥远的广阔区域是姜黄色的阿拉伯沙漠，仿佛大地的银光都泛着金红的色彩。接下来我看到了红海，在它后面很远很远的地方，像是地球左上角的位置，地中海的一角依稀可见。我把目光集中在了那里。其他的一切，看上去都不是很清晰。我也能看见白雪皑皑的喜马拉雅山，但那个方向上的一切都云雾萦绕。我丝毫没有向右看。我知道自己正在脱离地球。

后来我发现，只有到了大概一千英里的高度，才能拥有如此广阔的视野！那个角度的地球是我见过的最为壮丽宏伟的景象。

凝视了一会儿，我转过身来，朝向北面背对着印度洋站着。后来，我似乎转过身来面向南方。随即，新的景致进入我的视野。在宇宙空间不远处，我看见一块如陨石般硕大无比的黑色岩石。石头和我的房子差不多大，甚至还要大，它和我一起飘浮在空中。

我在孟加拉湾海岸见过类似的岩石，它们是一些黄褐色的花岗岩，其中一部分已被凿空，用来建造寺庙了。飘浮在空中的石头就是这样的暗色巨石。寺庙入口通向一间小型接待厅。入口右侧，一位皮肤黝黑的印度教徒盘腿静坐在石凳上，身着一件白色长袍，看得出是为了迎接我。走过两级台阶便来到了接待厅，厅中左侧有一扇门通往寺庙。不计其数的微小神龛中都装有一个碟形凹面，里面装满椰油，还有燃烧着的小灯芯，明亮的火焰绕着这扇门排列。当我参观锡兰康提的佛牙寺时，确实曾目睹过大门四周环绕着几排这样燃烧的油灯的景象。

当我走上通往巨石入口的台阶时，发生了一件奇怪的事：我感觉一切都在褪去。我所追求的、希冀的以及想象的一切，有关地球存在的全部幻影，都离我远去，消失殆尽——这是一段极其痛苦的过程。然而，某些东西遗留了下来，似乎我还携带着自己经历过或做过的，以及发生在我身边的一切。换句话说：一切与我同在，我便是一切。我由这一切构成。我由自己的历史构成，我确切地感受到：这就是我。“我是一切存在过的以及业已完成了的事物的总和。”

这段经历令我感到既贫乏又充实，这两种情感十分强烈。我别无所求。我存在于一种客观的形式之中，我的过去及经历反映了真实的自我。起初，我被一种毁灭感、剥夺感和抢掠感牢牢控制；但是，一切感觉又转瞬即逝。似乎一切已成往事；存留的是既成事实，与过去的一切都不再有关联。我不再对遗落或掠走的东西感到惋惜，相反，我认为曾经拥有的，便是一切。

还有一件引起了我注意的事，快走到寺庙时，我确信自己将要进入一间通亮的房间，在那儿我会遇到现实中结交的朋友。后来我终于明白，我或我的生命应进入哪些历史节点。我将会知道，我的前世发生了什么，我为什么来到这个世界上，我的生命正流向何方。对我来说，生命常常像是一个没有起止的故事。我认为自己是一个历史片段，除此之外，它的前世与来世都已缺失。我的生命似乎是从一长串事件中截取而来的，仍然有许多问题没有得到解答。为什么截取这一段过程？我为什么提出这些特殊的假设？我用它们来做什么？接下来会怎样？但是，我确信只要一踏入这座石庙，我便会找到以上所有问题的答案。在石庙中，我将会理解为什么一切是这样而不是另一种样子。我还会遇到一个人，他将会向我解答有关过去和未来的疑问。

正当我思索这些问题的时候，发生了一件引起我注意的事：一个形象从下面的欧洲方向浮现出来。那是我的医生 H 博士，或者更确切地说，是他那头戴金色项链或是肉桂色花环的肖像。我一下便认出了他："啊，这不是我的医生吗？当然，就是一直为我看病的医生。但是，如今他向我展现了自己的原始形象，就像科斯[1]国王。在生活中，他便是国王的化身，暂时体现了一开始便存在的原始形象。如今他以原始的形象出现了。"

以此类推，我想必也处于自己的原始形象当中，虽然我并没有觉察到这一点，但简单地把它视为理所当然。他站在我面前时，我们在沉默中交换思想。H 医生代表地球向我传达消息，说人们都对我的离开表示反对。我没有权利离开地球，必须立刻返回。听到这个消息时，我便醒了过来。

我失望至极，因为这一切都显得毫无来由。脱离痛苦的过程是徒劳的，我没有获得进入寺庙的允许，更不能与我昔日的同伴相会。

---

[1] 古代著名的阿斯克勒庇俄斯神庙的所在地，也是西方医学奠基人希波克拉底的诞生地。

实际上，整整三个星期之后，我才坚定了活下去的决心。那时，我吃不了东西，一切食物都让我感到很反胃。病床外城市与山峦的景致仿佛一扇带有黑洞的彩色窗帘，或者是一张破报纸，印满了毫无意义的照片。我失望地想："现在我必须再次返回'箱子系统'了。"因为在宇宙地平线之上，人们似乎已经构建起一个三维世界，每个人都独自坐在一个小箱子里。现在我得再次说服自己这一点至关重要！在我看来，生命，乃至整个世界就像一座监狱，一想到监狱里面必须井然有序，我就无比烦恼。我曾暗喜自己摆脱了这一切，没想到如今又和其他人一样，被一根线拴挂在箱子里。在宇宙空间中飘荡时，我失去了重量，也不受任何外力拖拽。而现在，这一切竟然已成往事！

我强烈抗拒这位医生，因为他已经使我起死回生。与此同时，我又为他担心起来。"看在上帝的分儿上，他有生命危险啊！因为他以原始的形象出现在我面前！谁得到了这样的形态，就说明他快要死去了，因为他已经归属于一个'更大的群体'！"一个惊悚的想法突然浮现在我脑海中，H医生将替我而死。我多想跟他谈谈这个情况，但是他不理解我。后来，我开始生他的气了："为什么总是假装不知道自己是科斯国王的化身呢？而且他已经具备原始形象了呀？他竟然还想让我相信他不知情！"这激起了我的愤怒。妻子责怪我对他不够友善。我知道妻子说得没错，但我确实又很生H医生的气，因为他如此顽固，拒绝谈论在幻象中我们之间发生的一切。"可恶，他最好小心点儿。他没有权利对我那么鲁莽！我要警告他，让他多加小心。"我深信他此时生命垂危。

实际上，我是他的最后一位病人。我仍然清楚地记得，在1944年4月4日，医生允许我起来坐到床边，这是我患病以来第一次坐起来。而就在同一天，H医生却病倒在床，再也没能起来。我听说他那时正在遭受间歇热的折磨。不久，他便死于败血病。他是个好医生，有些天分，不然，他不会以科斯国王的形象出现在我面前。

那几个星期里，我一直生活在奇怪的节奏中。白天我时常感到压抑、虚弱、惨淡，几乎不敢动弹。备感忧郁之际，我心想：“现在必须要回到这个单调乏味的世界了。”夜晚我总是睡得很沉，一直持续到午夜前后。之后便醒过来，然后大约躺了一小时后，精神状态又变得全然不同。我似乎处于狂喜当中，又好像在空中飘浮，安全地处于宇宙空间当中。那是一种惊人的空虚，却充满了极大的幸福。“这是永恒的幸福，”我想，“简直太难以言喻，太奇妙了！”

周围的一切都令人心醉神迷。在夜里的这个时刻，护士为我送来加热过的食物，因为只有此时我才胃口大好，什么都能吃。有一段时间，我以为她是上了岁数的犹太妇女，看起来比实际年龄大得多。我以为她正在为我准备圣洁的符合犹太教规的祭礼食品。当我望向她的时候，她的头上似乎闪耀着蓝色的光环。我仿佛正在安石榴园[1]里，参加蒂费莱斯和马尔狄丝的婚礼。或者我是拉比西蒙·本·约斋，正在庆祝自己来世的婚礼。那神秘的婚礼是犹太教神秘哲学的传统。我难以表达那有多么奇妙。我只能不断地想着：“这里就是石榴园！这里就是马尔狄丝和蒂费莱斯的婚礼！”我不清楚自己扮演的究竟是什么角色。归根结底，我自身就是这桩婚礼，我的祝福就是欢乐婚礼的祝福。

渐渐地，石榴园淡去了，发生了变化。接下来在节日气氛浓厚的耶路撒冷，基督的婚礼正在进行。我描述不出细节，因为那是难以形容的愉悦。天使显现，到处都是一片光明。我自身就是“基督的婚礼”。

后来，基督的婚礼也消失了，接下来又是一种新的形象，那是最后的幻象。我走到了一个宽阔山谷的尽头，眼前出现了一座座连绵起伏的小山。山谷的尽头是一个古典风格的半圆形剧场，剧场坐落在一片碧绿的景色之中，尽显辉煌华丽。剧场中正在庆祝神圣的婚礼。与《伊利亚特》中所描绘的一样，男女舞者登上舞台，众神之父宙斯与赫拉在鲜花点缀的长椅上，

[1] 其为16世纪的摩西·科尔多维罗写的一本关于古老的密教论教义的小册子的标题。在密教论学说中，蒂费莱斯和马尔狄丝是神示十层中的两层，上帝在这里从隐藏的状态中显现，而两者代表了上帝的男性原则和女性原则。

完成了神秘的联姻。

以上所有体验都是光辉灿烂的。每天夜里我都飘浮在最纯粹的幸福状态中，“环绕着众生创造的形象”[1]。渐渐地，各种主题混为一体，黯然失色。一般情况下，幻象会大约持续将近一小时，然后我再次睡过去。当晨曦来临之际，我感觉：灰色的清晨又来了，灰色的世界又随着它的一个个箱子到来了！多么愚蠢，多么可怕，多么荒唐啊！与那些奇幻而美丽的内在的状态相比，尘世简直显得荒谬可笑。随着不断恢复健康，我内在的状态也越来越微弱，出现第一次幻象之后不到三周，一切已完全终止。

经历幻象时，美丽而强烈的感情是难以用语言来表达的。这是我所经历过的最让人叹为观止的场面，白昼是多么鲜明的对比。我忍受折磨，坐立不安，什么事儿都能将我惹恼，一切都过于物质，过于粗鲁，过于笨拙，无论是在空间还是在精神上，都有极度的局限性。这一切都是一种禁锢，却又无法深究其原因。它有一种催眠的力量，一种说服力，仿佛它就是现实本身，尽管如此，我还是清晰地看到了它空虚的一面。虽然我已经恢复了对世界的信心，但我一直没有完全摆脱这一印象：生活是一种片段的存在，被装入专门为它设计的三维箱式宇宙中。

我还对另一件事记忆犹新。一开始，在产生石榴园幻象时，我对护士说如果我伤害了她，希望她能够原谅我。我说，病房是圣洁的，可能对她有害。当然，她不明白我的意思。我认为圣洁降临时会产生一种奇妙的氛围，我担心旁人不能承受这样的神圣。那时我明白了为什么会有人谈论神圣的气味，谈论圣灵的“香气”了。其实就是这种味道。病房里洋溢着难以言表的圣洁气氛，这便是各种神秘结合的表现。

我从来不敢想象自己竟能有如此的经历。它并非想象的产物，因为幻象与体验都是完完全全真实的存在，没有丝毫的主观臆断，反而具有绝对客观的特性。

---

[1]《浮士德》第二部。

我们回避了“永恒”一词，但是，我可以把该经历描述成一种非时间状态的狂喜，在这种状态中，现在、过去和未来都成为一体。凡是及时出现的事物都被统一放置到一个具体的整体当中，一切都没有四散到时间之外，一切都无法用时间概念衡量。对该经历最恰当的定义是：这是一种感觉状态，但后者不能靠想象再现。我怎能想象出昨天、今天和后天共存的景象呢？有的事物尚未开始，有的事物确实存在，有的事物业已完成，而这一切终将成为一体。感觉唯一能够获取的将是一个总和，一个流光溢彩的整体。对刚刚发生的事物突然充满期待，对正在发生的事物感到惊奇，对已经出现的结果感到或满足或失望。人被裹挟在一种无法形容的整体之中，又以完全客观的态度观察它。

后来，我再次经历了这种客观存在。妻子离世之后，我在梦中看到了她，就如幻象一般。她在与我有一段距离的地方站着，直视我的双眼。她当时风华正茂，大概三十岁，穿着很多年前她的堂姐——也是我们的媒人——为她做的一件衣服。这或许是她穿过的最华美的衣服。她的神情既不高兴，也不哀伤，客观来说是既聪明又善解人意，没有表现出丝毫激动的情绪，似乎已经脱离了情感的迷雾。我知道我所见到的并不是她，而是她为我画的或是委托我画的一幅肖像画。画像中包含了我们的相识，婚后五十三年经历的点点滴滴以及她生命旅程的终点。面对这完整的形象，人总是会如鲠在喉，因为我们几乎无法领会其中的含义。

我在这个梦和各种幻象中所感受到的客观存在，都是完整的个性化的一部分。这便意味着它们超脱种种评价，超脱我们所谓的感情关系，而就一般而言，感情关系对人类举足轻重，但是，它们中间仍然包含着某些投射。摆脱这些投射现象，获得自我与客观的存在，是非常重要的。感情关系是欲望的关系，受到强迫与束缚的玷污，是我们对另一个人的某种期望：这令他和我们无法自由。客观的认识隐藏在具有吸引力的感情关系之后，看上去是核心的秘密。但只有通过客观的认识，才有可能实现真正的联结。

疾病痊愈之后，我的工作开始进入盛产期。我在这个时期完成了众多主要作品。我所得到的顿悟，或者经历过的万物消亡的幻象，都给予了我重新规划未来的勇气。我不再企图让他人接受我的见解，而是顺服于我思想的洪流。如此一来，问题便一一以具体的事件展现出来。

这场病还为我带来了其他的东西。我可以把它称作对现存事物的肯定，没有主观抵抗，而是无条件地肯定，接受我所见所悟的存在环境，并接受自己的天性。最初生病的时候，我感觉自己的态度出了问题，在某种程度上，我要对此负责。但是，人若想遵循个性化的道路，过自己想过的生活，就必然会犯错。不犯错误，生活就不会完整。我们没有一刻能保证自己不犯错误，或者不落入致命的危险当中。我们可以设想确定不移的道路，但那只会通向死亡。死后一切都不再发生了，至少正确的事是如此。任何想要走确定之路的人就等于是死了。

直到得了这场病，我才明白了承认自身命运的重要性。如此一来，我们就打造出一个在不理解的事发生时也不会崩溃的自我。这个自我经得住真实的考验，也有能力应对世界与命运。如此一来，经历失败也就与经历胜利无异。无论是内在还是外在都不会受到干扰，因为个体的自我延续已经有能力抵御生命和时间的洪流。但是，这一切只有在个体忍住好奇，不再干涉命运的安排时才会发生。

我还认识到，人必须接受自我形成的内在思想，把它看作自我现实的一部分。真与假的范畴总是永恒存在的，但是因为它们不具有约束力，所以总是占据第二位。思想的存在比我们对思想的主观判断更加重要。然而，这些主观判断也不应受到抑制，因为它们也作为现存的思想，是我们整体的一部分。

第十一章

论死后的生活

关于来世与死后的生活，我所谈的完全是回忆，是我感知过的意象以及冲击我的思想。在某种程度上，这些回忆也为我的作品奠定了基础，因为我写的书，无非就是以一种新的视角，尝试解答“今生”与“来世”之间相互作用的问题。然而迄今为止，我还从未详尽地叙述过死后的生活，因为只要阐述，就必须找到证据佐证自己的观点，可是在这一点上我却束手无策。还是顺其自然吧，不如现在便谈一谈我的见解。

哪怕现在，我能做的也不过是讲讲“神话故事”罢了。也许，只有当人类濒临死亡的时候，才足以自由地谈论死后的生活。事实上，我并不希望人类经历死后的生活。但是，我又必须实事求是地承认，虽然并非刻意，也并不情愿，但关于“来世”的想法还是在我的心中徘徊荡漾。我不敢断定它们的真伪，但我知道它们确实存在。要不是心存偏见有意压制，我完全可以将这些思想表达出来。偏见往往会削弱甚至伤害精神生活的全部现象。由于我对精神生活知之甚少，因此感觉无法用专业的知识来修正偏见。批判理性主义显然和其他许多的神话概念一样，已经除去了“死后生活”的观点。正是因为太多人几乎完全将自己等同于自己的意识，想象着自己只能成为已知的自己，才会出现上述的情况。然而，但凡有一点儿心理学常识的人都会明白，这种认知是多么狭隘。理性主义和教条主义是当今时代的顽疾，它们总是声称无所不知，然而事实上，我们目前持有的视角是非常有限的，我们也许会在未来发现许多如今以为不可能的事。我们对时空的概念只能说大体上正确，因此在很大程度上还存在着或多或少的偏差。考虑到以上因素，我开始密切地关注有关精神的奇特神话，并仔细地观察发生在我身上的各种事件，不管它们是否适用于我的理论假设。

然而遗憾的是，人类神话性的一面在当下常常遭受冷遇。人类不再创造寓言，因此丧失了许多东西，其实谈论不可思议的事情同样十分重要，大有裨益。这样的交谈就像我们围坐在火炉旁，叼着烟斗，讲述一个精彩的鬼故事一样。

我们当然不了解，有关死后生活的神话故事究竟意味着什么，也不知道这些故事的背后隐藏着什么样的现实。作为神人同形的影射，它们具备毋庸置疑的价值，然而我们无法判断它们的真实性。因此，我们必须清醒地意识到，我们无法获知那些超出自己理解范围的事物。

我们所生活的特定世界，已经塑造了我们的思想，并确定了我们的基本精神状态，所以很难想象，宇宙中还存在着一个由其他律法统治的世界。我们被固有的结构牢牢地束缚着，生命和思想都紧紧地囿于自己的世界中。当然，神话性的人需要"超越一切障碍"，但科学性的人禁止这一行为。对理性的人而言，我的神话解释都是徒劳的狂想。然而，对感性的人而言，神话解释则变成了合理存在的治愈性活动。它给予存在一种魅力，令我们难以割舍。当然，我们也没有任何充分的理由这么做。

心理玄学认为，死者通过鬼魂或灵媒的形象展示自己，传达只有他们自己才能理解的信息，从科学角度来看，这确凿地证明了"来世"的存在。然而，就算这些证据充分的例子确实存在，我们还是会产生如下疑问：鬼魂或呼声等同于死者吗？或者只是一种精神投射？所传达的信息是否真的来源于死者？还是源于潜意识中的知识[1]？

[1] 关于潜意识中的"绝对知识"，可参见《共时性：一种非因果关系的连接原理》，载于《精神的结构与动力学》。

抛开针对事物必然性的理性争辩，我们一定不能忘记，大多数人笃信自己将超越现世存在，并将无限地延续下去，这对他们来说意义重大。他们生活得更明智，感觉更舒适、更平和。人类用来自我支配的时间漫长得难以置信，足有几百年之久。那么如今毫无意义地疲于奔命，匆匆忙忙，到底为了什么呢？

当然，这种推论并不对所有人适用。有人确实对永生不抱希望，一想到坐在云端弹上一万年竖琴就不寒而栗！也有些人命运坎坷，或者无比厌恶自己的存在，宁愿彻底结束自身的存在。但是对大部分人来说，永垂不朽是一个非常急迫、直接而又根深蒂固的问题。因此我们必须努力提出某种见解，但是，怎么提呢？

我的想法是：可以借助潜意识——比如梦境——传递出来的暗示提出见解。这些暗示通常会被遗漏，因为我们坚信这一问题难以得到解答。我就这种可以理解的怀疑主义，提出了以下两种想法。如果有些问题确实难以理解，我们必须放弃，承认自己智力有限。比如，我不知道宇宙形成的原因，我也永远不会知道。因此，我必须放弃这一科学问题，或者说是智力问题。但是，如果有一个观点，通过梦境或者神话传统的形式，浮现在我的脑海，那么我就应该注意到它，甚至应该在这些暗示的基础上构想一种概念，哪怕是永远无法得以证明的假设。

虽然人类必须承认失败，承认智力有限，但他们仍然可以自豪地说，自己已经竭尽所能来构想有关“来世”的概念，或者创造有关“来世”的某种形象。相反，不去尝试才是致命的损失。因为呈现在我们面前的问题，是一种人类的古老遗产，一种通过附加在我们个人生活中以达到自身完整的神秘生活的原型。理性为我们设定的界限过于狭窄，使我们只能接受已知的事物，生活在已知的框架中，仿佛我们已经知道生命能够延续多久一样。然而事实上，我们日复一日的生活早已远远超越了自我意识的范围。虽然我们并未察觉，但潜意识的生活已经在我们的内心悄悄展开。批判理论统治得越牢固，生活就越发贫乏；但是只要我们意识到更多的潜意识，更多的神话，我们的生活也就更完整。被高估的理性与政治专制主义的共同之处在于，它们的统治使个体变得贫乏。

潜意识则通过传达事物本身或者制造象征性典故来帮助我们解决这一问题。当然，它也可以通过其他的方式向我们传达单靠逻辑无法理解的事情。想一想那些已经成为现实的同步现象、预兆和梦境，这让我不禁想起第二次世界大战期间我由波林根返回故乡的一次经历。那时虽然我随身携带了一本书，但是怎么也读不下去，因为火车启动时，某人落水溺亡的场景一直萦绕在我的脑海。其实，这是我对军营服役时一次事故的回忆。整个旅程，我都没能摆脱这一场景，感觉非常离奇。“到底是怎么回事？难道真的出事儿了吗？”

我在埃伦巴赫下车，然后走回了家，但是这段记忆仍然困扰着我。由于战争，二女儿一家从巴黎回到瑞士，与我们生活在一起。她的孩子们都在花园里站着，神情显得异常失落。我走上前去问道：“嘿，出了什么事呀？”孩子们告诉我，最小的那个男孩亚德里安，不小心掉进船库的水里。那里的水很深，亚德里安又不太会游泳，要不是哥哥把他救上岸，他差点儿就淹死了。他出事的时候，恰巧是火车上的那段记忆向我袭来的时间。这一定是潜意识给我的暗示，不然它为何不向我展示其他的意象呢？

我妻子家族中的某个人去世之前，我经历过类似的事情。我梦见妻子的床是一个石壁环绕的深坑。那是一座带有古典风格的坟墓。随后我听到一声沉重的叹息，仿佛有人快要断气了。一个长相酷似我妻子的形象从坑中坐了起来，向上飘浮。她身穿一件白色长袍，上面编织着奇怪的黑色符号。我突然间惊醒了，赶紧唤起妻子，那时正好是凌晨 3 点整。这个诡异的梦让我立刻意识到，可能有人死去了。果不其然，清晨 7 点钟，传来我妻子的堂姐在夜里 3 点钟去世的噩耗。

我时常有所预感，但很少能够辨别预感中的意象。比如我曾经做过一个梦，梦见自己正在参加一场花园派对。令我大吃一惊的是，我竟然发现了已经去世多年的妹妹。没想到一个死去的朋友也在场。除了他俩，其余的人当时都还在世。就在此时，我看到一位熟识的女士正陪伴在妹妹身旁。此情此景令我在梦中就得出结论：这位女士将要离开人世了。因为“她的身上已经有了标记”。在梦中，我非常清楚她是谁，我还知道她住在巴塞尔。可是等我醒来之后，却无论如何也回忆不起她是谁了，尽管整个梦境依然如此形象生动。我一一回忆了所有居住在巴塞尔的朋友，看看有谁会与梦境中的女士相像，没想到竟然一个人也没有！

几周过后，我听说一位朋友发生意外身亡了。这件事马上令我想起梦境中遇见却无法辨认的那位女士的形象。我这位朋友的一举一动在我的脑海中至今都清晰可见，因为在去世前的一年多时间里，她经常找我看病。然而，当我试图回忆梦中人的形象时，这位女病人的肖像却没有出现在巴塞尔熟人的肖像画廊中，虽然按理说，她应该最早出现才对。

因此，我会告诉旁人（我也会像他们一样谈论别人）：当你有过这样的经历之后，便会对潜意识的潜力与技艺心生敬佩。但是，我们需要谨慎明断，因为这样的信息也可能带有一种主观的色彩。它们有时与现实相符，有时则不然。然而，我知道，在自己的潜意识暗示的基础上形成的观点，才是最有价值的。当然，我并不打算写一本有关潜意识的启示录，但是，我必须承认自己已经了解了一种“神话”，正是它鼓励着我深入了解整个潜意识领域。神话是科学的最初形式。当谈及死后事物的时候，我探讨的都是内在启示，而且只能告诉你与此相关的梦和神话。

当然有人可以从一开始就主张：有关死后生活的神话和梦境，只不过是人类本性所固有的一种补偿性幻觉，即一切生命都渴望永恒。对此，我唯一能举出的论据便是神话本身。

然而，种种迹象表明，精神中至少有一部分不受时空法则的支配。对此，著名的J.B. 莱茵实验[1]已经提供了科学上的证据。除了众多的自发性预感、非空间感知以及其他各种事例外（我已经列举了许多关于我自己的

[1] 参见《超感官知觉》(1934) 与《心理范围》(1947)。

例子），J.B. 莱茵的实验证实了精神有时会超越因果关系的法则而发生作用。这就表明，我们的时空概念和因果关系概念是不完整的，因此还需要增加另一个维度来构成世界的完美图景。只有这样，我们才能对现象的完整性进行统一的解释。因此，时至今日，理性主义者依然坚称，心理玄学的经验并非真实存在，这一问题将会决定他们的世界观能否成立。如果精神真的超越了时空以及因果关系的法则，那么宇宙的理性主义图景便无法成立，因为它本身就是不完整的。这样一来，在现象世界背后，用其他价值来衡量的现实，就成了一个必须面对的问题。我们必须面对的事实是，我们生活的世界，世界上的时间、空间，以及因果关系，都与世界背后或者表面下的另一种事物规律有关，无论“彼此”还是“早晚”都已不再重要。我一直坚信，我们的精神存在，至少有一部分具有时空相对性的特征。这意味着，我们离有意识的状态越远，就离时空的绝对状态越近，时空的相对性也就越大。

除了我自己的梦境，他人的梦有时也会帮我形成、修正并最终确认我对死后生活的看法。我有一位年过六旬的女学生，她在死前两个月做过一个梦，并将它告诉了我，引起了我的高度重视。她梦到自己进入来世，那里正上着课，一群已故的女友都坐在前排的长凳上，课堂上弥漫着一种有所期待的氛围。她环顾四周，却没有发现讲师，原来，她自己就是讲师。因为人们死后会立刻讲述有关自己的全部生活经历，亡灵对离世不久者的生活经历很感兴趣，就好像现世中与时空中的行为和经历具有决定性作用一样。

无论怎样，此梦描述了一类世间难寻的独特听众：这类人对平凡人生的最后心理结果饶有兴趣。就我们的思维方式而言，这只不过是有可能得出的结论而已。但是，如果这类“听众”以一种相对非时间的状态存在着，当“终结”“事件”和“发展”都成为可疑的概念时，他们最感兴趣的很可能就是自己最缺乏的东西。

在这个梦中，那位女士对死亡充满了恐惧，并竭尽全力想要打消所有关于死亡的想法。然而对上了年纪的人来说，死亡尤其具有强烈的吸引力，就像明确地向她提出了一个无法回避的问题。因此，她应该了解一种与死亡相关的神话，因为理性只告诉她，死亡会使她坠入漆黑的深坑。然而神话中死者王国里丰富而有益的生活图景，却能为她勾勒出其他的意象。假如她相信并信赖、迎接这些神话，那么她就会像那些不信的人一样，不是正确的，就是错误的。然而当深陷绝望的人走向虚无时，那些信赖原型的人则会继续沿着生命的轨迹前行，并始终生活在死亡中。当然，以上两者都生活在不确定的状态之中，只不过一种人违背自己的天性生活，而另一种人则选择顺应自己的天性。

潜意识中的形象也没有完全地表达出来，知识的获取需要人参与其中，并与意识相接触。当我开始研究潜意识的时候，我发现自己深深地沉浸在莎乐美和以利亚的形象当中。后来他们的形象渐渐消退了，但是大约两年后，他们再次出现。令我大吃一惊的是，这两个形象从言谈到举止竟没有发生丝毫改变，就像两年来什么事都没发生一样。其实，我身上还是发生了一些相当不可思议的变化。所以我必须从头开始，向他们讲述、解释事情的原委。对于这一情况，我当时也震惊不已。直到后来我才恍然大悟：在这两年间，莎乐美和以利亚沉入潜意识当中，也可以说他们进入了一个不受时间影响的永恒之中。在那些时间里，他们始终与本我以及本我变化着的环境脱节，因此对发生在意识世界的事情也就一无所知了。

我很早便意识到，自己有必要说明潜意识的种种形象，或者是与它混淆的另一组形象，即“逝者的灵魂”。1911 年，我与一位友人骑车旅行穿越意大利北部的时候，第一次体验到了这一点。返程途中，我们从帕维亚骑车到马焦雷湖下游的阿罗纳，并在那里过了夜。我们本打算沿湖漫步，穿过提契诺州直奔法伊多，再从那里乘火车到苏黎世。不料我在阿罗纳做了一个梦，而它竟彻底打乱了我们的计划。

我梦见自己正在参加过去几个世纪的名人亡灵聚会，那感受与我 1944 年在黑石寺庙经历的“杰出先贤”幻象相似。整个对话都是用拉丁文进行的。一位头戴长卷假发的绅士问了我一个晦涩的问题，至于问题的大意，我醒来以后就记不清了。我能听懂他问了些什么，但由于自己的拉丁文不够流利，没能回答上来。这令我感到极大的耻辱，并最终将我唤醒。

醒来之后，我立刻想到了自己正在创作的《潜意识心理学》，也为没能回答上来那个问题深感自卑。于是，我即刻登上回家的火车，继续埋头工作。我不能再浪费三天时间继续骑车旅行了，我必须工作，并寻找答案。

直到多年以后，我才理解了此梦的含义以及我当时的反应。那位头戴假发的绅士是类似于先人或死者的灵魂，他向我提问，结果却是徒劳一场。提问的时间早，而我的水平有限，给不出答案。但是我能隐约感到，如果我潜心著书，应该就能回答那个问题了。就像精神的先祖向我发问，希望了解他们在世时未曾了解的一切，因为答案只能在之后的几个世纪创造出来。倘若问题和答案业已存在，永垂不朽，那么无论在哪个世纪它们都会被发现，而我也不必继续努力了。的确，自然界中似乎存在无限的知识，然而只有时机成熟的时候，我们的意识才能理解这些知识。设想一下，这一过程就像个体的精神一样：一个人多年来可能对某一事物只是略知皮毛，然而直到某个特殊时刻，才能清楚地了解并掌握它。

随后，在我创作《对死者的七次布道词》的时候，死者再次向我提出了关键性的问题。他们声称“从耶路撒冷归来，没有找到要找的东西”。当时，这一问题令我大吃一惊，因为在传统观点中，死者应该掌握大量知识才对。人们认为，死者所知晓的事物远超过我们，因为基督教义教导我们在阴间“面对面相见”。然而亡灵“掌握”的显然只是生前之事，对于死后之事，它们却毫不知晓。因此，它们才设法渗透现世生活，希望可以分享人们的知识。我时常感觉到，那些亡灵就站在我们身后，期待我们给出答案，期待我们对命运做出回答。它们似乎依赖于活着的人，等待后者给出答案，也就是说它们依赖于那些生存时间更长并生活在变化世界中的人。变化的世界不受它们掌控，在那里它们无法无所不知，意识到一切，它们只能进入生者的精神，进入依赖于肉体的灵魂。因此，生者的思想看来至少在一方面优于死者，即拥有具有决定性作用的清晰认知能力。依我看来，时空上的三维立体世界就像一个坐标系，现实中分落于横纵坐标的物体，也许像全方位的原始形象，或者像围绕原型的认知迷云一样，出现在不受时空控制的方位。然而为了辨别离散的内容，还需要一个坐标系。当人人都变得无所不知，或者当意识丧失了主观性，丧失了时空界限时，任何类似的活动都会变得难以想象。认知像繁衍一样，包含着彼此、上下和前后之间的对立。

人类的意识在任何时代都会存在可变的上限。因此我认为，如果死后依然存在意识，那么它将在人类已有的意识水平上继续发展下去。许多人终其一生，甚至濒临死亡的边缘时，都无法展现自己的潜能，而更为重要的是，他们还落后于其他人所能达到的意识水平，因此，他们在死后依然想要获取生前未能获取的意识。

通过在梦境中观察死者，我得出了上面这个结论。我曾经做过一个梦，梦见自己正在拜访一位两周前去世的朋友。生前，他并未接受任何宗教信仰，只持有传统的世界观，并且一直坚持不假思索的态度。他的家坐落在一座类似于巴塞尔附近图灵格山的小山上。旧城堡的围墙环绕着由小教堂和矮小建筑构成的广场，这让我想起了拉珀斯威尔城堡前面的广场。梦中正是秋天，古树的叶子渐渐变成金黄色，在和煦阳光的照耀下，整个景致显得格外美丽。朋友的女儿曾在苏黎世学习心理学。我知道，她正与父亲同坐桌旁，谈论着心理学方面的问题。朋友听得相当入迷，只是向我随意地挥了挥手，似乎是在告诉我请勿打扰。这种致意也有将我打发走的意思。这个梦以某种令我难以理解的方式告诉我，我死去的朋友需要了解自己的精神的确存在，而这是他终其一生都没能完成的心愿。

我还有一次关于灵魂在死后演化的经历。那时，我妻子已去世一年左右，一天夜里，我突然间从梦中醒来，记起曾与妻子一同在法国南部的普罗旺斯享受了整整一天的时光。当时，她正在那里研究圣杯。这件事对我来说意义重大，因为她在去世的时候还没有完成对圣杯的研究。主观性的解释（我精神中的女性意向还没有完成我妻子应该从事的工作）毫无趣味。我很清楚，这方面的研究还未结束。然而我想象着妻子在死后继续工作，获得灵魂上的升华。无论我怎样设想，这种想法的确意义非凡，并在一定程度上给了我安慰。

当然这种想法并不准确，还会给人以假象，就像投射到平面上的物体，或者恰恰相反，像是在三维物体内部构建出四维模型一样。这些物体都借用三维世界的术语向我们展现自己，例如数学好不容易才通过创造经验主义无法理解的表达方式来表现许多关系。同样，对缜密的想象力来说，在经验资料和梦境的基础上，通过逻辑原理构建无形事物的形象也十分重要。而构建无形事物形象的方法，就是我所说的必要陈述法。它在梦的解析里代表“放大”原理，但也可以用简单整数中隐含的观点轻易地加以论述。

数字“一”是个单数。但“一”也代表统一、一元、全一性、个性、非二元性。它们不是数字概念，而是属于哲学概念，是上帝创造的原型和属性，即单子。人类智慧足以做出以上论述，但人们对统一性及其含义的概念又决定并制约着人类的智慧。换句话说，这些论述是必要的，而不是武断的，因为它们受到了统一性的制约。理论上，之后的数字概念同样可以运用这样的逻辑推理，但实际上，由于复杂情况会迅速增加，数量过大，难以控制，所以这一过程总是稍纵即逝。

“一”以后的每一个单位都会引出一系列新的特征和改动。例如，数字“四”的特征是四次方程可以求解，但五次方程不能。因此，对于数字“四”的必要陈述应该是：它是一个开端，同时也是前一个数列的结尾。新的数学特征随着单位数的增加而不定量增加，因此以上陈述会变得非常复杂，从而无法被陈述。

自然数的无限序列对应着无限的生物个体，这些序列也由个体组成，甚至前十个个体的特性便能代表从单子中分离出来的抽象宇宙进化论。然而，数字具有的特性物质同样也具有，因此，某些方程式能够预示物质的行为。

所以我提出，非数学论述同样能够指出无法展现的真实情况。比如，所有类型的原型图案，这些想象的产物被普遍接受，或以它们出现的频率而著称。我们不能说数学方程中的因数代表了什么样的物质现实，同样，我们最初也不知道神话产物代表着什么样的精神现实。热气湍流运动的方程式存在了很长一段时间，但很久之后人们才能准确地研究气体问题。同样，我们早就获取了表现潜意识动态过程的神话题材，然而直到最近，这些过程才被命名。

我认为最强烈的意识形成了死人获取知识的上限，正因为如此，尘世生活才显得意义非凡，人在濒临死亡时所"带走"的事物才显得如此重要。只有在对立物相互冲突的尘世生活中，总的意识水平才得以提高。如此看来，没有"神话解释"，人类便无法完成以上的超自然任务。神话是介于潜意识认知与意识认知之间的必不可少的过渡阶段。潜意识了解的事物确实要比意识多，但这是一种在永恒之中的特殊知识，一般不涉及此时此地，无法用理智的语言表达。我们只有详尽地叙述，就像上面有关数字的例子一样，此类知识才能被我们理解，我们才能觉察到一个新的方面。这一过程反复出现在每个成功的梦的解析中，非常具有说服力。因此，对梦的陈述不存有偏见和教条主义的观点才是至关重要的。一旦我们想进行某种"单调的解释"，我们的方法就已经是枯燥乏味的教条主义了。

虽然我们无法拿出确凿的证据证明死后灵魂继续存在，但是，各种经历却使我们开始认真思考。我只把它们当作暗示，而不是擅自将各种顿悟的意义都归于它们。

一天晚上，我躺着睡不着觉，总是想起一位突然去世的朋友，前一天才刚刚举行了他的葬礼。一想到这件事，便有千愁万绪涌上心头。突然间，我感觉他就在这屋子里，站在床头，要我随他同去。我没觉得这是个幽灵，反而像是他有形的内在形象。我把它解释为幻觉。但是我又必须坦率地问自己："我有任何证据证明这就是幻觉吗？"假设它不是幻觉，假设我的朋友真的就在这里，而我却断言它就是幻觉，这样做难道不令人厌恶吗？而且我也没有充足的证据证明，站在我面前的就是一个幽灵。接着我又告诉自己："既然我怎么都找不到证据，不如为了实验，将他当成现实存在的人，也算解决了我的困惑。"正当我有了这个想法的时候，他已经走到门口，示意我跟在他后面。这样一来，我就要同他一起出去了！说实话，我从来没指望会这么做。所以，我必须对自己重申一下刚刚的观点，只有这样，我才能在幻觉中随他而去。

他将我带出房间，穿过花园，来到街上，最后到达他的家（实际上他家离我家只有几百码远），我走进门，在他的指引下来到书房。书架第二层摆放着五本带有红色封套的书，他爬上板凳，将第二本指给我看。然而就在此时，幻象中断了。我并不熟悉他的书房，也不知道他都有些什么书。当然，我也根本弄不清那些书的标题。

这一经历对我来说十分奇特，因此第二天一早，我便去拜访他的妻子，询问能否在他的书房里找一些东西。果然不出所料，书架下面的确放着幻象中见到的板凳，而且我远远地就望见了那五本带有红色封套的书。我踏上板凳，以便看清楚书的标题——第二卷的标题赫然写着《死者的遗产》。我对内容不太感兴趣，只有与我的经历有关的标题才对我意义重大。

对我来说同样意义非凡的梦之经历发生在我母亲去世之前。我在提契诺州居住的时候，传来了她的死讯。消息来得太突然了，令我震惊不已。母亲去世的前一天晚上，我做了个噩梦，梦见自己身处茂密阴郁的森林中，奇形怪状、硕大无比的鹅卵石散落在原始丛林般的巨树之间。那是一片豪放原始的景象。突然，我听到一阵刺耳的口哨声，仿佛响彻整个宇宙。我的双腿开始颤抖。没过一会儿，灌木丛中传出碎裂的声响，一头巨大的狼狗张着血盆大口，向前方咆哮而去。面对此情此景，我的血液都停止了流动。它从我身旁呼啸而过，我立刻明白过来：是荒野猎人命令它前去夺取某个人的灵魂。我在惊慌失措中醒了过来，第二天一早，我就接到了母亲的死讯。

以前，令我如此震惊的梦境很少出现，因为从表象上看，这似乎意味着魔鬼要将母亲带走。而此梦的确切含义是荒野猎人，或者戴绿帽的人在那天夜里带着狼狗外出打猎——此时正值1月份的南方风暴季节。想必是沃旦，我们日耳曼民族祖先的神明，将母亲带离人间并令她与祖先相会——说不好听的就是回到了“野蛮部落”，说好听点儿就是回到了“受赐福的子民”当中。基督教传教士曾把沃旦变成过魔鬼。正如罗马人所理解的那样，沃旦本身就是一位重要的神明——众神的使者，也是一个自然的灵魂，以圣杯传说中梅林的形象显现，又成为炼金术士所探求的秘药。如此说来，那梦便意味着我母亲的灵魂进入超越基督教道德领域的广阔本我天地，进入自然与灵魂合而为一的整体之中。在那里一切冲突和矛盾都得到了解决。

我立刻乘坐夜车回家处理后事，途中心情万分悲痛，但是我的内心深处并未感到悲伤，说起来原因非常奇特：一路上，我不断听到舞曲和欢闹声，好像有人正在举办一场婚礼。这与梦境中惊恐的印象形成了强烈的对比。此时此刻洋溢着欢快的舞曲与笑声，使我难以全然沉浸在自己的悲痛中。每当悲伤的情绪即将把我淹没，我却发现自己再次沉浸在欢乐的曲调当中。一方面我感到温暖与快乐，另一方面我又感到恐惧与悲伤。我在这两种截然不同的情绪中徘徊。

如果我们假设，这一刻死亡通过自我的角度来展现，而下一刻却以精神的角度来表现，那么这一自相矛盾的现象便得以解释。若以自我的角度表现死亡，那么死亡通常留给我们的形象便是一场灭顶之灾，就像邪恶无情的力量结束人类的生命一样。

因此，死亡的确残忍可怕，这一点无须掩饰。它的残忍不仅仅体现在死亡这个具体事件的本身，而更体现在精神层面：一个活生生的人从我们身边被夺走了，留下的只有冷冰冰的沉寂。这段关系已经没有任何希望继续存在下去，因为所有的桥梁在一击之下全部粉碎。那些本应颐养天年的生命却在风华正茂之时凋谢了，而碌碌无为之人却得以长命百岁。这就是我们无权逃避的残酷现实。死亡残酷无常的真实经历令我们饱受痛苦，从而使我们得出结论：世上没有慈爱的上帝，没有正义与善良。

然而从另一个角度来看，死亡似乎又是件快乐的事。从永生的角度来看，死亡是一场婚礼，是一场神秘的结合。灵魂得到了缺失的另一半，从而达到完整的状态。在雕刻精美的希腊石棺上，欢快的元素通过舞女来表现，而在伊特鲁利亚的坟墓上，欢快的元素则通过宴会来表现。虔诚的秘法法师西蒙·本·约斋去世时，他的朋友说："他正在庆祝自己的婚礼。"时至今日，许多地区仍然保有在万灵节举办墓地野餐的习俗，这种习俗表达了"死亡确为节庆"的感情。

1922 年 9 月，也就是我母亲去世前的几个月，我做了一个暗示着她即将离去的梦，此梦还涉及我的父亲，因此使我印象深刻。自从我父亲 1896 年去世以来，我从未梦到过他。如今，他再次出现在我的梦中，好像结束了一场长途旅行，重返故乡一样。他看起来容光焕发，并显露出父亲的威严。我随他走进书房，一想到能够了解他的近况，便心满意足。我还满怀期待地想向他介绍我的妻儿，带他参观我的家，向他汇报我的境遇和变化，还想跟他聊聊我近期出版的心理学作品。但是我很快便发现这一切都显得那么不合时宜，因为父亲仿佛心事重重。显然，他想从我这里获取点什么。由于清楚地感受到了这一点，我不再谈论自己所关心的话题。

后来，父亲对我说："你毕竟是个心理医生，我想问问你在婚姻心理学方面的观点。"我本想就婚姻的复杂性长篇大论一番，没想到就在此刻，我醒了过来。我无法确切地理解梦境的含义，因为我从没想过，它可能预示着母亲的死亡。直到 1923 年 1 月母亲突然离世时，我才明白过来。

事实上，我父母的婚姻并不美满，而是充斥着摩擦、艰难时刻，以及对耐心的考验，他们双方都犯过许多夫妻常犯的错误。我的梦是对母亲死亡的一种预示，因为父亲时隔二十六年后，再次出现在梦中，希望从心理医生那里获取有关婚姻问题的最新信息与洞见，这意味着不久之后，父亲便会继续这种婚姻关系。显然，由于父亲处在不受时间控制的状态中，他的理解能力并未得到提高，因此他便会求助于某个在世的人，后者因变化的时代而获益，因此对这个问题会有新的理解。

这便是梦所传达的信息。毫无疑问，通过深入探究梦的主观意义，我能理解的还会有更多——但是为何偏偏在母亲去世之前，我做了这个梦，而我却没能预见到她的死呢？此梦显然意指我的父亲，随着年龄不断增大，我对父亲的同情也与日俱增。

作为时空相对性的结果，潜意识比有意识的思想拥有更好的信息来源。因此，死后的神话生活便有赖于梦境的微小启发以及来自潜意识的自发启示，就像我前面提到的，我们不能将知识的价值归功于这些梦境，更不用去证实了。然而梦境却能够为神话的阐述提供合适的依据，并为不断探索的智者提供不可或缺的原始素材。如果切断了同神话想象这一媒介世界的联系，那么思想便会沦为教条主义的僵化产物。然而，从另一个角度说，与神话起源接触过多，对意志薄弱、摇摆不定的思想而言，也是极为危险的，因为它们会把模糊的暗示误认为是内容充实的知识，把纯粹的幻想误认为是事实。

轮回的观念和形象塑造了一个有关来世的广为流传的神话。在一个精神文明高度发达，历史渊源要比我们更加悠久的古老国度中——我指的自然是印度——生死轮回的观念是理所当然的，就像我们笃信上帝创造世界，而世界存在精神领袖一样。有文化的印度人知道我们并不赞同他们的观点，但这对他们来说却没什么大不了的。东方的灵魂认为，生死轮回是一种无限延续的过程，就像一个漫无目的的车轮，滚滚向前，永不止息。人类生存并获取知识，经历死亡并从头来过，只有佛才具有目的性的观念，即克服世俗的存在。

西方世界对神话的需求要通过有起始、有目标的宇宙进化论来满足。西方人反对有始有终的宇宙进化论，就像他们无法接受静态的、独立的、永恒循环的观念一样。相反，东方人看起来却能向这一观念妥协。当然，人类对于世界的性质并没有统一的看法，就像当代天文学家对此问题意见不一。对西方人而言，纯粹的静态宇宙毫无意义，难以忍受，他们还必须假设宇宙具有意义；而东方人便不必这样做，因为其自身就是对宇宙意义的最好诠释。西方人认为有必要使世界的意义得到完善；而东方人则力求完善人身上的这一意义，即佛学的万事皆空、无欲无求的观点。

我想说，以上两种观点都是正确的。西方人大都比较外向，而东方人则偏于内向；西方人对事物的意义进行投射，认为意义存在于外在的客体之中，而东方人在其自身中便感知到了意义的存在。但是意义是既内在又外在的。

再生的观点与因果报应密不可分，而问题的关键在于人的因果报应是否具有个体性。如果答案是肯定的，那么人类出生时预先注定的命运便展现了前几世的成就，而人格也因此延续；如果答案是否定的，那么非人格的因果报应在出生的时候就被定型，而不是任何一种人格的延续。

佛的弟子曾两度问他，人的因果报应是否具有私人性。佛每次都避而不答，表现得毫不在意，他说，就算知道了答案，也无法将自己从存在的虚幻中解脱出来。佛认为思考人生轮回，即思考出生、成年、老年、死亡，以及苦难的原因与作用，对其弟子更有意义。

我不知道自己所经历的因果报应是不是前几世的结果，或者是不是我从祖先那里继承来的成就。我是祖先生命的结合吗？我是否重现了他们的生命？我是否以特定的人格生活过？我在前世是否得到了长足的进步，使今天的我能够探寻解决问题的方法？这一切的一切我都不知道。佛将问题留给了我们，我猜他自己也不清楚答案。

我可以想象得出，自己曾在前几世生活过，在那里，我遇到了无法回答的问题，因此，我必须重生，以完成交给我的任务。当我与世长辞之时，我的作为也将随我而去，我将带走自己所做的一切。与此同时，要保证自己在生命的尽头并非两手空空，也是非常重要的。佛也考虑过这一点，因为他劝诫弟子，切勿为无用的冥想枉费时光。

我存在的意义在于生命已经向我提出了一个问题，或者相反，我本人就是一个向世界提出的问题，因此，我必须传递自己的答案，否则，我就必须依赖于世界的答案。这是一个超越个人的生命任务，只有排除万难，通过不懈的努力才能完成。也许这也是困扰我祖祖辈辈的问题。我对《浮士德》结尾没有给出答案一事印象深刻，难道是因为上述原因？同样令我印象深刻的还有尼采，以及他也没能给出答案的那个问题：使基督徒困惑的，是狂欢作乐般的生活，还是日耳曼法兰克祖先焦躁的精神？

我感觉祖先生活所产生的结果，或者前人生活中的因果报应，大概也是一种客观原型，它现在紧紧地追随着每一个人，对我尤其穷追不舍——比如神的三位一体在几个世纪中的发展，以及它与女性原则的碰撞，或者面对诺斯替教派邪恶的起源，也就是基督教中上帝不完整的形象，原型并没有做出明确的回答。

我还想到过这样一种可能性，那就是因某一个体的成就，世界提出一个他必须回答的问题。比如，我提问与解答的方式可能并不尽如人意，因此，我因果报应的对象——或者是我自己——必须重生，以便给出一个更加完整的答案。还有另一种可能：如果世界不再需要这样的答案，我便不会重生，便能够尽享几百年的平和安宁，直到某天，又需要有人对这些问题萌生兴趣，并能重新出色地完成这一任务。我想接下来对我来说，便是一段休养生息的时期，直到我毕生的工作需要重新开始为止。

因果报应、灵魂转世与个人重生，对我来说都是模糊的概念。我以一种自由开放的心境认真倾听了印度教关于重生的教义，回顾了我在世界上所经历的一切，看看有没有可信的符号，以何种方式指向重生。当然，我认为西方相对众多的实证并不能令我信仰重生，因为信仰只向我证明现象而非内容，只有在实践过程中揭示了它，我才能接受它。直到几年前，我都没有在这方面发现任何具有说服力的论证，虽然我一直密切观察着这些迹象。然而最近，我从自己身上发现了一系列的梦境，它们似乎描述了一位离世朋友的轮回过程。但是，我没在其他人身上遇到过此类梦境，因此便没有可以比较的依据。由于上述观察具有独一无二的主观性，我只想在这里提及它可能存在，而不想做深入的解释。然而我必须承认，在这次经历之后，虽然还无法表达一种确切的见解，但我对轮回的看法却发生了某种改变。

假设生命在“那里”继续存在，那么我们就无法想象除了精神存在以外的任何其他的存在形式，因为精神生活不会被时空的概念约束。精神存在，特别是我们在此关注的内在形象，为死后生活中的全部神话幻象提供了丰富的材料。我把死后生活想象成一种形象世界的延续，那么精神便会存在于来世，或者死者的王国。

从心理学的角度而言，来世生活似乎是暮年精神生活的逻辑延续。内在形象随着年龄的不断增长，沉思与感悟的不断加深，在人的生活中自然而然扮演着越发重要的角色。“老年人要做异梦”[1]，当然，这表明他们还没有完全僵化——妙药太迟，病入膏肓。到了暮年，人开始让记忆展现在思想面前，开始不断沉思，开始在过往的内、外在形象中辨认自己。这就像为来世的存在做好了准备，就像柏拉图哲学是为死亡做的准备一样。

内在形象使我完全迷失在个人的追忆当中。许多长者都过度沉浸于回顾往事，被这些记忆牢牢困住。但是，如果这些回忆是投射性的，并且能够被转化成为形象，那么这种回顾往事的行为则可能是一种暂时性的为了继续向前行进的倒退。我试图通过它们，看到那条穿过我的生命进入世界，随后又离开世界的线索。

一般来说，人们所认为的对来世的观点大都是一厢情愿的想法和偏见。所以，在那些观点中，大多数的来世都被描述为一个令人愉快的地方。我对这一点感到不解，因为我几乎不认为，我们所有人都能在死后被引导进入一个鲜花盛开、令人心旷神怡的草地。假如来世的一切果真都如此愉快

---

[1] 引自《使徒行传》及《约珥书》。

且和谐，那么，我们应该和受到祝福的灵魂之间进行某种友善的交流，并且应当能在其投生前的状态中看出善意和美。但是，事实上，为什么在死者与生者之间，会存在着一道无法逾越的沟壑呢？在过半的关于生者与死者相遇的报告中，生者所叙述的内容大多是有关黑暗幽灵的可怕经历。从以往的惯例可以看出，死者始终对生者保持着冰冷沉寂的态度，死者也并不会被亲人的悲恸感动。

我想再稍微提及一下那些我不经意间得出的结论：我认为世界是极为一元的，不可能存在一个完全没有对立物规则的来世。那里一定也有自然，就其状貌来说，那也是上帝的自然。我们死后将步入的那个世界既壮观又恐怖，就像上帝以及我们所知道的自然界的一切一样。我无法想象痛苦会彻底消失。当然，在1944年产生的那次幻象中，我解除了躯体负担，窥测其含义的经历给予了我深厚的慰藉。但是，其中也有黑暗，以及人情温暖的销声匿迹。想一想我所遇到的那个黑石块吧！那块石头是黑色的，材质是最坚硬的花岗岩。这意味着什么？如果在这创世的土地上，一切现象都是完美的，没有原始的缺陷，那关于创造的迫切需求以及对尚待完成的事物的渴望从何而来？为什么诸神丝毫不关心人与天地、不关心无限的生死轮回？因为说到底，佛把他的“空”树立在自己对于存在的痛苦幻觉的对立面，而基督徒却在许愿世界末日能够迅速到来。

在我看来，来世或许同样存在着某些限制，但是，死者的灵魂只能一步步地找到解脱状态的界限。在“外界”的某个地方，必然会有一种制约着世界的决定性因素，这种必然性寻求着结束死后状态的机会。我认为是这种创造性的决定性因素，来决定什么样的灵魂能够投生。我可以想到，某些灵魂可能会认为三维的存在状态要比永恒的存在更加幸福，但是，可能这也取决于它们从自己曾经的人类生活中接受了多少完整性或者非完整性。

灵魂达到认知的某一阶段时，三维世界的诱惑或许就不再有什么意义了。更充分的理解已经抵消了投生和重新现形的欲望，那么灵魂也不再需要回到三维世界。此时，灵魂就退出三维世界，而最终抵达佛教徒口中的涅槃境界。但是，如果还有羯磨有待处理，甚至可能因为有某件事需要完成时，灵魂便会再次回归到欲望中，并再次投生。

对我来说，一定是一种对认知的热烈渴望促使我选择投生，因为这是我天性中最强烈的因素。正是这种对认知得不到满足的渴望，创造出了一种意识，让我来寻找并辨认现有的存在，以及可能会发生的事，并且从未知物的微弱线索中拼凑出各种神话的概念。

我们所缺乏的是能够证明任何属于我们的事物会永远存在的具体证据。从某种程度上，我们最多只能说，自身精神的某一部分会在肉体消亡的永恒中继续存在。但我们谁都不知道，那些继续存在下去的事物能否拥有自我意识。假如我们认为自己必须就这一问题有某种看法，那么我们也许可以选择研究那些已从精神解体现象中获得的经验。在大多数情况下，一种分裂的综合体以人格的形式表现它自己，那么它对其本身是有自我意识的。所以，精神病患者听到的声音都是经过人格化的。我在很久以前的博士论文中已经对人格化情结的现象进行过研究。如果我们愿意，可以将这些情结作为意识延续性的证据。同样，在脑部受到重伤之后陷入深度昏迷和在严重的精神崩溃时得出的令人惊奇的观察结果，也能证明这一假设。在这两种病例中，随着彻底丧失意识，可能还会存在种种对外部世界的感知，并经历各种生动的梦，但是因为大脑皮层即意识中枢在这种时候并不发生作用，所以我们还无法对这些现象做出解释。但这些现象至少可以证明，即使是在潜意识的状态下，意识的能力依然作为一种主观的残留物存在[1]。

对于永恒的人（自性）与凡人之间的关系，我的两个梦可以做出一点解释。

1958 年 10 月的时候，我梦见在自己的住宅中，看到了两个发着金属光的镜片形圆盘，圆盘在房顶划出一道弧线，然后沉入湖中。那似乎是两

[1] 参见《共时性：一种非因果关系的连接原理》，载于《精神的结构与动力学》。

个飞碟。之后，另一个物体向我直直地飞来，我发现那是一个圆形的透镜，有点类似于望远镜的物镜。它在离我大概四五百码的地方逗留了片刻，随后便飞走了。旋即，又有一个物体从空中向我急速飞来，那是一个带有金属延伸物的透镜，它通向一个箱子，一个幻灯机。它在离我六七十码的空中停下，从箱子中射出的光照在我的身上。我在惊愕中醒来。半梦半醒中，我想道："我们自以为飞碟是我们的投射物，但现在看来，我们才是飞碟的投射物。我，卡尔·荣格，是这个幻灯机的投射物。但是，是谁在操纵这台机器？"

在此之前，我年轻的时候曾做过一个有关自性和自我的梦。那个梦中，我正在进行徒步旅行。我正漫步在山间的一条小路上，梦中阳光高照，四面的视野开阔。然后我进入了一间路旁的小教堂。门虚掩着，更让我感到奇异的是，祭坛上既无圣母像，也无十字架，只是摆放了一些模样珍奇的花卉。我看见祭坛前面的地板上，有一个正在冥想的瑜伽信徒盘腿面朝我坐着。我凑近观察他，才发现他竟然长着我的脸。我吓了一跳，惊悚油然而生，我惊醒后想道："哎呀，他就是那个设计我的人呀。他做了一个梦，而我就是梦。"我明白，他醒来后，我便不再存在了。

这个梦发生的时间是 1944 年，准确说是在我生病之后。它背后的寓意是：我的自性正在冥想，设计着我在尘世中的形象。换言之，它拥有人的形态，以此进入三维世界，就像一个人想要进入大海就必须穿上潜水服一样。自性在自愿放弃来世的存在时，就会呈现出一种宗教的姿态，像那个梦中的教堂一样。通过尘世形体，它可以经历三维世界的种种事物，并通过更深层次的意识，向外显迈出了一步。

在某种程度上，那瑜伽信徒的形象是我生前潜意识完整性的体现，正如经常出现在梦中的那样，它代表着一种疏远的、与我们截然不同的精神状态。像幻灯机以及瑜伽信徒的沉思那样，它们所"投射"的是我的经验现实。一般来说，我们都是反向地看待这个因果关系：我们在潜意识的产物中找到了曼陀罗的象征意义，也就是它象征着完整性的图形和正方形的形状。我们会选择这种形状来表现事物的完整性。我们存在的根基是自我意识，我们的世界以自我意识为焦点，以此展现世界的光线范围。我们正是通过这个范围见识到了这个昏暗而暧昧的世界，因此我也永远不会知道自己眼中的阴影形体在多大的程度上是受我们自身意识的影响形成的，或者说，它们自身又拥有多少现实。肤浅的观察者仅仅止步于第一种假设。但是，进一步的研究结果表明，潜意识的形象并非产生于意识，它具有自己的现实性与自发性，而我们必须只把它当成次要现象来对待。

这两个梦背后的目的是逆转自我意识与潜意识之间的关系，并将经验人格的产生归因于潜意识。这种逆转的含义是：在“另一方”的观点中，我们的潜意识才是真正的存在，而我们的意识世界才是幻觉的体现，是一种自身为了实现特定目的而设计的表象现实。在那个观念中，意识世界就像梦一样，只要我们身处其中，它就是现实。显然，这种情况与东方的“虚妄”概念十分相似[1]。

因此，在我看来，潜意识的完整性是全部生物与精神现象真正的精神导师。这是一条原理，它要争取全部现实。对人来说，这则意味着获取全部的意识。获取的意识也就是广义上的文化，而自我认知则是这一过程的核心与本质。东方人认为自性具有神圣的意义，而在古代基督教的观点中，自我认知是认识上帝的途径。

对人来说，那个关于生命的重大问题是：人类是否同某种无限的事物有关。只有我们认识到，那些真正重大的事物永无止境，我们才能避免把自己的兴趣集中在无用的东西和各种各样毫无意义的目标上。所以，我们需要世界认可我们珍贵的个人品质、才能或者美。人越是强调虚假的财产，他对本质的感知就越是迟钝，而他的生活也就越是不能令他满足。因为他的目的是有限的，这样的限制只会导致他对别人更加羡慕和嫉妒。假如我

---

[1] 荣格童年时期就对现实的真实存在表现出浓厚的兴趣，当他还是个孩子的时候，就曾坐在一块石头上，思考那块石头正在说“我”，或者它就是“我”。

们能够理解并且感觉到，自己一生中已经与无限建立了某种联系，欲望和态度就会发生变化。说到底，我们的价值就在于我们身上所具有的某种本质，假如我们不再具备这种本质，就意味着我们正在虚度光阴。在与他人的关系中，首要的问题也是这种无限性能否在这种关系中表现出来。

但是，我们只有在被限制时，才能感知到无限。而人类受到的最大限制就是自性，它体现在这一经历中："我仅仅是这样的！"只有当我们意识到自己正在被自性限制在狭隘的境地中时，才能与潜意识的无限性建立联系。通过这样的认识，我们就能感受到自己是有限的，同时也是永恒的，既是此又是彼。只有在认识到自身在个体的组合体（最终是有限的）中是独特的时，我们才拥有意识到无限的能力。只有这个时候才可以！

在这个专注于不惜一切代价扩张生存空间，增加理性知识的时代，最高的挑战就是要求人类意识到自己的独特性和局限性。这两种特征在词义上是相近的，如果没有它们，我们就不可能感受到无限，当然更不可能拥有意识，而只是对它有一种模糊不清的认同感，其形式类似于对大数据的陶醉和对政治权力的渴望。

人类需要意识到那些从潜意识中涌现出来的内容。人类既不应该固守自己的潜意识，还应该避免被自己的潜意识因素同化，从而正视自己的命运，即创造越来越多的意识。据我们所知，人类存在的唯一目的，就是在纯粹存在的黑暗之中点燃一束光。我们甚至可以假设，意识可以像潜意识影响我们那样，反作用于潜意识。

第十二章 后期思想

我认为，自己的任何一部传记都应该有如下反思。的确，人们可能感觉，这些反思具有高度的理论性。然而制造“理论”[1]，就如吃喝一样，既是我的一部分，也是我的重要功能。

1

基督教最显著的部分就是它的教义体系，它预示着神性的质变，以及“另一面”的历史变化过程。它以天堂的纷争这一新神话的形式预示未来，并在创世的神话中做出了最初的暗示。在那里，造物主的敌人出现了。它外形似蛇，承诺增加有意识的知识（有好也有坏），来诱使人类违抗上帝。第二个暗示是堕落的天使，是潜意识内容对人类世界的第一次侵犯。天使是奇怪的事物：他们只能是天使，而不能成为别的什么。天使本身没有灵魂，只代表主耶稣的思想和直觉，所以凡是堕落的天使都是“坏”天使。《以诺书》中写道，“坏”天使身上产生了著名的“膨胀”效应，即与人通婚生出巨人种族，后者最终威胁要毁灭人类。今天，我们仍然能够从自大

[1]“理论”在希腊文中意为“关于世界的看法”，在德语中意为“世界观”。

狂和独裁者那里观察到这种现象。

然而，在神话的第三个阶段，也是具有决定性的阶段中，上帝以人的形象显现，体现了《圣经·旧约》中圣婚的观点及其完美的结局。早在基督教形成初期，道成肉身的观念就已经被包括在“基督与我们同在”的概念中。这样一来，整个潜意识渗透进了内心体验的精神层面，使人感触到进入他真实形体的一切。无论对人类，还是对造物主而言，这都是决定性的一步，因为在那些摆脱了黑暗的人眼中，造物主已经褪去了黑暗的本质，变得尽善尽美了。

在接下来一千年的时间里，上述神话始终举足轻重，无懈可击。直到 11 世纪，才出现了意识进一步变化的最初迹象。从那时起，动荡与怀疑的征兆不断增多，直到 20 世纪末，世界性的大灾难才初现端倪，而最初的形式便是对意识的威胁。这一威胁存在于“巨大症”，也就是意识的狂妄自大当中，也存在于“人类及人类行为最伟大”的断言当中。基督教神话的超然存在（永生）消失了，“人在来世才能获得完整”的观点也随之消失了。

伴随光明而来的阴影，是造物主的另一面。这种观点在 12 世纪发展到了顶峰。基督教的世界目前确实面临着邪恶的挑战，人们遇到了赤裸裸的不公、独裁、谎言、奴役及良心的压制。这本应是俄罗斯民族永恒的赤裸裸的恶性，却第一次在德国狂暴地爆发了。肆虐的恶行足以表明 20 世纪中，人类对基督教的践踏程度。因此，人类无法通过自我克制来减少恶，也难以通过遁词将恶驱逐出世界。恶，已成为既定事实。既然它存在，我们就必须学会如何驾驭它。但是，我们目前还没想到如何与恶共存，同时又避免可怕后果的办法。

无论如何，我们都需要转变思想，重新确定方向。一旦触碰了恶，那么就产生了屈服于恶的巨大危险。因此，我们绝不能再向任何事物屈服，就连善也是如此。一旦我们屈服于善，善也会失去其道德属性。这样做并不意味着善有什么不好，而是因为向善屈服可能会招致麻烦。任何形式的

“瘾”，都是不可取的，无论它是酗酒、吸毒，还是盲目崇拜理想主义。我们都必须警惕，切勿认为善恶就是绝对的对立。人们简单地认为，善拥有绝对的、命令式的力量，而所谓的恶就应当坚决地加以避免。然而在上述观点中，伦理行为的标准已经不复存在了。认识到恶的现实性，也就必然使善与恶相对化，同样，恶也会把二者变成一个整体中相互矛盾的两个方面。

实际上，这意味着善与恶不再如此分明。我们必须意识到，无论善恶，它们都代表了一种判断。既然人非圣贤孰能无过，我们就无法断言自己的判断永远正确。正因如此，我们很容易就会判断失误。只有当我们不确定道德的评价标准时，伦理问题才受到这一原则的影响。尽管如此，我们仍需做出种种伦理决定。善恶的相对性并不意味着两者可以归为一类，毫无差别。道德判断永远存在，并一直伴随着典型的心理后果。我曾多次提到，我们过去犯过的错，以及将来要犯的错定会向我们的灵魂复仇，唯有判断的内容会随着时间地点的变化而变化。因为道德评判标准总是建立在确凿的道德准则之上，而道德准则却总是装作已经精准地了解了何为善，何为恶。但是，一旦我们发现道德准则的基础是那么飘忽不定，伦理判断就会变成一种具有主观性与创造性的行为。只有上帝应允，我们才能说服自己，相信道德准则基础的真实性，即在潜意识中，我们必须持有一种自发的、决定性的冲动。伦理本身，即善恶之间的抉择，并不受上述冲动的影响，因此做出决定对我们来说更加困难。我们必须经受伦理抉择的折磨。尽管看起来显得苛刻，但应道德选择的需要，我们仍有自由去做众所周知的恶事，而非道义上的善事。换句话说就是：我们不能屈从善恶中的任何一方。印度哲学中“非此亦非彼”的观点提供了一个有效的解决方案。在上述情况中，人们可以毋庸置疑地背弃道德准则，而个人只能自己做出伦理选择。这种选择本身，没有什么新鲜的地方，在前心理学时代，人们同样面临着如此困难的选择，并将其归为责任冲突的范围。

然而通常来说，个体全然处于潜意识状态，以至根本忽略了自己具有做出抉择的潜能，相反，他不断地、焦急地左顾右盼，寻求外在的规则来解答困惑。除了一般性的人类缺陷，教育最应该为上述行为负责。因为后者总是传授过时的、一般性的知识，而对于个人经验的奥秘却避而不谈。因此，虽然教育竭力传授理想主义信念或行为，人们却深知自己永远达不到所期望的目标，即便官员们反复灌输这些理想，他们心里却非常清楚自己从未达到也永远达不到这些高标准。更可怕的是，从未有人质疑过这种教育的价值。

因此，一个人要想了解我们今天提到的“恶”，他首先就要有自知之明，也就是最大限度地了解完整的自己。他必须冷静客观地评价自己，知道自己能行多大的善事，能犯多大的罪过；还要时刻保持警惕，切勿认为一者为真实，另一者为虚幻。善恶都是他的本性，必定会在他的身上显现。如果他不想自欺欺人地生活，就必须认清这一点。

尽管今天有许多人能够对自己有些许深刻的认识，但他们中的大多数仍然没有做好准备，在善恶共存的层面上生活。这种自知之明举足轻重，因为我们正是通过它来接近人类本性（其中包含本能）的核心。这些就是最终支配我们做出潜意识伦理抉择的先天动态因素。由于潜意识及其内容正是人类本性的核心，因此我们无法做出任何终极判断。我们对它的认识注定是不完整的，因为我们无法在认知的层面理解它的本质，给予它合理的限制。我们只能通过科学的方法来获得关于自然的知识，而科学知识能够扩大我们的意识范围；因此，深入的自我了解也需要科学，这种科学就是心理学。毕竟，没有光学知识作为基础，谁也不可能光凭善意、动动手腕就制造出望远镜或者显微镜。

如今，我们需要心理学，正是因为它与我们的生存息息相关。在纳粹主义面前，我们显得迷惑不解、束手无策，因为我们对人性一无所知，至少，只有片面与歪曲的印象。倘若我们有自知之明，就不会出现这种情况。我们甚至都不知道可怕的“恶”就在眼前，又怎么能与它势不两立，斗争到底呢？即使我们知道“恶”的存在，却仍然不理解“它为什么会发生在这儿”。一个天真的政治家上台后骄傲地宣称自己“不想作恶”，这很正确，我们并不想作恶，但恶却将我们玩弄于股掌之间。有人选择逃避，而有人则选择与恶同流合污，这就是当今世界的心理状况：有些自称基督徒的人想象着，单凭意念就能将所谓的“恶”踩在脚下；另一些人则向“恶”妥协，而再也看不到善了。在今天，“恶”已经变成一种有形的强大力量。一半人依靠由人类推理产生的教义壮实起来，而另一半人却因缺乏与现实相当的神话羸弱下去。许多信仰基督教的国家已经走上了一条令人遗憾的道路：在几百年的时间里，他们的基督教停滞不前，忽略了其神话的进一步发展。在神话观点黑暗而动荡的发展历程中，有些人善于表达自己的观点却拒绝倾听他人的见解，因此人们一直把弗洛拉·达·乔奇姆、梅斯特·埃克哈特、雅各布·伯梅等人当作蒙昧主义者，而教皇庇乌斯十二世和他的教义则成了最后的一线希望。但当我提起此事时，人们居然不知道我指的是什么，他们恐怕还没认识到：神话如果得不到传承与发展，便会消亡。

我们的神话已经默不作声，不再回答了。正如《圣经》中所写，这并不是神话的错，而是我们的错。我们不但没有进一步使其发展壮大，反而想方设法压制它。神话的雏形有着许多可供研究的出发点，以及进一步发展的可能性。例如，基督曾说：“所以，你们要灵巧像蛇，驯良像鸽子。”人为何要像蛇一样狡猾呢？而蛇的狡猾与鸽子的天真又有什么联系呢？基督又说：“你们若不回转，变成小孩子的样式……”而谁又会思考，现实中的小孩子是什么样呢？主耶稣是根据什么道德来判断，他为了能够凯旋般地进入耶路撒冷而牵走那头驴就是正当的呢？而不久之后，他为什么像小孩子一样发脾气，并且诅咒无花果树呢？不义管家的比喻想要说明什么道理呢？而类似《耶稣语录》的箴言“如果你明了自己的所为，你就有福了，如果你不明了，你这逾越律法之人就受到诅咒”，又有何寓意？它对我们自己的困境有什么深远的意义呢？保罗最后忏悔道：“我所不愿意的恶，我却去作。”这究竟意味着什么呢？我不会再讨论《启示录》中那些显而易见的预言了，因为没人相信它们，而且整个主题都让人感到尴尬。

对于诺斯替教徒曾经提过的“邪恶从何而来”的问题，基督教世界一直没有给出答案。奥利金言辞谨慎地暗示魔鬼也可能赎罪，不料却被称作异端邪说。今天，当我们不得不面对这个问题时，我们却束手无策，困惑迷茫，甚至不曾想过，尽管我们急需神话，但任何神话都帮不上忙。由于动荡的政治局势以及可怕的乃至恶魔般的科学成果，我们已经被隐秘的恐惧和黑暗的预言震慑住了，但是我们又无处可逃，而且很少有人真正地得出结论：这是被遗忘已久的关乎人类灵魂的问题。

“圣灵”在使徒身上不断显现，很可能标志着神话开始得到进一步发展，因此，众使徒得以成为上帝之子，而那些通过使徒并在其后接受上帝召唤的人，也成了上帝的儿子，所以他们确定自己不是地球上自生的动物，而是扎根神性、获得重生的人。在这地球上他们是拥有形体的生命，而内在的、无形的生命终将归于具有完整性的最初意象，归于永恒天父的怀抱。一切就像基督教救赎神话中描述的一样。

造物主是完整的，因此，他的儿子和造物也应该是完整的。任何东西都无法夺走神的完整性。但是鲜有人知的是，神的完整性崩裂开来，才出现了光明与黑暗的王国。即便在耶稣出现之前，人们就已预见了上述结果，尤其体现在约伯的经历中，以及广为传颂的《以诺书》（属于前基督教时代）中。基督教出现后，这种超自然的分裂显然得到了延续：撒旦在《圣经·旧约》里还是耶和华亲密的随从，现在却永远地与神的世界截然对立。撒旦的邪恶无法根除，因此，11 世纪初魔鬼创世说兴起时，人们并不感到惊奇。堕落的天使传授给人类危险的科学艺术知识，这一点已经在天使堕落的神话中解释清楚了。而此后，魔鬼创世的论调在基督教漫长历史的后半期又占据了主导地位。不知这些古老故事的讲述者对如今的广岛（1945 年日本广岛原子弹爆炸事件）有何感想呢？

天才的雅各布·波伊姆意识到上帝的形象中存在自相矛盾的一面，从而为基督教神话的进一步发展做出了贡献。伯梅描绘的曼陀罗代表了分裂的上帝，因为内圈分成了两个背对着的半圆。

既然基督教认为，上帝完整地出现在圣父、圣子与圣灵身上，那么也应该出现在圣灵浇灌的每一块土地上，因此人人都能分享上帝及其子嗣的完整性。上帝形象的复杂对立性也随之进入人子之中，所谓复杂对立，指的并不是统一性，而是矛盾的冲突。所以，上帝形象中黑暗的一面就与普遍认为的光明的一面截然对立起来。我们的时代正在经历着矛盾对立的过程，然而本该理解此事的官方人文教师对此却几乎一无所知。的确，人们普遍认为人类已经到达了时代的重要转折点，但想象中的伟大的变革仅仅与核裂变、核聚变，或者宇宙火箭有关。人类心灵深处发生的一切却常常受到忽视。

从心理学的角度而言，只要上帝的形象能够展现心理学基础，上帝形象中深刻的二分性变得越来越清晰，甚至进入世界政坛，那么补偿便会以统一的圆形象征形式出现，展现精神中对立双方的结合。我想提一下世界范围内有关不明飞行物的流言（最早始于 1945 年），它们的流传不是基于幻觉，就是基于真实的现象。有关不明飞行物的故事中，通常会讲到宇宙飞船，它们有的来自外星球，有的甚至来自四维空间。

二十多年前，也就是 1918 年，我在调查集体潜意识的过程中，发现了一种形状相似、具有显著普遍性的象征符号——曼陀罗。为了证明这一发现，我花了十多年的时间进一步收集资料，然后才首次宣布出来。曼陀罗是一种原型意象，时代见证了它的出现过程。这种圆环意象代表了本我的完整性以及精神基础的完整性。用神话术语来表达，就是神性在人身上显现。与伯梅提出的曼陀罗不同，现代曼陀罗所追求的是一种统一性，它是对精神分裂的一种补偿，或预示着精神分裂能够被克服。由于整个过程发生在集体潜意识当中，曼陀罗本身也因此随处显现。世界范围内有关不明飞行物的传言就能证明这一点，因为它们是一种普世存在的精神性格的征兆。

分析疗法只要使“阴影”产生意识，就会引起分裂，并使处于对立状态中的双方进入紧张状态，而对立双方会反过来，在统一性中寻求补偿。这种调整是通过象征符号实现的。不论我们认真对待对立双方，还是对立双方认真对待我们，对立双方的矛盾都会使我们的精神濒临崩溃。“没有第三种曼陀罗”的逻辑印证了其自身的价值，因为我们看不到任何解决方法。如果一切顺利的话，解决方法便会自然而然地显现，只有此时，它才具有说服力，人们才会感到“天恩降临”。既然解决方法是从对立双方的冲突与对抗中产生的，那么，它便成为各种意识与潜意识因素深不可测的结合。因此，解决方法成为一种象征[1]符号，一枚裂开两半却又能严丝合缝拼接在一起的硬币，它代表了意识与潜意识联合协作的结果，并以曼陀罗的形式获得了与上帝相似的形象。曼陀罗大概是表述完整性概念的最简单模式，它在人类思想中自发产生，代表了矛盾对立双方的斗争与妥协。对立双方的冲突最初只是纯粹的个人本性，但后来人们很快意识到，主观冲突只是对立双方普遍冲突中的个例。我们的精神结构是依据宇宙的结构建立起来的，而宏观世界中发生的一切也同样发生在极其微小的与最为主观的精神范围内。正因如此，上帝的形象总是投射出其强大对立物的内心体验。内心体验在具体事物中形成最初动力，此后便一直保持着神圣的意义，或者是具有压倒性力量的神秘特征。想象力通过这种方式从具体的事物中解脱出来，试图勾勒表象背后无形物质的形象。在这里，我想到了曼陀罗最基本的形式——圆形，以及此圆最基本的（最具精神性的）等分法——四等分，或者二等分。

内心体验既能帮助人类，也能毁灭人类。人无法理解、掌握、统治它们，也无法摆脱或逃离它们，因而在人类看来，它们有着难以抗拒的力量。认识到内心体验并非来自意识人格，人类便将它们称为神力、魔鬼或上帝。而科学则用了“潜意识”这个术语，相当于承认自己对内心体验一

[1]“象征”的词义之一是指主体与客体之间各自持有一半的“友好模式”，也可以理解为，两个分别的朋友手中各执硬币的一半。

无所知。这是因为科学完全不了解精神实质，而认识事物的唯一途径又恰恰是精神。所以，我们既不能否认，也不能证明“神力”“魔鬼”“上帝”这类术语的真实性。但是我们可以确定的是，那种存在于精神之外，又与客观体验相关的奇异感，是真实的。

我们知道自己将会经历某些陌生的东西，就像知道自己不会“制造”梦境或创造灵感，而是它们自然而然到来的一样。以上述方式真真切切地发生在我们身上的事可以说源自神力、魔鬼、上帝或是潜意识。前面的三个术语包含着并唤起了神秘性的情感特质，在这方面拥有巨大优势，而最后一个术语——潜意识——却很平凡，因此也更接近现实。潜意识包含了经验领域，也就是我们十分熟悉的平凡现实，然而这个词太过中性与理性，无法在更大程度上推动想象力的发展。毕竟，“潜意识”这个词，已经打上了为科学服务的烙印，比起饱受争议进而滋生狂热的先验观念，潜意识更适合平和客观的观察。

因此，尽管知道自己同样可以用“上帝”或“魔鬼”等词来表达自己的想法，但我还是更倾向于“潜意识”这个术语。当我真正使用这些神话语言时，才意识到它们只不过是潜意识的同义词罢了。也就是说，我们对“神力”“魔鬼”“上帝”和“潜意识”这四个术语的了解都差不多。只是人们相信自己更了解前三者，而为了某些目的，信仰远比科学概念更有益且有效。“魔鬼”和“上帝”两个概念的巨大优势在于，它们可以使对立物更加客观，也就是说将对立物人格化。二者的情感特质赋予了它们生命与有效性。热爱与憎恨、惧怕与敬畏登上了对抗的舞台，开始上演一出戏剧，原本用来“展示”的东西却变成了“表演”。个体受到了挑战，并与自己的全部真相展开斗争。只有此时，人才变得完整。也只有在这时，“上帝才能诞生”，即上帝以“人”的形象进入人类现实，并与之发生联系，通过内在的“道成肉身”的方式，“上帝”取代了人的自我，成了外在的人。这一点与耶稣的说法相一致：“人看见了我，就是看见了父。”

在这一点上，神话术语的缺点完全暴露了出来。在基督教中，上帝通常是无所不能、无处不在、仁慈怜爱的天父形象，是世界万物的创造者。如果这样的上帝想变成人，就需要不可思议地放空自己，以便缩小到人类的极微尺寸中。即便是现在，我们仍然难以理解，为何人的框架没有被道成肉身的神撑裂。因此，神学思想家认为有必要赋予耶稣超越常人的才能。而最重要的是，由于耶稣没有受到原罪的玷污，他至少应该是个神话人物，或者半神。在基督教中，上帝的形象若要化成经验主义的人，就必然会引发矛盾。

归根结底，神话必须从根本上严肃对待一神论，并抛弃二神论。虽然官方对二神论大加批判，它却仍然延续至今，并将永世黑暗的敌对势力推上与全能的上帝平齐的宝座。在神话体系中，必须使尼古拉斯·库萨提出的哲学对立复合体以及雅各布·伯梅提出的道德矛盾心理拥有一席之地，只有这样做，“唯一的上帝”才能获得他本该拥有的完整性以及对立双方的综合性。事实上，象征符号依其特有的性质，能够将对立双方结合起来，使其不再产生分歧或发生冲突，而是相互补充、赋予生命以意义。一旦发生以上情形，我们就能理解自然之神或造物主形象中的矛盾性了。反过来，人们可以将“上帝必须道成肉身”（基督教的本质）这一神话理解为人类以创造性的方式面对对立双方，以及对立双方在完整人格里的综合性。造物主的形象中不可避免的内在矛盾可以作为炼金术士的“对立面统一”和“神秘的结合”，在人格的统一性和完整性中得到调解。在自我的经验里，得到调解的不再是“上帝”和“人”这样的对立面，而是上帝形象中的对立面，这便是神圣宗教仪式的含义。通过这种仪式，人可以向上帝献祭，光明能够从黑暗中显现，造物主意识到自己的创造，而人则意识到自己的存在。

这便是目标。它可以使人有意识地进行创造，同时又赋予创造的结果以意义。在过去的几十年里，目标慢慢地在我生命中变成一种解释性的神话。这是一个值得我承认与尊重的目标，因而令我相当满意。

人类因为有了思考的能力，才得以从动物世界脱颖而出。人类通过思考证明了大自然高度重视意识的发展；人类通过意识，并通过承认世界的存在进而证实造物者的存在，拥有了大自然。正是因为产生了有意识的思考，世界才会充满各种现象。如果造物者意识到了自己，他就不需要有意识地造物，不需要有目的地产物，即极为间接的创造方法了。通过间接的创造，无数物种历经数百万年才得以发展起来。自然历史告诉我们，各个物种在亿万年毁灭与自我毁灭的时间里，经历了偶然而随机的转化。人类的生物史与政治史阐述的也是同样一个道理，只不过表现得更为微妙罢了。但是在思想史方面，情况却大有不同。在这方面，进行思考活动的意识，奇迹般地介入了第二种宇宙进化论。意识举足轻重，因此人们不禁怀疑，意义的要素掩藏在所有怪异而毫无意义的生物混沌体中，而在拥有不同智力的热血动物身上，人们开始了证明意识的征途——意识似乎是在偶然间或不经意间，毫无预示地被发现了，但又由于某种黑暗的冲动被感知到、摸索到了。

我没有想象过，在自己思考人类及其神话的意义时，已经道出了最后的真理。但是我想，这就是在我们双鱼座结束永世时所能说的话，也许还必须从水瓶座的永世进行思考，这是紧邻双鱼而具有人形的星座。这是由两条头尾相接的鱼所组成的对立统一体。水瓶座似乎代表着自我，它以威严的姿态把瓶中之物倒入南鱼口中，而南鱼座象征着仍无意识的小孩子。在意识的内容中，潜意识的内容将会出现，经过两千多年的又一个永世，一种由摩羯座[1]符号彰显特征的未来将会产生：这是摩羯星，即羊鱼座的畸形变体，它象征着山脉和深海，是由两种一同生长但有区别的动物成分构成的两极。这奇怪的物种能够轻而易举地成为造物主的原始形象，以对抗人类（希腊语称之为 Anthropos）。面对上述问题，我只能保持沉默，因为我能够应用一些经验性的数据，证明它们指的是我的某些朋友的潜意识产物，或是某些历史文献。洞见如果不是自发产生的，那么即便苦思冥想

[1] 摩羯座最初被称为羊鱼座。

也不会有任何意义。只有当我们拥有了类似于水瓶座发展时期所获得的客观资料时，苦思冥想才会变得有意义。

我们不知道，走向意识的过程还有多远，或者它会指向何方。在创世的故事里它是一种新的成分，我们无法参考不存在的类似物，因此我们并不了解其中蕴含了何种潜力，也不知道人类的发展前景，不知道人类的命运是否也会像其他繁盛一时却灭绝的物种一样。对此，生物学拿不出任何证据证明这种现象不会发生。

当我们构想出一种世界观，足以证明人在宇宙存在的意义时，陈述神话的愿望便得到了满足。因为这种世界观来自我们心灵的完整性，来自意识与潜意识之间的合作。无意义性抑制了人生的完整性，因此与疾病无异。人生的意义可以使许多事物甚至一切事物达到永恒。科学永远无法取代神话，而神话也不能从任何形式的科学中产生。这并不是因为“上帝”是一种神话，而是因为这种神话揭示了人类神圣的生命。神话不是由我们发明，而是神借“上帝的话”向我们讲述。“上帝的话”传到我们这里，我们却无法分辨它是否与上帝有所不同，以及到底有多大的不同。“上帝的话”应该为人所知，有人情味儿，除非它自发地面对我们，并使我们肩负种种义务。它并不受我们意志的武断行为的影响。我们无法解释灵感，对它最明显的感觉就是，它不属于我们自己推理的结果，而来自其他地方。如果我们恰巧做了一个预见性的梦，我们怎能将它归因于自己的力量呢？说到底，我们经常一无所知，直到一段时间过后，才知道这个梦代表着一种预见性，或是自己预料到在遥远处发生的事。

“上帝的话”就发生在我们身上。我们忍受着它，因为我们是深刻的不确定性的受害者，由于上帝是一个对立复合体，所以它最充分的意义就是“一切皆有可能”。真假、善恶都有同样的可能性。神话是会模棱两可的，就像德尔菲[1]的预言或者梦境一样。我们不能也不应该批判理性，但

[1] 古希腊人认为德尔菲神庙是阿波罗神昭晓神谕的地方，是地球的中心，曾被认为是“地球的肚脐”。

同样，我们必须抱有希望，相信本能可以帮上我们的忙——这种情况说明，上帝正在帮助我们反对他自己，就像约伯很久以前认识到的一样。能够通过万物表达出来的“另一意志”产生于人类，包括人类的思想、语言、形象，甚至他的局限性。因此，当他开始以笨拙的心理学词汇进行思考的时候，就倾向于把自己当作万物之本，断定万物皆来自他的意志以及他本身。他像孩童一般幼稚，装作知道自己的能力范围及内在属性。然而，他由于自身薄弱的意识，以及对潜意识的恐惧，受到了不可避免的妨碍。因此，他根本无法区分推理得来的结论以及从另一个源头自发产生的结论。他无法客观地看待自己，又不能将自己认定为一种现象。他于存在中发现了这种现象，而且无论如何，他都等同于这种现象。最初，一切都强加到他身上，发生在他身上，他竭尽全力，最后才成功地征服并守住了一个相对自由的天地。

只有当他找到通往自由之路的时候，他才能认识到，自己正面对着一开始便赋予他的、无论如何都摆脱不掉的、本能的基础。这种开始决然不只是他的过去，而是作为一种永恒的基础与他共存，并与周遭的物质世界一样，对他产生了影响。

这些事实以压倒性的力量从内而外地向他发起攻击。他用神的概念来概括它们，用神话来描述它们的作用，并将这一神话解释成“上帝的话”，也就是来自“另一边”的神秘灵感与启示。

2

要想增强人所重视的个性化感觉，再没有比个人发誓保守秘密更好的方法了。社会结构从一开始，便显露了对神秘组织的渴望。当有依据的秘密还未真正存在的时候，秘密的宗教仪式便被创造出来，只允许那些有特权的创始人参加。玫瑰十字会以及许多其他社团的形式都是如此。最讽刺的是，在这些假冒的秘密中，确实存在着这些创始人完全不了解的真正的秘密，那些主要从炼金术传统中借鉴“秘密”的社团就是如此。

从原始的层面而言，招摇浮夸的秘密具有举足轻重的意义。因为被共享的秘密起着凝聚整个部落的作用。在部落中，秘密在补偿个体性格的凝聚力方面，起到了不小的帮助作用，因为个体的人格缺乏凝聚力，这种凝聚力不断地回到群体其他成员最初的潜意识中，从而形成集体统一性。个体意识到了自己独特的本性，他要达到人类的目标，这一目标的实现就会变成一种漫长而毫无希望的教育过程。因为即便个体加入某些神秘组织使自己变得与众不同，从根本上，他也还是需要遵守群体的同一性法则，虽然从他的角度而言，这个群体的社会性有所不同。

秘密结社是通往个性化道路的中间阶段。个体仍然需要依靠集体组织以实现自己的个性，换言之，他仍然没有认识到，与众不同和独立自主实际上是个体的任务。所有集体的同一性，例如成为各种组织的成员、支持各种“主义”等都会影响任务的完成。这种集体同一性就像是瘸子的拐杖、胆小鬼的盾牌、懒汉的温床、逃避责任者的保护伞，但它同样又是穷人与弱者的栖身之地、海难幸存者的母港、孤儿温馨的家、失意游子与疲惫朝圣者的希望之地、迷途羔羊的羊圈、哺乳养育的母亲。因此，中间阶段并非陷阱，相反，在久远的未来，它将是个体生存的唯一形式，因为在今天看来，个人似乎受到了前所未有的匿名的威胁。今天，集体组织依然是最根本的存在，以至许多人都笃信它将是最终的目标。而在自主性的道路上所做的深入探索，则往往显得狂妄自大、异想天开或愚蠢至极。

尽管如此，一个人也有充分的理由感觉到，自己必须踏上通往更广阔王国的道路。他也有可能被赋予各种形式的装扮、形象、状态以及生活方式，但找不到自己特别需要的东西，结果他只好独自前行，与自己做伴。他将充当自己的团体，形成各种各样的观点和倾向，而它们则不需要沿着相同的方向行进。实际上，他将与自己争执不下，并为了共同行动，艰难地将自我的多重性统一起来。即使表面上受到了中间阶段社会形式的保护，然而对于内心的多样性，他却无法防范。统一性在他内部的瓦解可能致使他放弃希望，被周遭的环境同化。

正如秘密协会的创始人已经摆脱了同一的集体性一样，与自己同行的个人也需要一种秘密，但出于某种原因，他不能将之透露出来。这样一种秘密为他提供了更多的力量，使他足以独自朝个人目标奋斗。许多个体无法忍受这种孤独，他们成了精神病患者，只能躲躲闪闪，逃避自己与他人，没有能力真正认真地对待人生。那么最后放弃个人目标追求集体的统一性已经成为一种定式，而上述过程却得到了他们所处环境中所有观点、信仰与理想的认可和鼓励。另外，任何理性的论点都无法战胜环境。只有一种不能泄露的秘密才能防止不可避免的倒退——那是一种他害怕泄露，却又无法用语言表达的秘密，因此看起来应该归于疯狂的想法。

在许多情况下，我们迫切需要这种秘密，使人卷入他无法对之负责的观点和行动中。他行为的驱动力既不是任性，也不是狂妄，而是出于一种连他自己都无法理解的迫切需求。这种需求将注定以一种野蛮的方式降临到他头上，也许还是他生命中的第一次，目睹了某种异己之物的存在，他认为自己是最私人范畴内的主宰者，然而异己之物却比他更有力量。雅各布的故事便是一个生动形象的例子，他与天使摔跤，结果导致自己的髋骨错了位，但是他的斗争阻止了一场谋杀。在幸运的日子里，人们坚信雅各布的故事，没有一丝怀疑。如果当代也有一个雅各布讲了同样的故事，他得到的大概只会是别有用意的笑。他也不愿去讲这些事情，特别是当他想针对耶和华信使的本质发表自己观点的时候。如此一来，他便会发现，无论自己愿意与否，都拥有一个无法与他人讨论的秘密，最终使自己变成一个偏离集体的异类。除非他终生都能扮演伪君子的角色，否则他有所保留的思想终究还会大白于天下。但凡是想要兼顾两者，企图既适应于所在群体，又追求个人目标的人，最终都会变成精神病患者。现代的这位雅各布，大概会对自己掩盖天使比他更强大的事实，而事实上也确实是这样，因为从来没有人提到过天使是瘸着腿离开的。

因此，在自身魔鬼的驱逐下，人类终于跨越了中间阶段的界限，真正进入“杳无人迹，人类无法涉足的区域”中，在这里，没有指示方向的路标，也没有遮风挡雨的棚屋。当他遇到了未曾预想的情形，例如责任冲突时，连可以借鉴的方法都没有。在大多数情况下，这些发生在无人区的情形，只有在以上冲突发生前才存在，在冲突被察觉之际便又迅速消失了。我不能斥责那些抬脚就走的人，然而我也无法认同他们在自己的懦弱和胆怯中寻找美德。既然我轻蔑的态度不会对他造成更大的伤害，那么我也可以说，对于这样的屈服让步，我找不到任何值得赞扬的地方。

但一个面对责任冲突的人如果能够在一个日夜等待审判他的法官面前，完全独立地解决这些问题，那么他很有可能会发现自己正处于一种孤立无援的困境中：他卷入了无休无止的内心审判，他既是自己的辩护律师，又是无情的审判人，而且没有世俗或精神上的法官使他安然入梦。那么现在，他的生活中确实有了一种无法被讨论的真正的秘密。这种冲突总是以一种更高尚的责任感为前提，若不是他早已对法官的判决厌烦至极，他绝不会使自己卷入这场冲突当中。正是这种特质，才妨碍了拥有它的人接受集体性的决定。在这种情况下，法庭被转移到了内心世界，在那里秘密宣布判决结果。

一旦发生上述情况，个体的精神便会获得更加重大的意义。这种重要性不仅仅体现在众所周知的、受到社会限定的自我的地位，更体现在它是度量个人价值的标尺。没有任何事物会像对立物那样促进意识的发展。如果原告的起诉书中出现了让人出乎意料的事实，被告就必须找到目前尚不为大众所知的证据才行。外部世界相当大的一部分在这个过程中进入了内心世界里，而正是因为这个，外部世界要么变得贫乏，要么获得释放。另一方面，内心世界已经上升到足以做出伦理判决的法庭地位，因而重要性大大增加。然而，曾经态度明确的自我却失去了单单作为原告的特权，它必须还要学会如何扮演被告。自我变得自相矛盾、含混不清，而且处于举步维艰的境地。它开始意识到一种超越它本身的向性。

并不是每一种责任冲突——甚至可能连一种都没有——都能够真正得

到“解决”，但是人们可以争论它、衡量它，或者直到世界末日才将它抵消。无论早晚，判决就在那里，像是某种捷径的产物。实际生活不可能悬在一种永恒的矛盾状态中。对立双方以及它们之间的矛盾不会消失，甚至存在于人们采取行动之前的片刻屈服中。它们不断威胁着人格的统一，并且一再用二分法使生活变得混乱不堪。

一旦深入了解了这种状态的危险与痛苦，人们很可能决定待在家里，再也不离开他们那安全的窝和温暖的茧，因为这些东西就能保证他们不受到内心的压迫。对不必离开父母的人而言，这自然是最安全的。然而有很多人却发现自己是被迫走上了个性化的道路。这样一来，他们很快便会认识到人性中积极和消极的两面。

就像一切能量都来自对立状态，精神也拥有它的内在向性，这是它保持活力不可或缺的前提。赫拉克利特早就认识到了这一点。无论从理论还是实践的角度而言，向性一直存在于一切生命体中。与这种难以抵抗的力量相对的，则是自我那脆弱的统一性。在借助无数保护措施的前提下，这种统一性经历了千年的时间才得以形成。“自我有可能产生”的观点来自一种事实，即所有对立双方都要寻求一种平衡的状态。它发生在由冷热、高低等碰撞所产生的能量交换中。潜藏在有意识的精神生活中的能量存在于生命之前，因此在最初阶段，它是潜意识的。当它慢慢接近意识时，最先投射在神力、众神以及魔鬼等形象里，而这些形象的守护神似乎成为能量的重要来源。事实上，只要人们接受了这些超自然形象，它们就能成为能量的来源。但是随着这些形象不断消逝并丧失力量，自我，即经验性的人，似乎也随之拥有了能量的源泉。一方面，自我竭力想抓住、占有甚至想象自己确实占有了这种能量；而另一方面，自我却被能量占有。

当然，只有人们将意识的内容视作精神存在的唯一形式时，这种怪诞的情况才会发生。哪里存在这种情况，哪里就无法制止由于投射而产生的自命不凡。但是潜意识精神的存在一旦获得了认可，那么便可以将投射的内容纳入先于意识存在的、与生俱来的本能形式之中。它们的客观性与自主性进而得以保存，而自命不凡却得以避免。先于意识存在并决定着意识命运的原型，以其在现实中扮演的角色露面，以意识物的先验结构的形式出现。无论从何种意义上而言，它们都不能代表存在于自身之内的事物，相反，它们代表的是种种表达方式，使事物能够被感知与构想。当然，不单单是这些原型控制着各种感知的特殊性。它们代表了某一观念的集体性成分，它们作为一种本能的属性，也具有动态特征，并最终拥有一种特定的能量，以引起并促使产生行为或动机的固定模式，即在某些特定的环境下，它们可能具有一股占有性或强制性（神秘性）的力量。它们以魔鬼的身份被孕育出来，因此十分符合其本性。

如果有人愿意相信，事物本性的任何一面都可以通过这样的构想加以改变，那么他便过于轻信这些言辞了。无论我们赋予它们什么名字，真实的情况都不会改变，受影响的只是我们自己罢了。如果有人把上帝想象成“纯粹的空无”，那么他无论如何也不会与高级原理的事实产生任何关系。我们所拥有的东西与之前别无二致，改变名称不会从现实中移除任何东西，如果新名称暗含着否定的意义，那么顶多意味着我们对待现实的态度是有误的。另一方面，赋予未知事物积极名称的好处在于，我们能够相应地采取肯定的态度。因此，如果我们认为上帝是“原型”，那么就相当于完全略过了他的真正性质，而只是让人们知道，上帝在我们精神的那个部分占据了一席之地。精神先于意识而存在，因此不能认为上帝是意识创造的。我们既没有使上帝变得更加遥远，也没有消除他，而是使他离我们更近，让我们更容易经历而已。后面一种情况绝非无关紧要，因为人们很容易将无法经历到的事物怀疑成为不存在的事物。这种质疑很诱人，以至所谓信仰上帝的人在我重建原始潜意识精神的意图中只看到了无神论思想。或者说，如果不是无神论，那就是诺斯替教了——或者是任何思想，只要不是潜意识那样的精神现实就好。如果潜意识确实是别的东西，那它一定由我们有意识的精神的早期进化阶段组成。“创世”的第六天创造出了人及其全部的光荣，这中间没有任何准备阶段。今天看来，这种说法太过简单过时，无法使我们满足。在这一点上，人们的看法大体一致。但对于精神，过时的观念却仍然固执地存在着，没有什么东西先于精神存在，精神是一张白板，自产生之际便得到新生，它将自己想象成什么样子，便成为什么样子。

意识是一种系统发生与个体发生的附属现象。随着时间的推移，这显而易见的事实才最终被人们掌握。就像躯体在解剖学上已拥有几百万年的史前历史，精神系统的情况也大概如此。就像人体的每一部分至今仍代表着这种进化结果并随处显现其早期阶段的迹象一样，可以说在精神上也存在这种情况。意识从动物式的状态开始了它的进化过程，在我们看来，这种状态是潜意识的，而同样的进化过程会在每一个小孩子身上得到重复，小孩子的精神在潜意识的状态里只不过是一块白板。精神已经以一种可辨知的个人方式发挥着作用，此外还具备了所有人类特有的本能，以及其高级功能的先天基础。

自我在这复杂的基础之上形成。在整个生命过程中，基础一直支撑着自我的发展。而当它不再起作用时，接踵而至的便是停滞与死亡。精神的生命和现实性意义非凡。与它相比，甚至外部世界都落到了次要地位，因为如果缺少了把握和操纵它的内源性动机，世界也会随之失去意义。从长远的角度看，任何有意识的意志都无法取代生命本能。这种本能，作为一种强制力、意念或者命令，来自我们的内心，表现在我们的身上，而且将它命名为“个人的魔鬼”，也算是恰当地表达了这种心理状态（在远古的时候已经或多或少这样做了）。如果我们采用原型的概念，想要更近距离地确定魔鬼控制我们的那一点时，我们并没有废止任何东西，只不过更接近生命的起源罢了。

作为一名精神病学家（灵魂的医生），我很自然便会信奉这种观点，因为我对于如何帮助我的病人重获健康的基础比较感兴趣。为了实现这一目的，我知道自己需要了解大量知识。总的来说，医学毕竟也以类似的方式得到了发展。医学的进步，并不是通过发现某种单一的治疗技巧，进而极大简化治疗方法来实现的，相反，它逐渐演变成一门极其复杂的科学，这是因为它对一切有可能的领域都有所借鉴。因此，我并不想证明有什么东西适用于另一些原理，我只想在自己的领域合理利用这些知识。当然，我有责任说明如何应用这些知识以及应用的结果。因为当人们把一个领域的知识转移到另外的领域之中并加以应用后，一些新的事物便会应运而生。X 光如果没有被应用于医学领域，而只是作为物理学家的专属财产，那么我们了解的知识就会大大减少。还有一种情况就是，如果放射性治疗在某些情况下产生危险的后果，这会引起外科医生的兴趣，却不一定能引起物理学家的兴趣，因为物理学家运用放射的方法和目的都与医生完全不同。当医生指出某些不可见光有何种有害或有益的特性时，物理学家并不会认为医生侵犯了他们的领域。

例如，如果我在心理疗法上使用自己有关历史学或神学的见解，它们自然会以不同的方式出现，而得出的结论也不会被限定在它们自己的领域，因为在那些领域里，它们会有其他的目的。

在精神的动力学中暗藏着一种向性。广义而言，这一事实意味着对立双方的整个问题以及伴随而来的宗教和哲学问题，已经被纳入了心理学的讨论范畴。以讨论心理学问题的方式，来讨论宗教哲学方面的问题，必然导致后者丧失在其领域中所具有的自主性。也就是说，我们不再从宗教或哲学真理本身的角度思考它们，而是选择检验两者在心理学上的真实性及意义。如果抛开它们所谓的独立真理不谈，从经验的角度或者科学的角度来看，它们主要都是精神现象，这一点是毋庸置疑的事实。它们自称对自己进行的辩护与心理学方法一致，而后者并不认为这种宣称是不合理的，反而特别小心地对待它。心理学不允许做出诸如“只是宗教的”或者“只是哲学的”判断，尽管我们早就习惯别人，尤其是神学家指责某些事情“只是哲学的”了。

凡是能够设想的表述都来自精神。与其他事物相比，精神像是一个建立在对立面基础之上，有赖于两极之间能量交流的动态过程。“原则的增加不应超出需要的范围”，这是一条普遍的逻辑法则。因此，既然从能量的角度做出的解释已经证明这是阐述自然科学的普遍可信的原则，那么从心理学的角度而言，我们也必须把自己限定在这一原则当中。没有任何确凿的事实可以提出其他的观点。除此之外，精神及其内容的对立性或向性也已经得到了心理经验的证实。

现在，如果精神的动态观点是正确的，那么所有寻求逾越精神向性界限的表述，例如有关形而上学真实性的表述，如果声称自己拥有任何一种真实性的话，它必定是相互矛盾的。

精神无法超越自己，也无法建立任何真理，因为它的向性决定了其表述的相对性。精神无论在哪里宣布了绝对真理，比如“上帝是运动”或“上帝是唯一”，它就必定会落入这个或那个对立面当中去。因为这两种表述也可以这么说:“上帝是静止”或“上帝是一切”。因为其片面性，精神分崩离析并失去了认知能力，成为一系列不具反应性的（因为没有反应能力）精神状态，而每种状态都幻想自己拥有合理性，因为它看不到，或者还未看到其他的状态。

这样说，并不意味着我们想表达一种价值判断，而只是指出一个事实，即人们经常会逾越界限。这确实不可避免，因为就像赫拉克利特说过的，“万物都在持续地运动”。随后提出的论点又与之对立，而在二者之间则出现了第三个在此前无法感知的缓解因素。在这种情况下，精神再次证明了自己对立的特性，并且丝毫没有脱离自身的范畴。

我竭力刻画精神的局限性，并不意味着要暗示只有精神才会存在。我只想表达，就感知和认知而言，我们难以看到精神以外的东西。科学证明了非精神性的、超验的物体的存在，但科学也了解把握上述物体实质的困难程度，尤其是在缺乏感官或感官失灵的状态下，以及不存在恰当的思维方式，或者它还没被创造出来的时候，情况更是如此。而当我们的感官和人造器官都无法证实真实物体存在的时候，把握物体实质就更加困难了，因此，人们不得不断言根本不存在真实之物。就个人而言，我绝不会得出如此草率的结论，因为我从不倾向性地认为感官能够感知到一切形式的存在。因此，我甚至冒险假设，原型结构（最卓越的精神事件）的现象可以建立在精神的基础之上，即建立在一种形式可能完全不同却又有部分确实是精神的形式之上。由于缺乏经验材料，我对这种人们通常叫作精神的物质的存在形式既不了解，也不理解，从科学的角度而言，我认为它是非物质性的；在这一点上，我必须承认自己的无知。但只要各种原型在我身上发生作用，即便我对它们的真实性质一无所知，它们对我来说也是真切而实际的。当然，这一理论不仅适用于各种原型，也适用于普遍意义上的精神实质。无论它怎样阐述自己，都不会超越自己的范围。所有的解读以及所有能够解读的都是精神性的，以致我们绝望地陷入纯粹的精神世界之中了。尽管这样，我们仍然有充分的理由假设，这张面纱之下存在着对我们产生影响的、难以理解的绝对物质，甚至在没有可证实的陈述的精神现象的情况下也可以这么假设。当然，有关可能性或不可能性的陈述，只有在专业领域才是真实可信的，一旦超出了这些领域，它们便只是妄自尊大的假设罢了。

从客观角度而言，尽管某些论断禁止在没有充足理由的情况下凭空得出，但显然，某些论断在没有客观理由的情况下也能得出。这里体现的便是精神动力的道理，也就是通常称为主观的纯个人事务的那种道理。但是，我们很可能会犯分辨不清的错误，比如这种表述是否真的仅仅来自孤立的事物，还是仅仅受到个人动机的激发，抑或是来自一种通常发生的、以集体方式呈现的动态类型。依据以上情况，我们不应将这种表述归为主观范畴，而应归为心理学的客观范畴，因为某些个体发现他们在受到内心冲动的驱使之后才做出同一种表述，或者认为很有必要持有某些观点。既然原型不仅是一种不活跃的形式，而且还是一种真正的力量，充满了特有的能量，那么我们很可能会将它作为这种陈述的动因加以理解。换句话说，做出表述的并不是个体，而是通过个体进行表达的原型。如果这些表述受到压制或者被置之不理，人们便会通过医学经验以及常识发现，在这些被压制的个体身上正在酝酿着某些精神疾病。这些疾病要么会以神经症的症状出现，要么就以集体妄想的形式出现。

原型性表述建立于本能的前提之上，而与理性毫不相关。它们既没有理性基础，也无法通过理性论断来消除。它们永远是世界景象的一部分，莱维·布吕尔[1]恰如其分地将它们称作集体表象。当然，自我以及自我意志在实际生活中扮演着重要的角色，然而在自我毫无察觉的情况下，自我的意愿受到原型过程自主性和神秘性最大限度的干扰。只要我们能够从心理学的角度来讨论宗教，那么对原型过程的切实考虑就是宗教的本质。

在这一点上，事实本身不得不令我注意到，除了反映之外，还存在着一个同样广阔的领域（如果不是更广阔的话），理性认知和表象的推理方式在此却难以找到任何能够掌控的事情。这就是厄洛斯的王国。在远古时代，当人们正确地理解了上述事情的时候，厄洛斯便以天神的形象出现，而它的神性超越了人类的极限，因此无论用什么方式，人们都无法理解它，它也不能以任何形式出现。我也像前人尝试的那样，冒险试探这个魔鬼。它的活动范围上至一望无际的天堂，下抵黑暗地狱的深渊，但我在一个任务（寻找足以表达“爱”所拥有的无数自相矛盾的语言）面前打了退堂鼓。厄洛斯是宇宙进化论的支持者，是所有高等意识的创造者。有时候我认为保罗所说的“我若能说万人的方言，并懂天使的话语，却没有爱，我就成了鸣的锣、响的钹一般”，很可能是一切认知以及神性精髓的首要条件。不管有识之士如何阐述“上帝就是爱”，这句话都肯定了上帝身上与神性相反的复杂性。在我的医疗实践及生活经历中，我曾无数次面对爱的神秘，但一直无法解释爱到底是什么，只能像约伯一样，“只好用手捂口，我已说了一次，再不回答”（《约伯记》第四十章第四节）。在这句话里，神是最伟大、最遥远、最崇高的，而约伯则是最渺小、最迫近、最卑

[1] 法国哲学家、民族学家、社会学家，早期研究西方哲学史，后期重点研究原始思维。

微的，我们不能只讨论其中一面，而放弃另一面。任何语言都不足以解释这种自相矛盾。不管人们说了什么，没有什么语言能够表达它全部的含义。在谈论一个事物的某些方面时，不是说得过多，就是说得过少，因为只有整体才富有意义。爱“包容一切”，“忍耐一切”（《哥林多前书》第十三章第七节），这句话无须赘言便道出了一切。从最深层的意义上讲，我们都是宇宙之“爱”的牺牲品和工具。将“爱”这个字打上引号是因为，我并不想将欲望、偏爱、喜欢、希望及其他类似感情的含义灌入“爱”这个字眼，而是将它看作某种高于个人的事物，一种统一而不可分割的整体。由于人是“爱”的一部分，从而无法把握“爱”这个整体，而完全受“爱”的摆布。人可以赞同“爱”或者反抗“爱”，但人总是困于其中，受其掌控。人依赖“爱”并靠它来维系自己。爱对于人既是光明又是黑暗，人看不到爱的目的。“爱是永不止息”——无论人是用“天使的话语”，还是用严谨的科学精确追溯生命直到它的最深远处。人类可以赋予“爱”无数的名称，但最终他们仍然会使自己陷入无穷无尽的自我欺骗之中。如果人类尚有一丝智慧，他们便会就此放弃，给未知之物起一个更加模糊的名字，也就是将它称作上帝。这种命名承认了它的缺憾，以及人类对它的屈服和依赖，但它同时又证明了，人类可以在真理和谬误之间自由选择。

结 语

人们说我是位智者或圣人，我始终是不同意的。一个人曾经从一条小溪中舀取了一帽子的水，这才能有多少呢？我并不是那条小溪，而是站在溪流中的人，什么也没做。其他人也站在同样的溪流中，大部分人发现他们需要做点什么，而我却什么也没做。我从不认为自己是那种必须注意到樱桃长在花柄上的人。我站着静观其变，赞美大自然的奇妙。

有一个不错的故事，描述的是一名大学生，他找到拉比后提问："在古代，曾有人见过上帝的样子，为什么如今再没人见过了？"拉比回答："因为现在没有人能把腰弯得那么低了。"

为了从小溪中舀水，一个人必须把腰弯得稍微低一点点。

我与大多数人的不同之处在于：对我来说，那面"间隔墙"是透明的。这便是我与众不同的地方，别人发现这面墙严严实实，看不见墙后的东西就以为什么东西也没有。从某种程度上来看，我能够感知到某些正发生在暗处的过程，这赋予了我一种内心的确定性。什么也看不见的人感觉毫不确定，因此无法得出结论，或者即使得出了结论，他们也不敢相信。不知是什么东西促使我开始感知到生命之流，可能就是潜意识本身，或者是我在年轻时所做的梦，它们从一开始就为我决定了我未来的方向。

对暗中发生的过程的认识很早就定格了我与世界的关系。这种关系在今天基本上与我童年时期是一样的。还是个孩子的时候，我觉得自己很孤独，现在长大成人了，仍然感觉孤独，因为我知道的事情很多，却总喜欢暗示一些别人显然毫不了解或在很大程度上不想知道的事情。孤独并非因为形单影只，而是由于我无法将自认为重要的事情同他人交流，还总是持有某些别人难以接受的观点。这种孤独感始于早期梦中的体验，并在我研究潜意识时达到了高潮。一个人知道的东西越是比别人多，他就越孤独。但孤独并不一定会伤害友谊，因为孤独的人对友谊最为敏感，只有当每个个体记住了自己的个性，并保持与众不同的时候，友谊才能开花结果。

重要的是得拥有一些秘密，获得一种对未知事物的预感。它使生活充满了一种非人格化的东西，一种神秘。未曾体验过它无疑是一种巨大的损失。人必须感觉到，他生活在一个多少有些神秘的世界，会发生一些事情，自己也确实体验到了，但无法解释个中原因，而且并不是即将发生的所有事情都能被预见。世界不乏令人出乎意料和难以置信之事，只有此时，生活才会完整。对我来说，这个世界从一开始就是无穷且无法把握的。

我费了好大的力气才在自己的观点上有所进展。我身上有个魔鬼，它的存在在最后起到了决定性的作用。它打败了我，我有时表现得冷酷无情，而这正是因为我处于魔鬼的掌控之中。不管得到什么东西，都不会使我停止继续探索、加速追赶自己幻觉的脚步。同时代的人猜不透我的幻觉背后的含义，因此只能看到一个匆匆赶路的傻瓜，这是可以理解的。

我冒犯过许多人，因为一发现他们不理解我，我就认为事情就算完了。不过我还是要继续前进。除了我的病人之外，我对其他人没有耐心。我必须要服从内心强加于我的法则，而没有任何自由选择的余地。当然了，我并不是总要服从它，一个人做事如果前后矛盾，又怎能立足于世呢？

只要有人与我的内心世界相关，我就会不断陪伴在其身边，与其亲密无间，到后来，我也有可能与他们分道扬镳，因为将我们维系在一起的东西已经荡然无存。我不得不痛苦地承认，有些人甚至已经与我无话可说，但他们依然存在着。与许多人接触使我身上的人性变得活跃，但它们只有在心理学的曼陀罗之内才能显现，下一秒，当聚光灯投射到别处时，它们就消失得无影无踪了。我可以对许多我尚未完全了解的人产生强烈的兴趣，然而一旦我对他们有了全面的了解之后，那种专注的魔力便消失了。正因如此，我树敌不少。一个拥有创造力的人没有多少权利来掌控自己的生命，他并不自由。他被魔鬼追赶，是魔鬼的俘虏。

一股强大的势力
要将我们的心可耻地夺去，
因为天神个个要人献祭，
谁若拒绝上供，
谁便永无善终。

荷尔德林如是说。

缺乏自由，一直是我巨大的遗憾。我常常感觉自己身处沙场，说道：“我亲爱的战友，你们现在倒下了，但我必须继续走下去”，因为“一股强大的势力要将我们的心可耻地夺去”。我喜欢您，我也的确爱您，但我不能停止前进的脚步。唉，我何尝不为此而伤心。可我自己也是受害者，我不能止步不前。魔鬼掌管着万物，因而人能安然渡过危难，并且受到祝福。这“矛盾”确保我以出乎意料的方式守住了自己的信仰，即使它与我的“不忠诚”形成了强烈的反差。

或许可以说，我比他人更需要人类，也更不需要人类。当魔鬼起作用时，一个人不是过犹不及，就是火候欠佳。只有当魔鬼静止不动时，一个人才不偏不倚。

这个具有创造力的魔鬼残忍地摆布着我。我精心计划的很普通的事情经常会落得个最坏的结局——尽管没有一直发生在所有事上。我认为，通过补偿的方式，自己成了个不折不扣的保守派。我用祖父烟叶罐里的烟叶填满了我的烟斗，还珍藏着他的铁头登山杖，杖上方有一只羚羊角，这是当时他作为首批客人造访蓬特雷西纳新开设的疗养地时，从那里带回来的。

我对自己的人生经历颇为满意，这种充实的生活使我获益良多。过去的我怎能期望有如此大的收获呢？然而我身上不断发生着出乎意料的事情。如果我变得与以往不同，那么很多事情也可能有所不同了。但是该发生的终究会发生，因为我不是别人，我正是我自己。很多事情正如我所预料的那样发生了，但并非永远都对我大有裨益。然而几乎一切事情都在命中注定自然而然地发展。我对由于自己的固执而做下许多蠢事感到懊悔，但如果没有这种固执的气质，我又无法实现自己的目的，因此我是既失望又欣慰。我对人们失望，也对自己失望。我从人们那里学到了许多惊奇不已的事情，取得的成就也超过了自己的期望值。但我依旧无法做出任何最终的判断，因为人类和生命的现象实在太广阔了。我越发老迈，懂的事情也越来越少，对自身的了解或洞察也越来越少。

我对自己感到吃惊、失望、欣慰。我既沮丧消沉，又欣喜若狂。我集所有的情感于一身，再也无以复加。我没法做出富有价值或毫无价值的终极判断。对于我和我的一生，我没有评价的权利。对任何事情，我都无法确信不疑，也没有什么明确的信念。我只知道自己出生并存在于这个世界上，而且我认为自己是跟随着他人前行的。我存在于某种未知事物的基础之上。尽管世事难料，我却感到一切存在中都隐含着一种无坚不摧的力量，而持之以恒则是我的存在方式。

我们出生在一个既野蛮残忍又圣洁美丽的世界。我们的气质决定了哪种成分更为重要，哪种成分更有意义。如果无意义性占据了绝对优势，那么生命的意义将伴随着我们每一步的发展逐渐消失。但事实——或在我看来——并非如此，就像所有形而上学的问题一样，这两者或许都是正确的，本来我们就无法说得清生活到底有没有意义。但我怀抱着希望，认定有意义的生命必将占据上风并赢得胜利。

老子曰："俗人昭昭，我独昏昏。"这句名言恰恰表达了我于耄耋之年的所思所想。老子代表着非凡的洞察力，他体察到了生命的有价与无价。在生命的尽头，他渴望回归本我，回归到永远不可知的意义中去。这位见多识广的老者的原型无疑是不朽的真理。这种类型出现在理智的每一个阶段，无论是年迈的农夫，还是如老子般伟大的哲人，他们的特征总是相同的。这就是耄耋之年，这就是生命的极限。然而我心中充溢着许许多多：植物、动物、云朵、昼夜，以及人类的永恒，等等。我越是怀疑自己，我与万物密切相连的感觉就越发强烈。事实上，在我看来，这种长久以来使我与世隔绝的疏离感，似乎已经转移到我的内心世界，向我揭示了那不曾预料的对于自身的陌生感。